2025 공무원 시험 대비

적중동형 봉투모의고사

Vol. 2

영 어

▮ 제1회 ~ 제5회 ▮

박문각

합격까지 박문각

2025 공무원 시험 대비 적중동형 모의고사
영어
▌ 제1회 ▌

응시번호

성 명

제1과목	국어	제2과목	<u>영어</u>	제3과목	한국사
제4과목		제5과목			

응시자 주의사항

1. **시험시작 전 시험문제를 열람하는 행위나 시험종료 후 답안을 작성하는 행위를 한 사람은** 「지방공무원 임용령」 제65조 등 관련 법령에 의거 **부정행위자로** 처리됩니다.
2. 시험이 시작되면 문제를 주의 깊게 읽은 후, **문항의 취지에 가장 적합한 하나의 정답만을** 고르며, 문제내용에 관한 질문은 할 수 없습니다.
3. **답안은 문제책 표지의 과목 순서에 따라 답안지에 인쇄된 순서에 맞추어 표기**해야 하며, 과목 순서를 바꾸어 표기한 경우에도 문제책 표지의 과목 순서대로 채점되므로 유의하시기 바랍니다.
4. 법령, 고시, 판례 등에 관한 문제는 **2025년 4월 30일 현재 유효한 법령, 고시, 판례 등을 기준**으로 정답을 구해야 합니다. 다만, 개별 과목 또는 문항에서 별도의 기준을 적용하도록 명시한 경우에는 그 기준을 적용하여 정답을 구해야 합니다.
5. **시험시간 관리의 책임은 응시자 본인에게 있습니다.**
   ※ 문제책은 시험종료 후 가지고 갈 수 있습니다.

정답공개 및 이의제기 안내

1. 정답공개 일시: 정답가안 6.21.(토) 14:00 / 최종정답 6.30.(월) 18:00
2. 정답공개 방법: 사이버국가고시센터(www.gosi.kr) ➜ [시험문제 / 정답 → 문제 / 정답 안내]
3. 이의제기 기간: 6.21.(토) 18:00 ~ 6.24.(화) 18:00
4. 이의제기 방법
   ■ 사이버국가고시센터 ➜ [시험문제 / 정답 → 정답 이의제기]
   ■ 구체적인 이의제기 방법은 정답가안 공개 시 공지 예정

박문각

영 어

[1~3] 밑줄 친 부분에 들어갈 말로 가장 적절한 것을 고르시오.

1.

The local company provides services that allow clients to _____ their orders according to their preferences and business needs.

① deprive

② customize

③ pretend

④ disregard

2.

Her _____ determination to pursue her dream, despite numerous setbacks and discouragements, inspired her peers to strive for their own goals with greater confidence.

① weary

② stubborn

③ vacant

④ drowsy

3.

Scarcely _____ the envelope containing the final results when he broke into tears of joy and hugged his best friend.

① had he open

② was he opened

③ did he open

④ had he opened

[4~5] 밑줄 친 부분 중 어법상 옳지 않은 것을 고르시오.

4.

The activity that involves sorting and recycling waste materials is ① calling "waste segregation," and it helps ② reduce pollution while conserving natural resources for future generations. When waste is not sorted, recyclable materials ③ like plastic and paper end up in landfills, ④ causing harm to the environment. By segregating waste, we can reuse these materials, reducing the need for new resources.

5.

① In the field of technology, cybersecurity is essential for protecting sensitive data. Strong firewalls and encryption techniques keep hackers from ② accessing to private information, ensuring user privacy. With the increasing amount of data ③ shared online, the risk of cyberattacks has become ④ so high that companies must invest heavily in advanced security systems.

[6~7] 밑줄 친 부분에 들어갈 말로 가장 적절한 것을 고르시오.

6.

A: Excuse me, I'm not satisfied with my dish.

B: I'm sorry to hear that. What's the issue with your dish?

A: It's too salty. It's hard to eat.

B: I sincerely apologize for that. Would you like me to bring you something else?

A: Yes, could you bring me a different dish? Something less salty.

B: _____

A: Maybe something with pasta, but without too much seasoning.

B: Perfect. I'll have the kitchen prepare a new dish for you right away.

A: Thank you so much for your consideration.

B: You're welcome. I'll make sure your new dish is perfect.

① All of our dishes are seasoned the same way, so I'm not sure we have anything less salty.

② If it's too salty, you can try adding some water to your dish.

③ I'm afraid we can't prepare a new dish just because of the seasoning.

④ Absolutely, I'll take care of that right away. Any specific dish you'd prefer?

7.

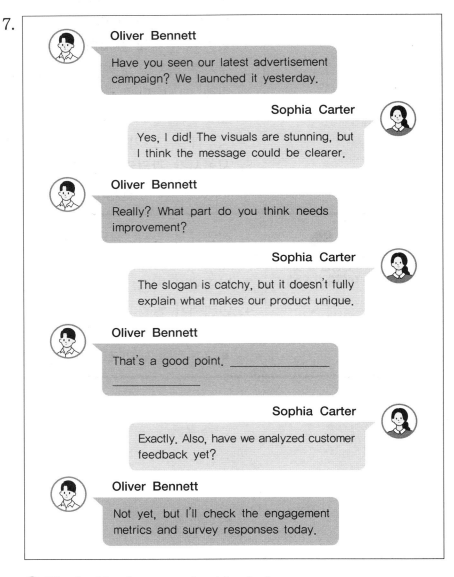

Oliver Bennett: Have you seen our latest advertisement campaign? We launched it yesterday.

Sophia Carter: Yes, I did! The visuals are stunning, but I think the message could be clearer.

Oliver Bennett: Really? What part do you think needs improvement?

Sophia Carter: The slogan is catchy, but it doesn't fully explain what makes our product unique.

Oliver Bennett: That's a good point. _____ _____

Sophia Carter: Exactly. Also, have we analyzed customer feedback yet?

Oliver Bennett: Not yet, but I'll check the engagement metrics and survey responses today.

① We should reduce our advertising budget to cut costs.

② Maybe we should emphasize our key features more.

③ I think we need to shorten the advertisement to make it less detailed.

④ It might be better to change the product entirely for better appeal.

[8~9] 다음 글을 읽고 물음에 답하시오.

To　Green Valley School Administration
From　Emma Rodgers, Parent Representative
Date　March 15, 2026
Subject　Important Proposal

My PC　Browse

Times New　10pt　G G *G* G̶ G

Dear Principal Wilson,

I hope this message gets through to the principal in a good condition. As a parent representative, I am writing to discuss an important matter concerning the safety and well-being of our students. The playground at Green Valley School has long been a cherished space for children to play and socialize, but many of the facilities are now outdated and in need of repair.

Given the current state of the playground equipment and the potential safety risks, we kindly propose a renovation project to modernize the area. This project would not only improve safety standards but also provide students with a more engaging and enjoyable environment for recreation. To fund this initiative, we suggest organizing a community fundraiser and seeking additional financial support from local businesses.

We believe that this renovation will significantly <u>enhance</u> the students' school experience and contribute to a stronger sense of community.

Sincerely,
Emma Rodgers

8. 윗글의 목적으로 가장 적절한 것은?
① 지역 행사 개최를 위한 커뮤니티 지원을 요청하려고
② 학교 운동장 개보수를 위한 제안을 전달하려고
③ 학교 시설의 현재 상태에 대한 문제점을 보고하려고
④ 학생들의 체육 활동 참여를 독려하기 위한 방안을 논의하려고

9. 밑줄 친 "enhance"의 의미와 가장 가까운 것은?
① decipher
② classify
③ improve
④ appraise

[10~11] 다음 글을 읽고 물음에 답하시오.

```
(A)
```

We are thrilled to invite you to the Tech Innovations Expo 2026, a premier event showcasing the latest advancements in technology and innovation. Don't miss this opportunity to explore groundbreaking solutions and connect with industry leaders.

Event Details
• Date: Friday, April 12, 2026
• Time: 9:00 a.m. – 6:00 p.m.
• Location: City Convention Center

Highlights
• Exhibits: Discover cutting-edge technology from top companies and startups.
• Keynote Speeches: Hear insights from renowned tech pioneers and experts.
• Networking Sessions: Build connections with professionals in various tech fields.

Admission is free, but pre-registration is required for networking sessions. For more information, visit www.techinnovexpo.com or call (987) 654-3210.

Sincerely,
Tech Innovations Committee

10. (A)에 들어갈 윗글의 제목으로 가장 적절한 것은?
① Explore the Future of Technology at the Expo
② Learn How to Build Business Relationships
③ Discover the Advantages of Online Shopping Malls
④ Experience the Latest Advancements in Medical Technology

11. Tech Innovations Expo 2026에 관한 윗글의 내용과 일치하지 않는 것은?
① 관련된 업계 선두 주자들도 참여한다.
② 행사는 오전부터 시작되어 오후까지 진행된다.
③ 전문가들의 기조연설은 반드시 사전 등록이 필요하다.
④ 자세한 정보는 전화로도 문의가 가능하다.

12. Trello 앱에 관한 다음 글의 내용과 일치하지 않는 것은?

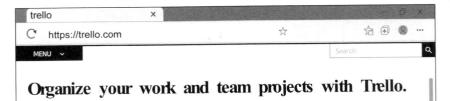

Organize your work and team projects with Trello.

Trello is a versatile project management tool designed for individuals and teams. With Trello, users can create boards, lists, and cards to organize tasks visually and efficiently. Its drag-and-drop interface makes it easy to update task status, assign responsibilities, and monitor progress. One of Trello's typical features is its customizable labels, which help users categorize tasks based on priority, status, or type. Trello also supports integrations with various tools like Google Drive, Slack, and more, enhancing its functionality. It is available on iOS, Android, and desktop platforms, allowing users to access their projects anytime, anywhere. Trello's free plan includes essential project management features, while the premium plan offers advanced tools like automation, calendar views, and unlimited boards to improve productivity and collaboration.

① It is designed for both individuals and teams.
② It allows users to categorize tasks with custom labels.
③ It cannot integrate with other tools.
④ It is available on multiple platforms.

13. 다음 글의 주제로 가장 적절한 것은?

Stanford University researchers conducted a fascinating study exploring the impact on performance under pressure. Participants were asked to complete a series of challenging puzzles, and half were instructed to use positive self-talk, such as "I can do this," while the other half were told to use negative self-talk, such as "This is too hard." Surprisingly, participants who used positive self-talk reported feeling less stressed during the task and actually solved the puzzles faster and more accurately. This suggests that positive self-talk not only improves problem-solving abilities but also enhances confidence and concentration. Furthermore, participants reported feeling more confident after the experiment and expressed their willingness to use positive self-talk in future challenging situations. These findings demonstrate that our inner dialogue significantly influences not only our emotions but also our actual behaviors and outcomes.

① The impact of positive self-talk on performance under pressure
② The severity of psychological stress caused by negative self-talk
③ The correlation between puzzle-solving abilities and confidence
④ The impact of external environmental changes on individual performance

14. Department of Cultural Heritage에 관한 다음 글의 내용과 일치하는 것은?

Department of Cultural Heritage (DCH) Responsibilities

The Department of Cultural Heritage (DCH) plays a pivotal role in safeguarding and preserving the nation's cultural legacy, which includes historical monuments, antiquities, and intangible cultural practices. Its main objective is to enforce laws and regulations to protect these cultural treasures for future generations. To fulfill this mission, the DCH works to ensure that historical sites and items are well-preserved through ongoing monitoring and restoration efforts. Moreover, the DCH engages in public education, promoting awareness about the importance of cultural heritage preservation and encouraging people to participate in the safeguarding of their own local history. Additionally, the department collaborates with national and international organizations to support cultural exchange and preservation initiatives. It also offers funding and resources to institutions and individuals working to protect cultural properties. Through its comprehensive approach, the DCH aims to preserve the nation's rich cultural history while fostering respect for diversity and heritage.

① It protects and preserves only intangible cultural heritage.
② It does not carry out restoration work for cultural properties.
③ It promotes public participation in cultural heritage preservation.
④ It does not provide funding to individuals.

15. 다음 글의 요지로 가장 적절한 것은?

It has often been said that most people listen with the intent to respond rather than to understand. As a mentor, your role is to facilitate your mentee's thinking, not to attempt to do the thinking for them, no matter how tempting it may seem. If you realize that you are speaking most of the time during your mentoring session, it is a good idea to stop, remain quiet, and politely suggest that the mentee speaks. Much of the learning process for a mentee occurs when they articulate their thoughts aloud. The rest happens through reflection and practice outside of the mentoring session. Therefore, it is essential that the mentee does most of the talking. Active listening and empathy help the mentee gain insights and express themselves more effectively. It is crucial for your mentee to feel that they are being heard and acknowledged by you.

① A mentor should respect the mentee's autonomy and avoid interference.
② A mentee should humbly accept the mentor's feedback.
③ A mentor should consider the mentee's mental state when giving advice.
④ A mentor should listen carefully to facilitate the mentee's thinking process.

16. 다음 글의 흐름상 어색한 문장은?

Play is essential for children's overall development, fostering cognitive, emotional, and social skills crucial for future success. ① Children engage in problem-solving scenarios that stimulate critical thinking and creativity through play, creating an environment where they can learn from trial and error. ② Moreover, play facilitates the development of emotional regulation, as children navigate complex social interactions and manage conflicts in a safe and supportive setting. ③ As harmonized activities and academic burdens increase, free play time, which is essential for autonomy and self-directed learning, is decreasing. ④ Play also helps children build resilience, as they learn how to handle failures and setbacks in a supportive environment.

17. 주어진 문장이 들어갈 위치로 가장 적절한 것은?

However, when problems arise or misunderstandings occur, this is when good design becomes essential.

Good design starts with understanding how people think and how technology works. Good design requires clear communication about what actions are possible, what is happening now, and what is about to happen, especially between machines and people. (①) It is relatively easy to design things that work smoothly and harmoniously when everything is going well. (②) Designers must pay attention not only when things are going right but also when things go wrong. (③) In fact, the greatest satisfaction can be felt when a problem occurs. (④) This is when the machine clearly shows the issue, allowing the person to understand it and take appropriate action to resolve the problem, leading to significant joy.

18. 주어진 글 다음에 이어질 글의 순서로 가장 적절한 것은?

BMI (Body Mass Index) is a widely used measurement by health professionals and is associated with various diseases.

(A) However, BMI does not account for key factors such as body fat, muscle mass, bone weight, age, or gender. Waist circumference is another measurement, as excessive abdominal fat increases the risk of obesity related diseases.

(B) Advocates of this approach argue that weight-neutral strategies are more positive because they help avoid the potentially harmful effects of repeated dieting, such as increased risk of premature death and psychological distress.

(C) These measurements are used to assess potential risks but are not precise diagnostic tools. Instead, the "Health at Every Size" approach focuses on promoting sustainable health-improving behaviors regardless of body size.

① (A) — (B) — (C)   ② (A) — (C) — (B)
③ (B) — (C) — (A)   ④ (C) — (A) — (B)

[19~20] 밑줄 친 부분에 들어갈 말로 가장 적절한 것을 고르시오.

19.

The reason that some entrepreneurs sound highly innovative is that they can avoid facing failure by _____. For example, in 2009, the CEO of a well-known tech company predicted that electric cars would dominate the market by 2020. Obviously, this didn't happen. He then claimed that 2025 would be the breakthrough year. Yet again, the prediction failed. As such, these entrepreneurs tend to keep pushing back their target deadlines. When a tech visionary predicts that their new invention will revolutionize the market by 2025, and it doesn't, they simply push the deadline further.

① ignoring the critics
② moving the goalposts
③ focusing on short-term gains
④ convincing the investors

20.

Of all the shades in nature, the one that captures our attention most effectively is blue. There is a calming quality to the colour of the sky and the ocean. It is associated with tranquility and trust. We have blue police vehicles, blue emergency lights, and blue medical uniforms. When creating something that needs to stand out yet not overwhelm, like a safety vest or (formerly) a lifeguard stand, we often choose blue. Perhaps it is due to its subtlety that few creatures in the wild are vividly blue: even the so-called Blue Jay and Blue Poison Dart Frog are actually variations of blue that blend into their surroundings to avoid drawing attention. This is why their blue shades often seem to _____.
Similarly, very few flowers are entirely blue. In fact, in many regions, only one flower exhibits a true blue hue, resembling the clear sky on a sunny day: the Bluebell.

① draw attention to their features
② signal to others that they are safe
③ warn other animals of their presence
④ mix naturally with their surroundings

2025 공무원 시험 대비 적중동형 모의고사
영어
▋ 제2회 ▋

응시번호		문제책형
성 명		（A）

제1과목	국어	제2과목	<u>영어</u>	제3과목	한국사
제4과목		제5과목			

응시자 주의사항

1. **시험시작 전 시험문제를 열람하는 행위나 시험종료 후 답안을 작성하는 행위를 한 사람은 「지방 공무원 임용령」** 제65조 등 관련 법령에 의거 **부정행위자로** 처리됩니다.
2. 시험이 시작되면 문제를 주의 깊게 읽은 후, 문항의 취지에 가장 적합한 하나의 정답만을 고르며, 문제내용에 관한 질문은 할 수 없습니다.
3. **답안은 문제책 표지의 과목 순서에 따라 답안지에 인쇄된 순서에 맞추어 표기해야** 하며, 과목 순서를 바꾸어 표기한 경우에도 문제책 표지의 과목 순서대로 채점되므로 유의하시기 바랍니다.
4. 법령, 고시, 판례 등에 관한 문제는 **2025년 4월 30일 현재 유효한 법령, 고시, 판례 등을 기준**으로 정답을 구해야 합니다. 다만, 개별 과목 또는 문항에서 별도의 기준을 적용하도록 명시한 경우에는 그 기준을 적용하여 정답을 구해야 합니다.
5. **시험시간 관리의 책임은 응시자 본인에게 있습니다.**
   ※ 문제책은 시험종료 후 가지고 갈 수 있습니다.

정답공개 및 이의제기 안내

1. 정답공개 일시: 정답가안 6.21.(토) 14:00 / 최종정답 6.30.(월) 18:00
2. 정답공개 방법: 사이버국가고시센터(www.gosi.kr) ➜ [시험문제 / 정답 → 문제 / 정답 안내]
3. 이의제기 기간: 6.21.(토) 18:00 ~ 6.24.(화) 18:00
4. 이의제기 방법
   ■ 사이버국가고시센터 ➜ [시험문제 / 정답 → 정답 이의제기]
   ■ 구체적인 이의제기 방법은 정답가안 공개 시 공지 예정

영 어

[1~3] 밑줄 친 부분에 들어갈 말로 가장 적절한 것을 고르시오.

1.

The advancement of cutting-edge technologies frequently encounters _____ from legal, financial, and technical barriers, requiring collaborative efforts across various sectors to overcome these challenges effectively.

① masterpieces
② handicrafts
③ peasants
④ constraints

2.

Planting more trees and reducing waste can help _____ the negative impacts of urbanization, creating a healthier environment for future generations.

① mitigate
② encourage
③ tremble
④ communicate

3.

_____ with powerful processors and high-quality graphics, this laptop delivers outstanding performance for gaming and video editing.

① Equipment
② Equip
③ Equips
④ Equipped

[4~5] 밑줄 친 부분 중 어법상 옳지 않은 것을 고르시오.

4.

Environmental protection is becoming ① increasingly urgent as global issues like climate change and pollution worsen. Governments and organizations are under pressure to find sustainable solutions ② while balancing economic realities. After reviewing all possible options, the team has no choice but ③ approve the proposed budget, which allocates more funds for renewable energy projects. Although some may argue that the costs are too high, investing in green technologies ④ is essential for long-term environmental health.

5.

Philosophers throughout history, most of ① whom devoted their lives to seeking truth, ② has profoundly influenced human thought. Many scholars recommend that people ③ explore philosophical ideas to better understand life's complexities. If people studied philosophy more seriously, they ④ would gain deeper insights into ethical and existential dilemmas.

[6~7] 밑줄 친 부분에 들어갈 말로 가장 적절한 것을 고르시오.

6.

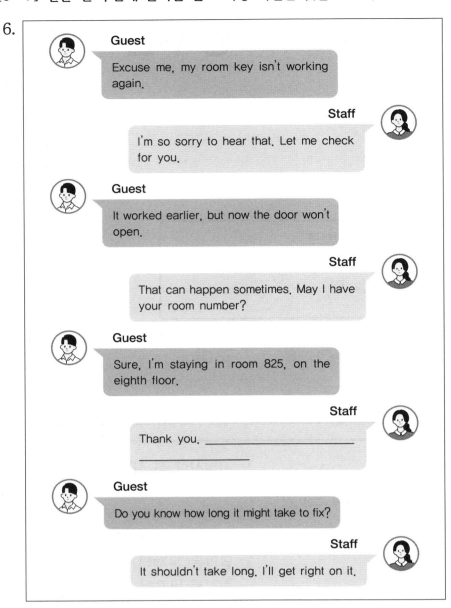

Guest: Excuse me, my room key isn't working again.

Staff: I'm so sorry to hear that. Let me check for you.

Guest: It worked earlier, but now the door won't open.

Staff: That can happen sometimes. May I have your room number?

Guest: Sure, I'm staying in room 825, on the eighth floor.

Staff: Thank you. _____

Guest: Do you know how long it might take to fix?

Staff: It shouldn't take long. I'll get right on it.

① Please stay here while I prepare a temporary key.
② CCTV is installed in the hallway on the 8th floor.
③ Unfortunately, we can't help with room key issues.
④ You'll need to wait until housekeeping checks it.

7.

A: Excuse me, my train was supposed to leave at 3, but it's delayed.

B: I'm sorry about the delay. Let me check the schedule for you.

A: Thanks. I can't miss my connecting train.

B: I understand. May I have your train number, please?

A: Sure, it's train 245 to Central Station.

B: Thank you. _____

A: Do you know how long the delay might be?

B: It's currently delayed by about thirty minutes.

A: That's not too bad. I can still make my connection.

B: If you need help finding your platform, just let me know.

A: Thanks again for your help. I really appreciate it.

B: You're very welcome. Safe travels!

① The train is delayed due to maintenance, but it should depart soon.
② Please check the schedule online. I can't help with that.
③ There's nothing we can do. Delays are normal.
④ You'll have to wait until tomorrow for another train.

[8~9] 다음 글을 읽고 물음에 답하시오.

Green Planet Organization

Mission

We aim to address climate change and promote sustainability through innovative projects and community engagement. By focusing on renewable energy, reducing pollution, and protecting natural habitats, we strive to create a balanced and healthy planet for future generations.

Vision

Our vision is a world where environmental responsibility is at the heart of every decision, fostering a society that values harmony between people and nature. We work towards this by educating communities, advocating for green policies, and supporting eco-conscious lifestyle changes.

Core Values

- Innovation: We embrace new technologies and ideas to solve environmental issues efficiently.
- Community Engagement: We support communities in taking direct action for a sustainable future.
- Responsibility: We promote accountability for environmental stewardship and long-term conservation.

8. 윗글에서 Green Planet Organization에 관한 내용과 일치하는 것은?

① It cooperates with the government to promote sustainable practices.

② It aims to protect natural habitats for a healthy planet.

③ It relies solely on advanced technologies without public education.

④ It does not collaborate in addressing environmental issues.

9. 밑줄 친 advocating의 의미와 가장 가까운 것은?

① contesting

② endorsing

③ dissenting

④ conciliating

[10~11] 다음 글을 읽고 물음에 답하시오.

(A)

Are you looking for the perfect place to relax and recharge? Sunny Lake Resort is the perfect destination for your ultimate relaxation! Nestled amidst the serene beauty of nature, this resort provides a plethora of activities, including exhilarating kayaking, invigorating hiking, and tranquil fishing excursions. Guests are invited to experience the comfort of well-appointed cabins, each equipped with modern conveniences and offering spectacular vistas of the lake that will leave you mesmerized.

Special Offer

- Reserve your stay for three nights or more and enjoy an exclusive 10% discount on your total bill.

Resort Highlights

- Complimentary Wi-Fi access is available in all cabins.
- For animal lovers, there are also accommodations where pets can be accompanied.
- Operating a restaurant that serves dishes made with fresh, locally-sourced ingredients.

Embark on your perfect escape today! Visit www.sunnylakeresort.com or call (987) 654-3210 for reservations and further inquiries.

10. (A)에 들어갈 윗글의 제목으로 가장 적절한 것은?

① Discover the joys of nature at the resort

② Experience traditional cultures at the resort

③ Enjoy the newly opened resort for free

④ Make wonderful memories with your pets

11. 위 안내문의 내용과 일치하지 않는 것은?

① 리조트는 낚시뿐만 아니라 다양한 활동을 제공한다.

② 5일 동안 숙박할 경우 총 요금의 10% 할인을 받을 수 있다.

③ 반려동물과 함께 숙박할 수 있는 숙소도 제공한다.

④ 리조트의 레스토랑은 해외에서 조달한 재료로만 조리된다.

12. 다음 글의 목적으로 가장 적절한 것은?

	Send	Preview	Save

To	Online Store Support Team
From	Rachel Kim
Date	January 5, 2026
Subject	Urgent Concern

[My PC] [Browse]

[Times New ▼] [10pt ▼] [G G *G* G̲ G̶] [≡ ≡ ≡ ≡]

Dear Customer Support Team

I hope this message finds you well. I am writing to express my profound dissatisfaction regarding my recent order (#12345) placed on December 28. The estimated delivery date of January 3 has passed, yet my package remains undelivered. Upon reviewing the tracking information, it is evident that there have been no significant updates since January 1.

This delay has caused considerable inconvenience, and I seek immediate clarification regarding the current status of my order. Additionally, if any issues are contributing to this unforeseen delay, I request a prompt resolution to ensure the package reaches me expeditiously.

Your attention to this matter is greatly appreciated.

Sincerely,
Rachel Kim

① 배송 상태에 대해 문의하려고
② 주문한 상품의 교환을 요청하려고
③ 배송비 환불을 요청하려고
④ 상품의 품질 문제를 지적하려고

13. 다음 글의 주제로 가장 적절한 것은?

Supertasters and nontasters exhibit similar reactions to various foods, yet supertasters demonstrate heightened sensitivity to specific sweet and bitter ingredients. These differences in taste perception can significantly influence individuals' eating behaviors, which in turn may impact their physical well-being. For instance, supertasters are generally less inclined to enjoy sugary treats and often consume fewer fatty foods, both of which contribute to a lower risk of heart disease. Additionally, supertasters typically have a stronger aversion to alcohol and smoking, which lowers their chances of facing issues related to excessive drinking or nicotine dependence. So far, supertasters have been found to dislike vegetables, which leads to the drawback of reduced vegetable consumption. However, supertasters generally maintain healthier eating habits compared to nontasters.

① The drawbacks of individuals sensitive to taste
② The impact of taste sensitivity on eating habits and health.
③ The connection between alcohol consumption and mental health
④ Dietary habits that may help reduce the risk of anxiety disorders

14. 다음 글의 내용과 일치하지 않는 것은?

Discover Mountain Breeze Campground, your perfect getaway to explore the great outdoors. Bask in the fresh mountain air and take in the breathtaking views. Our campground features spacious sites, ideal for tents and RVs. Newly installed observation decks offer panoramic views of the surrounding mountains.

Basic Facilities
— Clean restrooms and hot showers
— Designated campfire areas
— Wi-Fi available in common areas

Reservations & Inquiries
— Phone: 010-9876-5432
— Email: mountainbreeze@campground.com

Additional Information
— Campfire wood is provided for free.
— Pets are welcome, but they must be kept on a leash.

Embrace the beauty of nature and recharge at Mountain Breeze Campground!

① There is plenty of space for RVs and tents.
② A new observation deck has been installed, offering mountain views.
③ There are designated areas where campfires are allowed.
④ Pets are allowed to roam freely by themselves within the campground.

15. 다음 글의 요지로 가장 적절한 것은?

The myth of expertise suggests that greater knowledge leads to increased creativity. At first glance, this idea appears sensible. The assumption is that true creativity requires mastering a specific field. While creativity often benefits from some expertise, the two concepts are fundamentally different. An individual can possess extensive knowledge yet exhibit minimal creativity in that area. Research on creative individuals indicates that sometimes, expertise can actually restrict one's creative potential. As a person's expertise deepens, their creativity may decline. Notably, significant insights often arise from those who are not entrenched in a particular field. This occurs because being overly involved in a task can cause us to miss obvious solutions.

① Expertise in a specific field does not guarantee creativity in that area.
② Accumulating ordinary ideas can lead to creative solutions.
③ Creativity can be developed through professional education and training.
④ It is necessary to consider the opinions of experts from various fields.

16. 다음 글의 흐름상 어색한 문장은?

Mobile communication has changed the way we interact with computers, and as the time spent using mobile devices has increased, the use of emoticons has also risen. ① Technologies such as mobile phones, smartphones, and tablets have spread rapidly around the world, and now it has become common to communicate through non-verbal means rather than voice communication. ② In 2013, the number of mobile subscribers was nearly equal to the world's population for that year. ③ Some people choose to reject mobile communication due to concerns about privacy issues. ④ Users of these technologies have been sending and receiving billions of electronic messages through means such as text messages and emails.

17. 주어진 문장이 들어갈 위치로 가장 적절한 것은?

This shift in consumer behavior has led to a significant increase in demand for electric vehicles, prompting automakers to accelerate their production plans.

The global automotive industry is undergoing a major transformation due to growing environmental concerns. (①) Governments around the world are implementing stricter emissions regulations to combat climate change. (②) In response, many consumers are becoming more conscious of their carbon footprint and are opting for eco-friendly alternatives. (③) Automakers are now investing heavily in the development of electric and hybrid vehicles to meet this new demand. (④) As a result, the market share of electric vehicles is expected to grow substantially over the next decade.

18. 주어진 글 다음에 이어질 글의 순서로 가장 적절한 것은?

According to social psychology, when bystanders witness emergencies, they often fail to respond appropriately to the situation.

(A) However, a single bystander at the scene typically responds as we would expect them to.

(B) This social psychological insight makes us uncomfortable. We want to believe that we would act differently and better. However, the issue with bystanders does not stem from personality flaws that prevent them from helping.

(C) It is not about whether they choose to help or not, but rather how much the situation they perceive limits their actions. For example, the more bystanders present, the less likely any one of them is to intervene.

① (A) − (C) − (B)   ② (B) − (A) − (C)

③ (B) − (C) − (A)   ④ (C) − (A) − (B)

[19~20] 밑줄 친 부분에 들어갈 말로 가장 적절한 것을 고르시오.

19.

Traditions can sometimes change or seem to fade away because of _____. For instance, to prepare a pumpkin pie, a cook used to need to find a good-sized pumpkin, cut it, peel it, cook it, and mash it before mixing it with other ingredients and putting it into a crust. Nowadays, many cooks prefer to use canned pumpkin from the store, which saves them a lot of time and effort. Another evolving food tradition is that many families no longer prepare refried beans using lard and instead opt for vegetable shortening. This shift might be due to families liking the taste of beans without lard, the rise in healthy cooking practices, or health concerns like heart disease or high cholesterol.

① convenience or changes in taste

② travel and cultural exchanges

③ differences in laws or regulations

④ financial aspects and limitations

20.

Experts who forecast resource exhaustion often overlook the significant role of markets. For instance, some analysts rely on a reserve index to predict how long a resource will last. This index is calculated by dividing the current known reserves by the amount being consumed each year. For example, if there are 445 billion barrels of oil and we use 15 billion barrels annually, the index suggests that oil will be depleted in approximately 30 years. Some reports, such as Limits to Growth, even predict that demand will rise yearly, leading to quicker depletion. However, they fail to properly recognize the way markets typically operate — that is, as resources become scarcer, prices increase. As a result, _____ _____.

① an energy crisis will definitely occur

② there will be no incentive to conserve oil

③ the resources will last much longer

④ we will achieve nothing by conserving resources

합격까지

2025 공무원 시험 대비 적중동형 모의고사
영어
▌ 제3회 ▌

응시번호	
성 명	

제1과목	국어	제2과목	영어	제3과목	한국사
제4과목		제5과목			

응시자 주의사항

1. **시험시작 전 시험문제를 열람하는 행위나 시험종료 후 답안을 작성하는 행위를 한 사람은** 「지방공무원 임용령」 제65조 등 관련 법령에 의거 **부정행위자로** 처리됩니다.
2. 시험이 시작되면 문제를 주의 깊게 읽은 후, **문항의 취지에 가장 적합한 하나의 정답만을 고르며**, 문제내용에 관한 질문은 할 수 없습니다.
3. **답안은 문제책 표지의 과목 순서에 따라 답안지에 인쇄된 순서에 맞추어 표기해야 하며**, 과목 순서를 바꾸어 표기한 경우에도 문제책 표지의 과목 순서대로 채점되므로 유의하시기 바랍니다.
4. 법령, 고시, 판례 등에 관한 문제는 **2025년 4월 30일 현재 유효한 법령, 고시, 판례 등을 기준**으로 정답을 구해야 합니다. 다만, 개별 과목 또는 문항에서 별도의 기준을 적용하도록 명시한 경우에는 그 기준을 적용하여 정답을 구해야 합니다.
5. **시험시간 관리의 책임은 응시자 본인에게 있습니다.**
   ※ 문제책은 시험종료 후 가지고 갈 수 있습니다.

정답공개 및 이의제기 안내

1. 정답공개 일시: 정답가안 6.21.(토) 14:00 / 최종정답 6.30.(월) 18:00
2. 정답공개 방법: 사이버국가고시센터(www.gosi.kr) ➔ [시험문제 / 정답 → 문제 / 정답 안내]
3. 이의제기 기간: 6.21.(토) 18:00 ~ 6.24.(화) 18:00
4. 이의제기 방법
   - 사이버국가고시센터 ➔ [시험문제 / 정답 → 정답 이의제기]
   - 구체적인 이의제기 방법은 정답가안 공개 시 공지 예정

영 어

[1~3] 밑줄 친 부분에 들어갈 말로 가장 적절한 것을 고르시오.

1.
The committee suggested strategies to _____ resources more evenly across regions, ensuring equal access to education and healthcare facilities.

① enclose
② admire
③ disperse
④ suppose

2.
Employees need to be _____ of their tone and body language during customer interactions to maintain a professional image.

① vicious
② gloomy
③ finite
④ conscious

3.
The committee is uncertain about _____ the proposal will receive enough support from the stakeholders.

① what
② whether
③ that
④ if

[4~5] 밑줄 친 부분 중 어법상 옳지 않은 것을 고르시오.

4.
The system's security vulnerabilities will be hard to identify ① them without advanced tools, given the rapid evolution of cyber threats. ② Advanced tools, equipped with machine learning algorithms, ③ enable organizations to detect anomalies that would otherwise ④ go unnoticed.

5.
Regular exercise gives ① individuals the strength to prevent chronic illnesses, making ② it a cornerstone of a healthy lifestyle. Beyond improving physical health, it also enhances mental well-being by reducing stress. If people ③ make exercise a daily habit, they will likely experience long-term benefits, such as increased energy and better immunity. ④ Rarely people who maintain an active lifestyle face the same health risks as those who remain sedentary.

[6~7] 밑줄 친 부분에 들어갈 말로 가장 적절한 것을 고르시오.

6.
A: Hi, I'm here because my phone isn't charging properly.
B: I'm sorry to hear that. When did you first notice the issue?
A: It started yesterday. I tried different chargers, but nothing worked.
B: I see. May I take a look at your phone?
A: Sure. I hope it's something that can be fixed quickly.
B: _____
A: Oh, so it's the charging port? Can you repair it today?
B: It seems the port is slightly damaged. We can repair it now.
A: That's a relief. How long will the repair take?
B: It should take about an hour. Would you like to wait here?
A: Yes, I'll wait. Thank you for helping me out today.
B: My pleasure. We'll let you know when your phone is ready.

① Please contact the manufacturer directly. We only sell accessories.
② Unfortunately, we can't fix hardware issues at this location.
③ You'll need to purchase a new phone. We don't offer repairs here.
④ It looks like a minor issue. Let me clean the charging port first.

7.
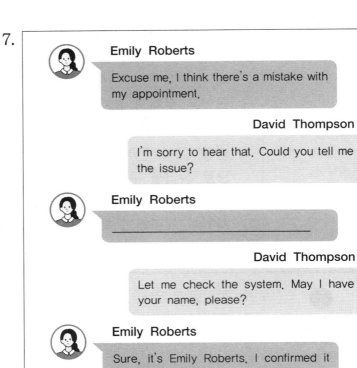

Emily Roberts
Excuse me, I think there's a mistake with my appointment.

David Thompson
I'm sorry to hear that. Could you tell me the issue?

Emily Roberts
_____

David Thompson
Let me check the system. May I have your name, please?

Emily Roberts
Sure, it's Emily Roberts. I confirmed it yesterday.

David Thompson
I see. There was a system error, but I'll fix it for you.

Emily Roberts
I just want to make sure I can see the doctor today.

David Thompson
Of course. I'll do my best to fit you into the schedule.

① We can't check the schedule without the doctor's permission.
② You must have made a mistake when booking.
③ My appointment was at 10, but I'm not on the list.
④ Please visit another hospital if you're not on the list.

[8~9] 다음 글을 읽고 물음에 답하시오.

	Send Preview Save
To	Esteemed Customers
From	Cindy Robins, Customer Relations Manager
Date	April 15
Subject	Exceptional and Limited-Time Offer

My PC   Browse

Times New ▼   10pt ▼   G G G G G   ≣ ≣ ≣ ≣

Dear Valued Members,

We are absolutely thrilled to present to you an special opportunity as a gesture of our immense gratitude for your unwavering loyalty. Royal Ocean Cruises is honored to offer you an exclusive and highly limited promotion designed specifically for our most valuable customers. When you make a reservation for any cruise departing within the next six months, you will be entitled to a generous 15% discount. As a further token of appreciation, we are delighted to offer you a <u>complimentary</u> specialty dining package, along with a $20 gift shop voucher to enhance your onboard experience.

Item	Content
Reservation Period	departing within the next six months
Discount Benefit	15% discount
Additional Benefits	Complimentary specialty dining package A $20 voucher for the onboard gift shop

To take full advantage of this exclusive offer, simply visit our official website and apply the promotion code 'ROC25' during checkout. This is the ideal moment to secure your place for an unforgettable voyage with us. We extend our heartfelt thanks for your continued support, and we eagerly anticipate welcoming you aboard for your next adventure.

Sincerely,
Cindy Robins

8. 윗글의 목적으로 가장 적절한 것은?

① 크루즈 여행 일정 변경 사항을 공지하려고
② 여행 고객 리뷰 작성에 참여하도록 독려하려고
③ 크루즈 특별 상품에 대해 안내하려고
④ 크루즈 서비스 이용 약관 변경을 알리려고

9. 밑줄 친 "complimentary"의 의미와 가장 가까운 것은?

① laudatory
② authentic
③ lenient
④ free

[10~11] 다음 글을 읽고 물음에 답하시오.

(A)

Are you considering the University of Teverley for your future studies? Join us for our annual Campus Visit Event for prospective students on Thursday, September 26th.

Participants
• Open to 3rd-year high school students only

Meeting Time & Place
• 9:30 a.m., Auditorium at the Student Center

Schedule
• 10:00 a.m.: Presentation on the admissions process
• 10:30 a.m.: Guided campus tour
• 12:00 p.m.: Complimentary lunch at the student cafeteria
• 1:00 p.m.: Q&A session with student tour guides

Special Gift
• Receive a T-shirt with the university logo after the event!

Registration
• Deadline: 6 p.m., September 17th
• Register online at www.teverley.edu

10. (A)에 들어갈 윗글의 제목으로 가장 적절한 것은?

① Apply for Scholarships at the University
② Join the University Alumni Association
③ Check the University Class Schedule
④ Shape Your Future with our University

11. Campus Visit Event에 관한 윗글의 내용과 일치하지 않는 것은?

① 고등학교 3학년 학생들만 참여할 수 있다.
② 입학 전형 절차에 관한 발표로 행사 일정이 시작된다.
③ 참가자들에게 점심 식사는 별도로 제공되지 않는다.
④ 행사가 끝나고 참가자들에게 티셔츠가 제공될 것이다.

12. T-map 앱에 관한 다음 글의 내용과 일치하지 않는 것은?

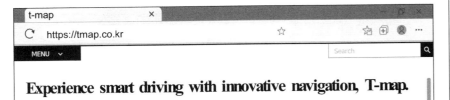

Experience smart driving with innovative navigation, T-map.

T-map is the most widely used vehicle navigation app in South Korea, providing real-time traffic information to guide users on the optimal routes. This app utilizes big data-based traffic volume analysis technology to calculate estimated travel times and suggests alternatives to bypass congested areas. Additionally, its voice recognition feature allows users to safely search for destinations while driving. T-map offers routes tailored to various modes of transportation such as cars, motorcycles, and walking, and it supports optimized route guidance reflecting driving styles and preferred paths through its personalized service, 'T-map Recommended Route.' It is available for both iOS and Android devices, and while T-map can be downloaded for free, some premium features are offered through a paid subscription plan.

① It also suggests alternative routes to avoid congested areas.
② One of its main features is voice recognition.
③ It offers different routes depending on the user's mode of transportation.
④ It is only available on Android and can be downloaded for free.

13. the Constitutional Court에 관한 다음 글의 내용과 일치하는 것은?

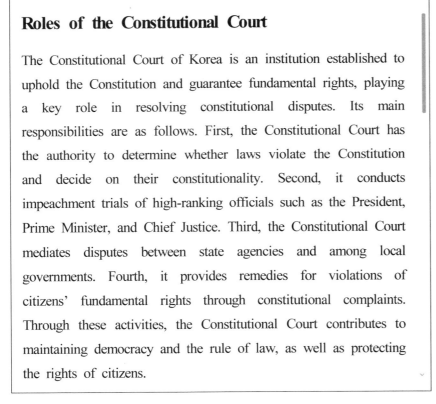

Roles of the Constitutional Court

The Constitutional Court of Korea is an institution established to uphold the Constitution and guarantee fundamental rights, playing a key role in resolving constitutional disputes. Its main responsibilities are as follows. First, the Constitutional Court has the authority to determine whether laws violate the Constitution and decide on their constitutionality. Second, it conducts impeachment trials of high-ranking officials such as the President, Prime Minister, and Chief Justice. Third, the Constitutional Court mediates disputes between state agencies and among local governments. Fourth, it provides remedies for violations of citizens' fundamental rights through constitutional complaints. Through these activities, the Constitutional Court contributes to maintaining democracy and the rule of law, as well as protecting the rights of citizens.

① It was established to guarantee the fundamental rights of citizens.
② It does not have the authority to decide on the constitutionality of laws.
③ It handles impeachment trials only for the President.
④ It mediates disputes between private organizations.

14. 다음 글의 주제로 가장 적절한 것은?

Professor Emily Carter from Stanford University conducted an intriguing study. In her experiment, participants who had stage fright were taken to a crowded bar with a performance stage and asked to sing in front of the audience. As expected, all of them felt nervous and uneasy. However, Carter instructed the participants to reframe their emotions by labeling their anxiety as "excitement" instead of stress, and she meticulously measured the effects of this change in mindset. One group of participants repeatedly told themselves, "I am excited," while the control group simply sat quietly and continued their usual self-talk, which was filled with nervous thoughts. The results were astonishing: those who reframed their feelings and described their emotions as excitement were able to transform their energy into something more positive and ultimately more beneficial, resulting in a better performance.

① The influence of imagination in creating difficulties
② How moods affect perceptions of others
③ The negative effects of excessive excitement on performance
④ The power of language in shaping emotions

15. 다음 글의 요지로 가장 적절한 것은?

We don't consciously choose our earliest habits; rather, we inherit them through imitation. These behaviors are shaped by the influences of those around us — our family, peers, educational institutions, and broader social environments. Each of these groups has its own set of standards and expectations: the timing of significant life events like marriage, the ideal number of children, the manner in which holidays should be celebrated, and even the financial considerations for seemingly trivial matters like a child's birthday party. These social norms often function as unspoken, invisible rules that subtly guide our behavior on a daily basis, even when we are not directly aware of them. It is common for us to follow these culturally ingrained habits without ever stopping to question their validity or origins, and in many cases, we carry them out instinctively, with little to no reflection. As the French philosopher Michel de Montaigne wisely stated, "The customs and practices of life in society sweep us along," meaning that we are often carried forward by the collective habits and traditions of our society without active resistance.

① It's important to prioritize personal goals over social expectations.
② Personal habits accumulate to form the culture of the community.
③ Social customs have a significant influence on shaping our habits.
④ Imitation is a key factor in the advancement of societal knowledge.

16. 다음 글의 흐름상 어색한 문장은?

The content consumption paradigm in the digital age is undergoing a fundamental transformation. ① Algorithm-based personalized recommendation systems analyze users' interests and behavior data to provide optimal content. ② The development of neural network models has greatly improved natural language processing technology, leading to innovative achievements in the field of machine translation. ③ Despite these changes, human creativity and emotional empathy remain areas that AI cannot replace. ④ Content creators are now expected to play the role of storytellers who evoke emotional connections, not just simple information providers.

17. 주어진 문장이 들어갈 위치로 가장 적절한 것은?

This doesn't necessarily mean that either researcher conducted poor research.

When reading about psychology, how do we judge the quality of what we're reading? First, we cannot evaluate the quality of an argument based on whether we agree with the conclusions about people or what the author believes. (①) Two excellent psychologists might strongly disagree on one aspect of human behavior, and both could present compelling arguments and solid evidence to support their conclusions. (②) As you read more about psychology, you'll discover that there are many differences of opinion among researchers. (③) It's also possible for two researchers to conduct the same experiment in different locations and get very different results. (④) On the contrary, differing results from varying situations can provide valuable information.

18. 주어진 글 다음에 이어질 글의 순서로 가장 적절한 것은?

The ownership of tangible assets is clearly defined, and it is explicitly stated in contracts when the ownership of tangible assets changes hands.

(A) Data can be copied or transferred to other platforms while remaining the same, allowing multiple people to have the same data at the same time.

(B) Additionally, structured data collections can be treated as intellectual property, but raw, unstructured data (collected but not yet processed) is similar to facts and cannot be legally protected by copyright or ownership.

(C) However, data ownership is not clearly defined in law. This is because data has unique characteristics that differ from other types of property.

① (A) − (C) − (B)　　② (B) − (C) − (A)
③ (C) − (A) − (B)　　④ (C) − (B) − (A)

[19~20] 밑줄 친 부분에 들어갈 말로 가장 적절한 것을 고르시오.

19.

We all interpret things differently, but one thing is certain — the reason for our differing understandings is that _____. Our experiences are never the same as yours. To understand something, we must locate the closest related item in our memory. Schank and Abelson argued that understanding requires an individual to find the appropriate knowledge structure and use it to predict what will happen in a given situation, thus allowing a new event to be understood from the perspective of what is typical. For example, when listening to a story about a cocktail party, the listener pulls out a "cocktail party script" that reflects the typical events that occur at such parties. Then, based on this script, which varies for each person, they interpret the story they are hearing.

① we have different purposes
② we can make cognitive errors
③ our memories are different
④ others convince us of their intentions

20.

Literacy is crucial in the upper elementary grades because this is the period when young adolescents begin transitioning from narrative to expository writing, which increases the demands on their literacy skills. Unfortunately, despite this growing need for literacy skills, formal reading instruction for many young adolescents stops once they enter middle school. One reason for this is that only about 50% of upper elementary teachers receive training in literacy instruction, which is broadly considered to include integrated reading, writing, speaking, and listening. Even fewer teachers receive specific training in programs like writing that span across the curriculum. As a result, many teachers are not adequately prepared to teach content-area literacy strategies to their students. Given the increasing emphasis on integrated curricula in upper elementary grades, all teachers, regardless of subject, are called on to _____.

① develop effective standardized testing methods
② utilize technological advancements in their lessons
③ make connections between different subject areas
④ integrate language instruction into their own subject areas

합격까지

2025 공무원 시험 대비 적중동형 모의고사
영어
▌제4회 ▌

응시번호		문제책형
성 명		

제1과목	국어	제2과목	영어	제3과목	한국사
제4과목		제5과목			

영 어

[1~3] 밑줄 친 부분에 들어갈 말로 적절한 것을 고르시오.

1.
Overlooking minor maintenance issues in a building may _____ the problem over time, resulting in costly repairs.

① revive
② aggravate
③ inquire
④ ameliorate

2.
The writer, renowned for her _____ career, published over 30 novels, countless articles, and influential essays, ultimately earning her global recognition as a literary icon of her generation.

① superficial
② infamous
③ detrimental
④ prolific

3.
The new regulations will prevent companies _____ products that do not meet the required safety standards.

① from releasing
② to release
③ releasing
④ release

[4~5] 밑줄 친 부분 중 어법상 옳지 않은 것을 고르시오.

4.
① While the last economic recession, many ② companies struggled to stay afloat due to poor financial planning. ③ Had the company diversified its portfolio, it might have sustained profits, avoiding significant losses. As a result, businesses have since prioritized risk management strategies ④ to enhance financial resilience in times of economic uncertainty.

5.
In modern software development, ① preventing issues during production is crucial for maintaining smooth operations. The manager updated the software regularly ② so that any issues arise during production. A more comprehensive testing process ③ should have been implemented to catch potential bugs earlier in the development cycle. Taking proactive measures allows the company ④ to minimize disruptions and achieve a more stable and efficient software deployment.

[6~7] 밑줄 친 부분에 들어갈 말로 적절한 것을 고르시오.

6.

Olivia Bennett
Hi, I just arrived, and I need some help finding my site.

Daniel Carter
Welcome! Do you have your reservation number with you?

Olivia Bennett
Yes, here it is. I booked a lakeside site for two nights.

Daniel Carter
Let me check. Ah, you're in Site 18 near the main path.

Olivia Bennett
Great. Is there a map I can use to find it easily?

Daniel Carter
Of course! Here's a map showing all the sites and facilities.

Olivia Bennett
_____

Daniel Carter
Quiet hours start at 10 p.m., and campfires are only allowed in fire pits.

Olivia Bennett
Got it. Thank you for your help.

① Can you recommend a different site for me?
② Thanks. Are there any rules I should know before setting up?
③ Is there a restaurant nearby where I can eat?
④ Do you have a pool or any recreational activities?

7.
A: Hello, I'd like to report a phone scam I fell for.
B: I'm sorry to hear that. When did this happen?
A: Just this morning. They pretended to be my bank.
B: I see. Did they ask you to send money or share information?
A: They told me my account was frozen and I had to transfer money.
B: _____
A: Yes, I sent them about two million won before I realized it.
B: I understand. Please fill out this fraud report form.
A: Okay. Should I also contact my bank right away?
B: Definitely. Your bank can help block further transactions.

① Did you keep any records of your conversation with them?
② You need to visit the immigration office for this matter.
③ We can't help with phone scams at this station.
④ Please report this directly to your internet provider.

[8~9] 다음 글을 읽고 물음에 답하시오.

FairWork Institute

Mission

Our mission is to advance workers' rights by promoting fair labor practices and advocating for policies that ensure safe and equitable working conditions. Through education, policy development, and community engagement, we strive to empower workers and create a just workplace environment for all.

Vision

We envision a world where every worker is treated with respect and dignity, and where workplace standards reflect fairness and inclusivity. We promise to protect workers' rights and continue to support activities that promote diversity and inclusion in the workplace.

Core Values

- Fairness: We advocate for labor practices that prioritize justice and equality.
- Empowerment: We empower workers through education and advocacy to ensure their voices are heard.
- Inclusion: We promote workplace environments that value diversity and respect all employees.

8. 윗글에서 FairWork Institute에 관한 내용과 일치하는 것은?

① It focuses solely on governmental labor policies rather than on workers.

② It is more considerate of younger workers than all other workers.

③ It tries to offer long-term support rather than temporary assistance.

④ It opposes workers exercising their rights on their own.

9. 밑줄 친 engagement의 의미와 가장 가까운 것은?

① suppression

② profession

③ participation

④ correlation

[10~11] 다음 글을 읽고 물음에 답하시오.

(A)

The Green City Recycling Program is a commendable initiative that fervently encourages residents to engage in recycling efforts and safeguard our precious environment. Commencing this month, an array of newly designed recycling bins will be systematically distributed to each household within the community.

Residents are kindly requested to meticulously separate their recyclables into the following designated categories:
- Paper and Cardboard
- Plastic and Glass Bottles
- Metal Cans

Collection Schedule
- Recycling collection will occur every Wednesday, ensuring a consistent and reliable service.
- Please discharge all items to the roadside by 7 a.m. for smooth collection.

Important Notes
- It is imperative to rinse all bottles and cans thoroughly before placing them in the recycling bins.
- To reduce volume, make sure to flatten and discharge large cardboard boxes.
- Hazardous materials, including batteries and electronic waste, should never be placed in recycling bins due to safety concerns.

For further information and resources, please visit www.greencityrecycle.com or contact us at (555) 123-4567.

10. (A)에 들어갈 윗글의 제목으로 가장 적절한 것은?

① Appreciate the Artwork Made from Recycled Materials

② Check out the new recycling program

③ Check the schedule for recycling collection days

④ Discover ways to protect the environment through recycling

11. 위 안내문의 내용과 일치하지 않는 것은?

① 재활용품 수거는 매주 수요일에 이루어진다.

② 병과 캔은 버리기 전에 세척을 해야 한다.

③ 대형 판지 상자는 반드시 펼쳐서 버려야 한다.

④ 배터리와 같은 유해 물질도 재활용으로 버려도 된다.

12. 다음 글의 목적으로 가장 적절한 것은?

✎	**Send**	Preview	Save

To	Hotel Manager
From	Emily Davis
Date	June 18, 2026
Subject	Urgent Concern

📎   [My PC]   [Browse]

[Times New ▾] [10pt ▾] **G** G *G* G̲ G̶   ▤ ▥ ▦ ▧

Dear Hotel Manager,

I recently had the unfortunate experience of staying at your hotel from June 15 to June 17. While I appreciated the general ambiance and service, I encountered a significant issue during my visit. Upon entering my room, I noticed that the cleanliness was subpar. There were visible stains on the beddings, dust in various corners, and a distinct musty odor throughout the space. Despite my request for housekeeping, the issue remained unresolved throughout my stay.

This poor management had a significant negative impact on my overall comfort and satisfaction. I believe it is essential for your hotel to implement more rigorous housekeeping protocols to maintain a consistently high standard of cleanliness.

Sincerely,
Emily Davis

① 호텔의 방 예약 절차를 문의하려고
② 불편했던 소음 문제 해결을 요청하려고
③ 호텔 내 소음 방지를 위한 조치를 제안하려고
④ 호텔 객실 청결 문제 해결을 요청하려고

13. 다음 글의 요지로 가장 적절한 것은?

When starting a journey, it is impossible to know everything in advance, just like how you don't know how your new life or career will unfold. That's okay. You just need to handle it like solving a puzzle, understanding that the whole picture will not appear immediately but rather gradually. Sometimes, fitting pieces together is straightforward, while other times, it takes more effort and patience. Occasionally, you may discover exciting new pieces that open entirely new sections, and at other times, you may find pieces that seem to fit nowhere. The important part is to keep going until the picture starts to take shape, at which point you will clearly see what you have achieved.

① You should use past failures as the foundation for future success.
② You should prepare for the future by considering various possibilities.
③ You need to be patient and explore until your career becomes clear.
④ You should experience various activities to quickly find your strengths.

14. 다음 글의 주제로 가장 적절한 것은?

Building regulations play a crucial role in mitigating the negative effects of natural disasters. For instance, hurricane straps can help secure roofs to structures during severe winds brought on by tropical storms, thereby minimizing water damage. Nevertheless, like any engineered solution, these regulations have their shortcomings. After Hurricane Andrew hit South Florida in 1992, it became clear that even stringent building codes could not entirely avert significant destruction. Additionally, seismic regulations are primarily aimed at preventing buildings from collapsing but do not guarantee that they will remain safe for living after a major earthquake. While such policies enhance survival during earthquakes, they do not effectively lessen the financial repercussions. Moreover, building codes stem from public policies that can be unevenly applied, leading to potential neglect or lack of enforcement.

① the importance of implementing building regulations and standards
② the urgency of integrating climate considerations into building codes
③ the establishment of uniform technical standards for building codes
④ the limitations of building codes in mitigating the effects of natural disasters

15. 다음 글의 내용과 일치하지 않는 것은?

Enjoy a delightful relaxation at Meadow Camping Park, the perfect destination for families and friends. Experience the charm of the countryside and a variety of outdoor activities. The camping park offers wide-open spaces surrounded by meadows, ideal for relaxation. Recently, we added a small pond for kayaking and a bike rental station for your convenience.

Basic Facilities
— Modern restrooms and shower rooms
— Barbecue grills and shaded picnic tables
— Drinking water stations

Reservations & Inquiries
— Phone: 010-4567-8901
— Email: sunnymeadow@campingpark.com

Additional Information
— Kayaks and bikes are available for rent.
— According to the regulations, any cooking outside is prohibited.

Create lasting memories and reconnect with nature at Sunny Meadow Camping Park!

① A bicycle rental station was recently added.
② Barbecue facilities and water stations are available.
③ There are set hours for kayak rentals.
④ Outdoor cooking is not allowed separately.

16. 다음 글의 흐름상 어색한 문장은?

When a part of the emotional brain becomes overly activated due to feelings of frustration, sadness, or other intense emotions, a child struggles to manage their feelings. ① At this point, they may become irritable, leading to situations where the child feels trapped and cannot follow instructions, or they might say things that are difficult for parents to handle. ② In simple terms, the child is disconnected from their rational side. ③ To help the child calm down and regain clarity, offering a hug and empathizing with the situation is the most effective way to reduce the intensity of their emotions. ④ Childhood memories are formed and stored in the brain, shaping how a person understands the world. A kind word can bridge the gap between these two states, helping the child's rational brain soothe their emotions or at least allowing them to listen to what their parents are saying.

17. 주어진 문장이 들어갈 위치로 가장 적절한 것은?

For example, consumers in developing countries often believe that brands perceived as foreign have higher quality.

Knowledge about a product's origin can influence how consumers think about it. (①) Conversely, some countries' consumers believe their domestic products are superior to those made elsewhere. (②) For instance, Japanese consumers tend to believe that Japanese products are of higher quality than American products. (③) Therefore, a travel bag company emphasizes that its products are designed and made in Japan to sell more expensive travel bags in Japan. (④) Consumers are more likely to make inferences about a brand based on its origin when they have little motivation to process brand information or when their processing goal is directed toward origin information.

18. 주어진 글 다음에 이어질 글의 순서로 가장 적절한 것은?

I took a deep breath and stepped onto the stage. The bright lights blinded me for a moment, and my heart pounded in my chest.

(A) Even as I played the first few notes, my fingers continued to tremble, but I focused more on the melody and gradually gained confidence.

(B) When I finished, the room fell silent for a brief moment before erupting into applause. I smiled, relieved and proud.

(C) As I put my hand on the piano keyboard, my hand trembled more and more, and I took another deep breath and tried to calm myself down.

① (A) - (C) - (B)　　　② (B) - (C) - (A)

③ (C) - (A) - (B)　　　④ (C) - (B) - (A)

[19~20] 밑줄 친 부분에 들어갈 말로 가장 적절한 것을 고르시오.

19.
Project managers should not ＿＿＿＿＿＿＿＿＿＿＿＿＿＿＿. Instead, they should anticipate them. If disagreements are not addressed, leaders may want to actively identify them for two main reasons. First, differing opinions can lead to valuable insights regarding the project and its execution. While making hasty decisions about the project should be avoided, leaders must remain receptive to innovative ideas. Second, addressing conflicts early on can lead to easier resolutions as the project progresses. Team members may have differing opinions, but they generally want their ideas to be acknowledged and reflected. The team will look to the project manager to facilitate the resolution of these differences, and members are likely to respect the manager if they feel their perspectives have been valued.

① feel discouraged when they face challenges

② discourage team members from sharing their thoughts

③ avoid discussing issues with team members

④ be alarmed when conflicts arise among the team

20.
In a study conducted by researchers, participants were given a set of ten anagrams to solve. After they completed the task, the researchers informed them that only a portion of the possible words had been identified. They encouraged the participants to reflect on their actual performance and consider how they could have improved. "Think about how you could have done better," they suggested. Participants who felt a sense of regret performed differently compared to those who were asked to focus on their achievements. Interestingly, the group that experienced regret worked harder and completed more anagrams in the next round. This offers an important insight into regret as it ＿＿＿＿＿＿＿＿＿＿＿＿＿＿＿, which often leads to improved overall performance.

① can enhance motivation

② may hinder innovative thinking

③ allows you to avoid unnecessary tasks

④ directs you to improve time management

2025 공무원 시험 대비 적중동형 모의고사
영어
▌제5회 ▌

<table>
<tr><td>응시번호</td><td rowspan="2"></td><td rowspan="2">문제책형
</td></tr>
<tr><td>성 명</td></tr>
</table>

제1과목	국어	제2과목	<u>영어</u>	제3과목	한국사
제4과목		제5과목			

응시자 주의사항

1. **시험시작 전 시험문제를 열람하는 행위나 시험종료 후 답안을 작성하는 행위를 한 사람은「지방 공무원 임용령」** 제65조 등 관련 법령에 의거 **부정행위자로** 처리됩니다.
2. 시험이 시작되면 문제를 주의 깊게 읽은 후, **문항의 취지에 가장 적합한 하나의 정답만을 고르 며,** 문제내용에 관한 질문은 할 수 없습니다.
3. **답안은 문제책 표지의 과목 순서에 따라 답안지에 인쇄된 순서에 맞추어 표기해야 하며,** 과목 순서를 바꾸어 표기한 경우에도 문제책 표지의 과목 순서대로 채점되므로 유의하시기 바랍니다.
4. 법령, 고시, 판례 등에 관한 문제는 **2025년 4월 30일 현재 유효한 법령, 고시, 판례 등을 기준** 으로 정답을 구해야 합니다. 다만, 개별 과목 또는 문항에서 별도의 기준을 적용하도록 명시한 경우에는 그 기준을 적용하여 정답을 구해야 합니다.
5. **시험시간 관리의 책임은 응시자 본인에게 있습니다.**
   ※ 문제책은 시험종료 후 가지고 갈 수 있습니다.

정답공개 및 이의제기 안내

1. 정답공개 일시: 정답가안 6.21.(토) 14:00 / 최종정답 6.30.(월) 18:00
2. 정답공개 방법: 사이버국가고시센터(www.gosi.kr) ➡ [시험문제 / 정답 → 문제 / 정답 안내]
3. 이의제기 기간: 6.21.(토) 18:00 ~ 6.24.(화) 18:00
4. 이의제기 방법
   ■ 사이버국가고시센터 ➡ [시험문제 / 정답 → 정답 이의제기]
   ■ 구체적인 이의제기 방법은 정답가안 공개 시 공지 예정

영　어

[1~3] 밑줄 친 부분에 들어갈 말로 가장 적절한 것을 고르시오.

1.
> Remote work has become _____ in many industries, offering employees greater flexibility and companies reduced operational costs.

① skeptical
② solitary
③ desperate
④ prevalent

2.
> The government emphasizes the critical importance of providing _____ and reliable information to the public in order to build trust and transparency in all administrative processes and decisions.

① inferior
② authentic
③ immortal
④ anonymous

3.
> The cyclist _____ a reckless driver who ignored the traffic signals and sped through the intersection.

① run over
② was run over
③ was run over by
④ ran over to

[4~5] 밑줄 친 부분 중 어법상 옳지 않은 것을 고르시오.

4.
> ① What makes renewable energy projects essential is their potential to reduce long-term costs, unlike traditional energy sources that ② rely on finite resources. Nations that fail ③ to invest in sustainable energy risk falling behind their global competitors in economic growth. It cannot be denied that ④ embrace green technologies has become a critical factor for maintaining economic stability in the modern world.

5.
> Unlike earlier attempts, ① where assignments were submitted late, this time the student submitted everything on time, ② resulting in a higher overall score. The new study strategy, which involved detailed planning and regular revision, helped improve his performance. If he had continued to procrastinate, his grades ③ would have suffered as they did in previous terms. Because he submitted his assignments on time, more feedback ④ received from the teacher, accelerating his improvement.

[6~7] 밑줄 친 부분에 들어갈 말로 가장 적절한 것을 고르시오.

6.
> A: Excuse me, I have an appointment this morning.
> B: Welcome! May I have your name and appointment time?
> A: Sure, my name is Sarah Kim, and my appointment is at 10.
> B: Let me check… Yes, you're seeing Dr. Lee in Internal Medicine.
> A: Great. Where should I go to wait for my turn?
> B: _____
> A: Thank you. By the way, how long is the expected wait time?
> B: There are a few patients ahead of you, so about 20 minutes.
> A: That's fine. Can I also check if my insurance is on file?
> B: No problem. Let me confirm that for you now.
> A: Thank you so much for your help today.
> B: You're very welcome. Please let us know if you need anything.

① Please go to the waiting area on the right side of this floor.
② Please check your reservation first at the reception desk.
③ We don't provide any waiting areas for patients.
④ Please come back in an hour to check in again.

7.

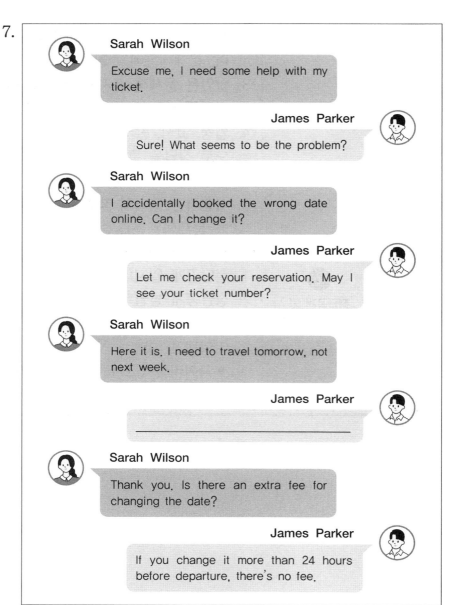

Sarah Wilson: Excuse me, I need some help with my ticket.

James Parker: Sure! What seems to be the problem?

Sarah Wilson: I accidentally booked the wrong date online. Can I change it?

James Parker: Let me check your reservation. May I see your ticket number?

Sarah Wilson: Here it is. I need to travel tomorrow, not next week.

James Parker: _____

Sarah Wilson: Thank you. Is there an extra fee for changing the date?

James Parker: If you change it more than 24 hours before departure, there's no fee.

① We don't handle ticket issues at this desk.
② Sorry, all changes must be mad online only.
③ No problem. I can update your travel date right now.
④ Please visit the lost and found office for ticket changes.

[8~9] 다음 글을 읽고 물음에 답하시오.

✎   **Send**   Preview   Save

To	Customer Support Team
From	James Carter
Date	November 20, 2026
Subject	Urgent Request

📎   [My PC] [Browse]

[Times New ▼] [10pt ▼] [G G G G G] [≡ ≡ ≡ ≡]

Dear Customer Support Team,

I am writing to express my dissatisfaction with a recent purchase from your online store. On November 5, I ordered a coffee maker (Model: CM-200) for $120, which was delivered on November 8. Unfortunately, the product has not functioned properly since its first use. The coffee maker fails to heat up, and water leaks from the base, making it unusable.

I have not mishandled the product and followed the instructions carefully. I reported this issue through your website's support page on November 10 and 12, but I have yet to receive a response. To resolve this issue, I request that you arrange for the return of the <u>defective</u> coffee maker at no cost and provide a full refund or a replacement. I have attached copies of my receipt, order confirmation, and photos of the faulty product for your reference.

I hope to hear from you by November 30. If we don't receive a satisfactory solution by then, we have no choice but to notify the Consumer Protection Agency of this issue.

Sincerely,
James Carter

8. 윗글의 목적으로 가장 적절한 것은?
① 제품 결제 오류에 대해 문의를 하려고
② 제품의 반품 및 환불을 요청하려고
③ 제품 사용법에 대한 설명을 요청하려고
④ 제품 배송 지연에 대한 사과를 요구하려고

9. 밑줄 친 "defective"의 의미와 가장 가까운 것은?
① flawless
② faulty
③ silent
④ durable

[10~11] 다음 글을 읽고 물음에 답하시오.

(A)

We're excited to invite you to the Global Food & Culture Fair, a vibrant celebration of global cuisines, traditions, and artistic performances. This event aims to bring together people from all walks of life to enjoy the richness of diverse cultures. Save the date and join us for an unforgettable experience!

Event Details
- Dates: November 10 − November 12
- Times: 11:00 a.m. − 9:00 p.m. (Friday & Saturday)
  11:00 a.m. − 7:00 p.m. (Sunday)
- Location: Global Expo Center, 456 Culture Avenue, Seoul

Event Programs
- Cultural Performances
  Experience traditional dances, music, and theatrical acts from around the world on multiple stages.
- Global Food Market
  Taste a wide variety of international dishes prepared by renowned chefs and local vendors. Free food samples will also be available!

For more information, visit our website at www.globalfoodculturefair.org or call the Event Office at (555) 123-4567.

---

10. (A)에 들어갈 윗글의 제목으로 가장 적절한 것은?
① Discover the Secrets of Traditional Cooking
② Meet the Hidden Artisans of the Region
③ Celebrate Modern Art and Innovation
④ Experience the World Through Food and Culture

11. Global Food & Culture Fair에 관한 윗글의 내용과 일치하지 않는 것은?
① 이 행사는 다양한 문화를 경험할 수 있는 기회를 제공한다.
② 11월에 열리며 일요일은 오후 7시까지만 진행된다.
③ 요리 강습 프로그램도 무료로 참여할 수 있다.
④ 웹사이트나 전화 문의를 통해 행사 일정을 확인할 수 있다.

12. K-Pop Cover Dance Class에 관한 다음 안내문의 내용과 일치하지 않는 것은?

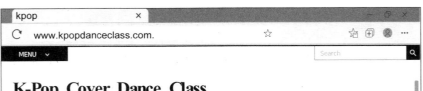

K-Pop Cover Dance Class

Join us for the K-Pop Cover Dance Class! This special event is hosted by Rhythm Studio, one of Korea's top dance studios, and offers you the chance to learn the latest K-Pop choreography from expert instructors. The event will take place on September 20 at Rhythm Studio, located at 123 Dance Street in Seoul. Registration and tuition are free, but the number of seats is limited, so hurry up and apply!

The schedule includes two classes:

- CLASS 1: Led by instructor JD, from 9:30 a.m. to 10:30 a.m., where you'll learn "Time to Dance" by Debby.
- CLASS 2: Led by instructor SIA, from 10:30 a.m. to 12:00 p.m., where you'll learn "Hold Me Now" by Hannah Kim.

To register, simply scan the provided QR code with your phone's camera. After the class, enjoy a fun K-Pop Dance Battle and a photo session to capture the moment.

① You can learn choreography directly from professional instructors.
② Tuition is free, but the number of participants is limited.
③ There is another procedure for registration after scanning the QR code.
④ You can take a picture after the class.

13. 다음 글의 요지로 가장 적절한 것은?

People who think they need to complete everything yesterday often finish their tasks feeling worried, having accomplished only half of what they intended. While it's fine to include everything you need to do in your to-do list, it's better to select a maximum of 4 to 6 items each day and focus solely on those tasks. Most of these items should be high priority, with only a few designated as low priority. Each day, concentrate only on the items in your to-do list, and do not add anything else until those tasks are completed. If you consistently finish all items in your list with time to spare, you can consider adding one or two more items for the day. If completing 4 to 6 items proves challenging, just include 2 to 4 items instead. By the end of each day, you will feel a sense of accomplishment for everything you have achieved, allowing you to enjoy your evening.

① Always believe in yourself.
② Don't try too much.
③ Have the habit of working ahead of time.
④ Don't take work home.

14. City Marathon Challenge에 관한 다음 글의 내용과 일치하는 것은?

City Marathon Challenge

The City Marathon Challenge is now open for all running enthusiasts, offering a thrilling race through the heart of the city. Whether you're a seasoned runner or just starting out, this is your chance to take on the challenge! The event will take place on October 12th (Sunday), starting at 7:00 AM at City Park, Main Entrance. Participants aged 16 or older are welcome to join, with race categories including the Full Marathon (42.195km), Half Marathon (21.0975km), and a 10K Run. Registration is available online at website, with a deadline of September 20th, 2025. Entry fees are $50 for the Full Marathon, $40 for the Half Marathon, and $30 for the 10K Run. Prizes for each category include $1,500 for 1st place, $1,000 for 2nd place, and $500 for 3rd place. For more details, visit www.citymarathon.com.

① The marathon will take place on October 20th.
② Only participants aged 18 or older are eligible.
③ The entry fees for all three marathon categories are the same.
④ The prize money for each category varies by rank.

15. 다음 글의 주제로 가장 적절한 것은?

Many commentators on current affairs argue that physical, emotional, and mental alienation is widespread in the complex modern society. Individuals often rely on limited relationships, such as those with family members, to meet their emotional and even physical needs. The number of close friends a person has tends to be very small. It is common in urban areas for people to be completely unfamiliar with their neighbors, and even close friends often interact only on a superficial level. Generally, people tend to keep their distance from one another. This sense of distance may explain why most individuals feel jealous of and cling to the few fundamental relationships they value.

① The meaning of friendship in modern society
② How to form relationships in society
③ Exclusiveness and isolation of individuals in modern society
④ Alienation from family and friends in modern society

16. 다음 글의 흐름상 어색한 문장은?

In the forest or on the streets of the city, sound brings life to the world. No matter what beauty we see around us, if we cannot hear everything outside our sight, the world would feel desolate. ① The subtle chirping of birds can occasionally burst forth from a distance, informing us of the presence of crows or sparrows nearby, filling the hillsides. ② Birds living in urban areas are harming their health by singing louder and at higher frequencies to compete with the noise of the city. ③ These sounds call us out of ourselves, expanding our awareness and allowing us to know the valleys more fully and intimately. ④ Although our world is increasingly dominated by the sounds of humans and machines, the delicate beauty of nature's voices is becoming more precious than ever.

17. 주어진 문장이 들어갈 위치로 가장 적절한 것은?

There is also a traditional custom that briefly tells you what you should and should not do.

In Nepal, eclipses are traditionally considered unlucky, so people are preparing for the negative effects of the longest total solar eclipse of this century. In Kathmandu, phone inquiries to astrology TV shows have surged, and people are asking whether the eclipse is unlucky and how to avoid it. (①) Basically, eating, drinking, and sleeping are considered undesirable. (②) Pregnant women are advised to stay indoors. This is because there is concern that the eclipse might have a bad effect on their unborn children. (③) Hospitals have reported that expectant parents have postponed scheduled C-sections to ensure their children are not born with bad luck. (④) However, not everyone sees this eclipse as bad news. One local airline has planned to fly over Mount Everest to offer the best view of the eclipse.

18. 주어진 글 다음에 이어질 글의 순서로 가장 적절한 것은?

When a massive star collapses, its gravitational field has a corresponding strength because the same amount of matter remains. However, as the matter condenses, the gravitational field becomes even more directed toward the center.

(A) Only darkness exists at this point. A strange phenomenon occurs here: the star flips inside out, and everything becomes the opposite.

(B) Thus, gravity transforms from an attractive force into a repulsive force. This repulsive force of gravity creates tunnels in the universe, known as black holes.

(C) When compressed to a specific point known as the 'gravitational radius,' the force of gravity reaches its maximum, and even light cannot escape.

① (B) － (A) － (C)
② (B) － (C) － (A)
③ (C) － (A) － (B)
④ (C) － (B) － (A)

[19~20] 밑줄 친 부분에 들어갈 말로 가장 적절한 것을 고르시오.

19.

When confronted with phenomena that are too vast to grasp, we make sense of them by ＿＿＿＿＿＿＿＿＿＿. For example, discovering a star in the darkening twilight is not merely an act of observation. Understanding that it is one of 200 billion stars in our galaxy and that its light began traveling years ago deepens our perception of the universe. Similarly, the scent of fuel filling a car's tank is more than just a sensory experience. When connected to the fact that about a billion gallons of crude oil are refined and consumed daily in the U.S., we gain insight into the flow of energy and global geopolitics. In this way, our experiences extend beyond simple sensations to a deeper understanding.

① analyzing global energy trends
② understanding and accepting the universe
③ connecting names to the observed objects
④ enriching experiences with acquired knowledge

20.

In the industry, space is divided into standardized sections with area and location. For example, units of the same size, such as acres or hectares, are used. The boundaries of our owned land are based on these spatial divisions. However, as population density increases, the importance of defined spatial boundaries grows. In densely populated neighborhoods, landowners are known to become extremely angry over disputes regarding fence lines, sometimes leading to serious conflicts. In contrast, in less densely populated rural areas where people own hundreds or even thousands of acres of ranch land, moving a fence line by about 3 feet is hardly significant. In short, the surrounding environment influences our ＿＿＿＿＿＿＿＿＿＿ by redefining these units.

① perception of space
② political belief
③ psychological stability
④ desire for success

합격까지

2025 공무원 시험 대비

적중동형 봉투모의고사
Vol. 2

영 어

❚ 제6회 ~ 제10회 ❚

박문각

합격까지

2025 공무원 시험 대비 적중동형 모의고사
영어
▌제6회 ▐

응시자 주의사항

1. **시험시작 전 시험문제를 열람하는 행위나 시험종료 후 답안을 작성하는 행위를 한 사람은** 「지방 공무원 임용령」 제65조 등 관련 법령에 의거 **부정행위자로** 처리됩니다.
2. 시험이 시작되면 문제를 주의 깊게 읽은 후, **문항의 취지에 가장 적합한 하나의 정답만을 고르** 며, 문제내용에 관한 질문은 할 수 없습니다.
3. **답안은 문제책 표지의 과목 순서에 따라 답안지에 인쇄된 순서에 맞추어 표기해야 하며,** 과목 순서를 바꾸어 표기한 경우에도 문제책 표지의 과목 순서대로 채점되므로 유의하시기 바랍니다.
4. 법령, 고시, 판례 등에 관한 문제는 **2025년 4월 30일 현재 유효한 법령, 고시, 판례 등을 기준** 으로 정답을 구해야 합니다. 다만, 개별 과목 또는 문항에서 별도의 기준을 적용하도록 명시한 경우에는 그 기준을 적용하여 정답을 구해야 합니다.
5. **시험시간 관리의 책임은 응시자 본인에게 있습니다.**

※ 문제책은 시험종료 후 가지고 갈 수 있습니다.

정답공개 및 이의제기 안내

1. 정답공개 일시: 정답가안 6.21.(토) 14:00 / 최종정답 6.30.(월) 18:00
2. 정답공개 방법: 사이버국가고시센터(www.gosi.kr) ➔ [시험문제 / 정답 → 문제 / 정답 안내]
3. 이의제기 기간: 6.21.(토) 18:00 ~ 6.24.(화) 18:00
4. 이의제기 방법
   ▪ 사이버국가고시센터 ➔ [시험문제 / 정답 → 정답 이의제기]
   ▪ 구체적인 이의제기 방법은 정답가안 공개 시 공지 예정

영 어

[1~3] 밑줄 친 부분에 들어갈 말로 가장 적절한 것을 고르시오.

1.

The country faced international criticism after _____ human rights treaties, which led to sanctions and strained diplomatic relations with several nations.

① manifesting

② boosting

③ complementing

④ violating

2.

Those who are _____ for the internship program will receive further instructions regarding the application process and necessary documents within the next few weeks.

① eligible

② vertical

③ secular

④ redundant

3.

_____ participating in the upcoming conference to share their research findings.

① The number of students

② The number of students is

③ A number of students are

④ A number of students

[4~5] 밑줄 친 부분 중 어법상 옳지 않은 것을 고르시오.

4.

The logical fallacy ① for which the argument was criticized has been clearly identified. This fallacy, ② is known as a false dilemma, presents only two options when more exist. Philosophers have long warned against ③ such oversimplifications, as they hinder critical thinking ④ and limit our understanding of complex issues.

5.

Philosophical discussions often attract individuals ① eager to explore profound questions about existence. The debate will be open to ② whoever wishes to discuss the nature of reality, encouraging diverse perspectives. Some of ③ the knowledges shared during such events is challenging to grasp at first but can lead to deeper understanding over time. Complex terminology and abstract concepts often make it difficult ④ for participants to express their ideas clearly.

[6~7] 밑줄 친 부분에 들어갈 말로 가장 적절한 것을 고르시오.

6.

Resident: Hi, I'd like to file a noise complaint about my neighbor.

Officer: I'm sorry to hear that. How long has this been happening?

Resident: It's been going on for over two weeks now.

Officer: I see. What kind of noise is it?

Resident: They play loud music late at night almost every day.

Officer: _____

Resident: Yes, and I've tried talking to them, but it didn't help.

Officer: Understood. Please fill out the complaint form.

① Noise complaints are not handled by the police.

② What kind of music do you like?

③ Have you spoken to your neighbor about this issue?

④ Please visit the environmental office for this type of complaint.

7.

A: Hello, I'm here to check the delivery status of a package.

B: Of course! May I have your tracking number, please?

A: Sure. Here it is. It's 1234-5678-9012.

B: Thank you. Let me check the system. Please hold on.

A: No problem. I hope it's already been delivered.

B: _____

A: Oh, it's still in transit? Do you know the current location?

B: Yes, it's currently at a distribution center in Busan.

A: I see.

① According to the system, your package is still in transit.

② Your package was delivered two weeks ago.

③ Unfortunately, we don't handle delivery tracking here.

④ You need to contact the sender directly for updates.

[8~9] 다음 글을 읽고 물음에 답하시오.

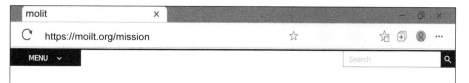

Ministry of Land, Infrastructure and Transport

The Ministry of Land, Infrastructure and Transport (MOLIT) is a pivotal government agency in South Korea, responsible for managing transportation networks, urban planning, and infrastructure development, playing a central role in the country's advancement.

Responsibilities
- Overseeing road networks, railways, and aviation policies
- Ensuring sustainable city growth and efficient public transport

Key Functions
- Establishing safety regulations to prevent traffic accidents
- Ensuring Public Safety through Safety Management

Mission

MOLIT aims to create a safe, efficient, and sustainable transportation environment. By improving public infrastructure and actively introducing smart city technologies, the ministry seeks to enhance the quality of life for citizens and stimulate continuous economic growth.

Vision

Build a connected, forward-thinking society through innovative and sustainable transportation solutions

Key Goals
- Promote balanced regional development
- Introduce eco-friendly and efficient transportation modes

Ultimately, MOLIT strives to <u>serve</u> as a cornerstone in leading the nation's economic and social development.

8. 윗글에서 Ministry of Land, Infrastructure and Transport에 관한 내용과 일치하는 것은?

① It mainly focuses on regulating private transportation businesses.

② It is responsible for managing road networks, railway, and aviation policies.

③ It does not have a plan to protect the public.

④ It strives to promote development centered around major cities.

9. 밑줄 친 serve의 의미와 가장 가까운 것은?

① confine
② act
③ see
④ enhance

[10~11] 다음 글을 읽고 물음에 답하시오.

(A)

The annual Black Box Short Play Festival is waiting for you. This festival aims to showcase new playwrights by allowing their works to be performed onstage. Come and enjoy!

Date and Place
- August 12-14, 2026
- The Black Box Theater, 530 Fifth Avenue, New York

Performance Schedule

	Friday, August 12	Saturday, August 13	Sunday, August 14
The Midnight Salesmen	8 p.m.	2 p.m.	
Shrink to Fit		8 p.m.	2 p.m.
Casting the Villain Aside	2 p.m.		8 p.m.

Tickets
- Early Bird: $10 per play (reserve before July 31, 2026)
- Regular Price: $15 per play
- Reserve tickets online at www.theblackboxtheater.com.

Notes
- No late entries will be permitted.
- Children under 10 are not allowed.

10. (A)에 들어갈 윗글의 제목으로 가장 적절한 것은?

① Enjoy the Most Popular Plays Currently

② Experience the Works of New Playwrights

③ Join the 3-Week-Long Theater Festival

④ Learn about the Theater's Long History

11. 위 안내문의 내용과 일치하지 않는 것은?

① Only experienced playwrights are allowed to participate.

② It consists of 3 performances held over 3 days.

③ It is possible to purchase tickets at a price lower than the regular price.

④ It is difficult to enter once the performance has started.

12. 다음 글의 목적으로 가장 적절한 것은?

✎	**Send** Preview Save
To	mary.brown@example.com
From	emily.wilson@homecomfort.com
Date	November 10, 2026
Subject	Smart Blender products

📎   My PC   Browse

Times New ▾   10pt ▾   G G G G G   ▤ ▤ ▤ ▤

Dear Ms. Brown,

I hope this email finds you well and that you are enjoying your new Smart Blender. My name is Emily Wilson, and I am the Customer Experience Manager at HomeComfort Co. I wanted to personally reach out to ensure your satisfaction with our product. Your feedback is incredibly valuable to us.

We would greatly appreciate it if you could take a few moments to share your thoughts and experiences with your Smart Blender. Additionally, your insights will assist other customers in making informed decisions. To leave a review, please visit the product page on our official website. Thank you very much for your support and for being a valued customer. We truly appreciate it.

Warm regards,
Emily Wilson

① to request a satisfaction survey about the employee
② to provide information about the return process for the product
③ to introduce the newly launched blender
④ to request opinion about the purchased product

13. 다음 글의 주제로 가장 적절한 것은?

Modern immigration policies often present financial and bureaucratic obstacles that only the most resourceful individuals can overcome. Those who successfully migrate from less developed nations typically possess remarkable resilience, intelligence, and adaptability — qualities that frequently translate into entrepreneurial success. A 2023 analysis by the Global Business Institute revealed that immigrants or their direct descendants founded 48% of the 600 most profitable companies in the U.S. Notably, immigrant entrepreneurs established 60% of the top 30 corporations and 65% of the world's 20 most influential brands. These statistics highlight the significant contributions of immigrants to economic growth and innovation. For instance, Elon Musk, originally from South Africa, founded Tesla and SpaceX, while Jeff Bezos, whose father immigrated from Cuba, created Amazon. Such examples illustrate how immigrant — driven businesses shape global markets.

① significance of cultural diversity in business success
② economic impact of immigrant entrepreneurship
③ obstacles faced by skilled immigrants in job markets
④ policies to promote inclusivity for immigrant founders

14. 다음 글의 내용과 일치하지 않는 것은?

This contest was created to encourage individuals to share their innovative ideas for promoting carbon neutrality in our daily lives. The goal is to inspire environmental consciousness and motivate others to take action for a sustainable future.

Guidelines
• All participants must enter in teams of 2 to 5 members.
• Each team will submit a 7-minute video clip via email.
• The video must include ways to protect our environment.

Judging Criteria
• Creativity   • Practicability   • Technical quality

Details
• Deadline is April 13, 2025.
• Winning teams will be announced on April 21, 2025 via email.
• The three best videos will be posted on our website.

For more information, please email us at manager@ideasharing.org.

① This contest is to promote environmental awareness.
② This contest can be entered individually.
③ The video must be submitted via email.
④ Practicality is included in the judging criteria.

15. 다음 글의 요지로 가장 적절한 것은?

The adoption of environmentally friendly practices in cities, such as green rooftops, new parks, tree planting, and energy-efficient buses, has significantly increased in recent years, despite the fact that comprehensive federal environmental laws were enacted over 30 years ago. Why has this shift happened now? In short, city leaders have recognized that in order to provide a high quality of life for their residents and stay competitive in the global economy, a cleaner environment is necessary. The United States' economy has shifted from a manufacturing-based to a service-oriented knowledge economy. In this information age, the quality of the environment has become a key economic asset. Skilled workers, who are no longer tied to specific locations, are drawn to places with broadband internet and a healthy, aesthetically pleasing environment. Furthermore, green cities demonstrate that the supposed conflict between jobs and the environment is a false dichotomy: a high-quality environment creates jobs, while a polluted environment leads to job loss.

① A comprehensive revision of environmental laws is necessary.
② Formulating policies to succeed in global competition is important.
③ The global economy is shifting to a service-based knowledge economy.
④ A clean environment is essential for securing competitiveness in the global economy.

16. 다음 글의 흐름상 어색한 문장은?

To avoid famine and economic turmoil, governments implement policies that encourage or restrict the production of various crops. Subsidies are provided to promote agricultural production, and these can take several forms. ① Subsidies give producers the ability to sell their products at prices lower than what would otherwise be possible. ② Almost all developed countries provide subsidies to agricultural producers, while a few exceptions like New Zealand, Australia, and parts of Canada have no large-scale agricultural populations and possess natural advantages for producing certain crops at lower costs. ③ Contrary to common belief, most support for farmers is provided not through subsidies but through government manipulation of domestic prices. ④ In most cases, subsidies ensure agricultural surpluses, and as producers in countries without subsidies are forced out of business, producers in subsidized countries benefit.

17. 주어진 문장이 들어갈 위치로 가장 적절한 것은?

One example is that it is difficult to explain in everyday language the situation where a memory may not actually be something one has experienced.

Usually, when defining a term, it's best if the definition closely aligns with how the term is commonly used in the relevant field. (①) However, if current language cannot express a philosophically important distinction, it may be appropriate to create a new meaning through what philosophers call a "stimulative definition." (②) If I hear a story about your memory, I might have an experience that feels like a memory, even though it is not something I personally went through. (③) Calling this simply a "memory" could be misleading. (④) Therefore, philosophers created the new term "quasi-memory" to refer to such cases.

18. 주어진 글 다음에 이어질 글의 순서로 가장 적절한 것은?

Many students prefer to study in groups, believing it helps them learn better. However, some students feel that they can concentrate more when studying alone.

(A) Others, on the other hand, think that learning with classmates can encourage a deeper understanding, as they can share different perspectives and ask questions.

(B) These students believe that studying in a quiet, isolated environment helps them focus better without distractions, allowing them to understand the material more thoroughly.

(C) Ultimately, both methods can be effective, but the best approach may depend on the individual's personal learning style.

① (A) － (B) － (C)　　　② (B) － (A) － (C)

③ (B) － (C) － (A)　　　④ (C) － (B) － (A)

[19~20] 밑줄 친 부분에 들어갈 말로 가장 적절한 것을 고르시오.

19.

People tend to _____, when referring to an item or a person. This adaptive trait serves a significant biological purpose, as what typically demands our focus is often something novel and unforeseen in our daily lives. The human brain instinctively adjusts to experiences that are repeated over time. For example, if I present you with a series of identical images and analyze the brain's response, the level of activity will gradually diminish with each iteration. The brain will only react again when it encounters something unfamiliar or surprising. Studies conducted by researchers indicate that the most intense responses are elicited by the most unexpected incidents. For instance, a straightforward statement like "He picked up the hammer and nails" generates a minimal reaction, but altering it to "He picked up the hammer and devoured it" would trigger a much stronger and more pronounced response, demonstrating the brain's sensitivity to novelty.

① confuse novelty with value

② fall victim to cognitive distortions

③ glorify what others possess

④ pay less attention to familiar things

20.

Water doesn't have its own shape, but it has a special quality. As a liquid, it has no fixed form, yet it takes the shape of whatever container it's in. Water is not hard; when touched, it completely adapts and conforms, but when struck at high speeds, it can feel as solid and unyielding as concrete. In a clear container, water appears colorless, but in the vast ocean, it distinctly takes on green or blue hues, reflecting everything around it on its surface in a stunning display. Pure water is tasteless, yet it absorbs and conveys the flavors of any dissolved or suspended substances it encounters. It lacks a scent, but it readily carries the aromas of its surroundings through atmospheric moisture, spreading them far and wide. This omnipresent substance around us easily _____, demonstrating its adaptable nature and its integral role in our ecosystem.

① alters the ecological landscape

② adjusts to blend with its environment

③ retains significant amounts of heat

④ engages with people in diverse manners

합격까지

2025 공무원 시험 대비 적중동형 모의고사
영어
▌제7회 ▐

응시번호		문제책형
성 명		

제1과목	국어	제2과목	영어	제3과목	한국사
제4과목		제5과목			

응시자 주의사항

1. **시험시작 전 시험문제를 열람하는 행위나 시험종료 후 답안을 작성하는 행위를 한 사람은** 「지방공무원 임용령」 제65조 등 관련 법령에 의거 **부정행위자로** 처리됩니다.
2. 시험이 시작되면 문제를 주의 깊게 읽은 후, **문항의 취지에 가장 적합한 하나의 정답만을 고르며,** 문제내용에 관한 질문은 할 수 없습니다.
3. **답안은 문제책 표지의 과목 순서에 따라 답안지에 인쇄된 순서에 맞추어 표기해야** 하며, 과목 순서를 바꾸어 표기한 경우에도 문제책 표지의 과목 순서대로 채점되므로 유의하시기 바랍니다.
4. 법령, 고시, 판례 등에 관한 문제는 **2025년 4월 30일 현재 유효한 법령, 고시, 판례 등을 기준**으로 정답을 구해야 합니다. 다만, 개별 과목 또는 문항에서 별도의 기준을 적용하도록 명시한 경우에는 그 기준을 적용하여 정답을 구해야 합니다.
5. **시험시간 관리의 책임은 응시자 본인에게 있습니다.**
   ※ 문제책은 시험종료 후 가지고 갈 수 있습니다.

정답공개 및 이의제기 안내

1. 정답공개 일시: 정답가안 6.21.(토) 14:00 / 최종정답 6.30.(월) 18:00
2. 정답공개 방법: 사이버국가고시센터(www.gosi.kr) ➜ [시험문제 / 정답 → 문제 / 정답 안내]
3. 이의제기 기간: 6.21.(토) 18:00 ~ 6.24.(화) 18:00
4. 이의제기 방법
   ■ 사이버국가고시센터 ➜ [시험문제 / 정답 → 정답 이의제기]
   ■ 구체적인 이의제기 방법은 정답가안 공개 시 공지 예정

영 어

[1~3] 밑줄 친 부분에 들어갈 말로 가장 적절한 것을 고르시오.

1.

Access to reliable data is _____ for researchers who need to make informed decisions, ensuring that their findings contribute meaningfully to the advancement of their fields.

① nervous
② fragile
③ indispensable
④ reluctant

2.

The scientific explanation in the article _____ the readers, especially those who lacked the background knowledge required to understand the advanced theories.

① hospitable
② monumental
③ sympathetic
④ confused

3.

I would appreciate _____ the necessary documents before the meeting so we can review them.

① for you to provide
② your providing
③ of you to provide
④ you provided

[4~5] 밑줄 친 부분 중 어법상 옳지 않은 것을 고르시오.

4.

① A number of stars visible through the telescope depends on the clarity of the atmosphere. Astronomers often wait for clear skies, ② as observing faint celestial objects is not possible until the atmospheric conditions improve. This process involves ③ adjusting equipment and fine-tuning the telescope, which requires patience and precision. ④ Generally speaking, the best observations occur during moonless nights when light pollution is minimal, allowing astronomers to capture clearer images of distant objects.

5.

Language learners often grow familiar with practicing pronunciation as a ① means to improve their speaking skills. Consistent practice helps them manage ② overcoming the initial challenges of speaking fluently. While it can be difficult at first, the effort is ③ worth putting in, as improved pronunciation leads to clearer communication. Learners who dedicate time to this aspect of language development will find that their confidence ④ grows, and they can engage more easily in conversations.

[6~7] 밑줄 친 부분에 들어갈 말로 가장 적절한 것을 고르시오.

6.

A: Hi, I'm here because I need to cancel a reservation.
B: I see. May I have your reservation number, please?
A: Sure. Here's my confirmation email with the details.
B: Thank you. May I ask why you need to cancel?
A: _____
B: I see. Our policy requires at least 24 hours' notice.
A: Oh, I wasn't aware of that. Is there a cancellation fee?
B: No, there's no fee if you cancel at least 24 hours ahead.
A: That's good to know.

① I want to change my reservation to a different date.
② I need to book an additional room for my stay.
③ My friend will use the reservation instead of me.
④ Something urgent came up, so I can't make it tomorrow.

7.

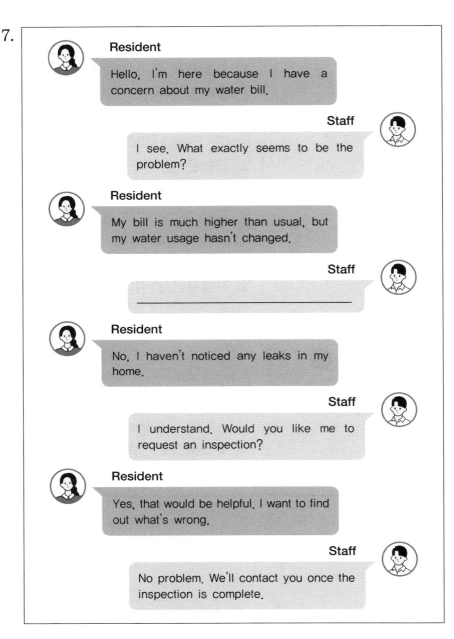

① Have you noticed any leaks or unusual water usage?
② You need to visit the immigration office for this matter.
③ We can't check your water bill here at this office.
④ Please contact your landlord about any billing issues.

[8~9] 다음 글을 읽고 물음에 답하시오.

| | Send | Preview | Save |

To	Building Maintenance Department
From	Public Relations Department
Date	May 10, 2026
Subject	Urgent request

My PC | Browse

Times New ▼ | 10pt ▼ | G G G G G | ≡ ≡ ≡

Dear Building Maintenance Team,

I hope this message reaches you well. I am writing to bring to your immediate attention a serious malfunction with the HVAC system in our office. Over the past few days, the air conditioning has consistently failed to regulate the temperature, leading to rising heat levels within the workspace. Several employees have raised concerns about the discomfort, which is beginning to negatively impact their productivity, particularly during the peak afternoon hours when temperatures are at their highest.

It would be greatly appreciated if you could arrange for a technician to inspect the system and carry out the necessary repairs without delay. Given the importance of a functional climate control system to maintaining a productive work environment, we hope this issue will be treated with the urgency it deserves.

Thank you for your prompt attention to this matter. We look forward to a swift resolution.

Best regards,
Public Relations Department

8. 윗글의 목적으로 가장 적절한 것은?
   ① HVAC 시스템 교체에 대해 직원들의 양해를 구하려고
   ② 사무실의 실내 적정 온도를 유지하도록 권장하려고
   ③ 사무실의 HVAC 시스템 문제에 대한 조치를 요청하려고
   ④ 사무실 직원들의 휴가 일정 조정을 문의하려고

9. 밑줄 친 regulate의 의미와 가장 가까운 것은?
   ① hamper
   ② repudiate
   ③ bother
   ④ control

[10~11] 다음 글을 읽고 물음에 답하시오.

| (A) |

Love nature and adventure? Join our Weekend Hiking Club and explore scenic trails with fellow hikers! Hikes are scheduled from April 6th to June 15th. Enjoy breathtaking views and guided tours by experienced hikers.

Club Details
- Hikes take place every Saturday from 8:00 AM to 12:00 PM.
- Participants should bring their own water and snacks.
- All hikes are led by trained guides.
- The club is open to individuals aged 16 and older.
- Each hike is limited to 20 participants.

Registration & Fees
- To register, email us at hikingclub@naturecenter.org.
- The participation fee is $15 per person for the season.
- Registration deadline: April 1st, 2026.

For more details, call 212-789-4321.

10. (A)에 들어갈 윗글의 제목으로 가장 적절한 것은?
    ① We are Recruiting Hiking Guides
    ② A Weekend Hiking Adventure Awaits You
    ③ Experience the Newly Redesigned Hiking Trails
    ④ Join Us in Protecting the Environment while Walking

11. Weekend Hiking Club에 관한 윗글의 내용과 일치하지 않는 것은?
    ① 현재 하이킹 클럽에 가입할 수가 있다.
    ② 하이킹은 일주일에 한 번만 진행된다.
    ③ 모든 하이킹은 전문 가이드와 함께 한다.
    ④ 하이킹은 참가자가 20명이 넘어도 상관없다.

12. SUMMER ART WORKSHOPS에 관한 다음 안내문의 내용과 일치하지 않는 것은?

SUMMER ART WORKSHOPS

Want to explore your creativity this summer? Our Summer Art Workshops are perfect for aspiring artists of all ages! Classes cover painting, sculpture, and digital art. The workshops run from July 10th to August 20th.

Workshop Details

- Classes are held every Tuesday and Saturday from 2:00 PM to 4:30 PM.
- All materials are provided at no extra cost.
- Workshops take place at the City Art Center.
- Each class may not be conducted if it does not fill at least five people.

Registration & Fees

- To sign up, visit our website or call 312-456-7890.
- The fee is $50 per participant for the full program.
- Registration closes on July 5th, 2026.

For more information, email us at artworkshops@cityart.org.

① The workshop is open to participants of all ages.
② There is no extra cost for the materials needed for the classes.
③ Each class is conducted as long as there is at least one participant.
④ The participation fee is measured on a per person basis.

13. 다음 글의 요지로 가장 적절한 것은?

Before someone makes a vow about something, they often experience hesitation, the possibility of retracting, and a constant sense of powerlessness. One fundamental truth is that when one is unaware, countless thoughts and brilliant plans can fall apart, but the moment a person clearly makes a vow, divine providence also begins to work. In other words, various events that would never have happened without such a commitment start to take place. These events arise from that decision and bring unexpected occurrences and material support that the person could never have dreamed of, all to their advantage. I have memorized a line from Goethe's poem with deep reverence: "Whatever you can do or dream you can, begin it." Bold action carries within it genius, strength, and magic.

① Cultivate diligence in everything you do.
② Plan and act carefully.
③ Have foresight for the future.
④ Do not hesitate to commit to action.

14. International Food Festival에 관한 다음 글의 내용과 일치하는 것은?

International Food Festival

The International Food Festival is a must-attend event for food lovers! Taking place from November 22nd to 24th, at Downtown Plaza's Food Court Area, the festival offers a unique opportunity to explore flavors from over 50 international food booths. Enjoy live cooking demonstrations by famous chefs, cultural dance and music performances, and exciting food tasting competitions. General admission is $10 per person, which includes 3 tasting coupons, while children under 12 can enter for free. If you want a more special experience, the $50 VIP package provides unlimited tasting and time to meet with the chef. The festival will be open daily from 11:00 AM to 9:00 PM. For more details, visit www.intlfoodfest.com.

① This festival is a must-attend event for chefs.
② More than 50 chefs are expected to attend this festival.
③ The festival admission fee applies equally to all age groups.
④ A separate package is available for a special experience.

15. 다음 글의 주제로 가장 적절한 것은?

Many people believe that expressing anger will free them from that emotion and that tears will alleviate their pain. This belief originates from the 19th-century understanding of emotions, but it is as misguided as the notion of a flat Earth. According to this belief, the brain is seen as a steam kettle, with negative emotions building pressure. However, no psychologist has successfully proven the stress-relief effects of tears or the supposed safety valve of anger. In fact, results from controlled studies over the past 40 years indicate that an outburst of anger is more likely to intensify that anger, and tears can lead us into much deeper depression. Our brains are not like steam kettles; they encompass a far more complex system that cannot be explained by the imagery of 19th-century science.

① Misconceptions about the effects of emotional expression
② The relationship between brain structure and depression
③ The impact of 19th-century science on neuroscience
④ Variability of brain responses according to emotions

16. 주어진 문장이 들어갈 위치로 가장 적절한 것은?

> Effective, honest, and timely communication is always important, but it becomes crucial when layoffs are imminent.

Companies often wield the axe ruthlessly, rarely considering the welfare of the people involved, in order to maintain competitiveness. (①) For instance, in recent years, some companies have laid off thousands of managers and employees through restructuring. (②) Industry experts argue that if organizations wish to be seen as responsible and ethical members of the community, they must show concern for their employees. (③) Organizations that are worried about alleviating the shock and stress experienced by laid-off employees can do so through careful planning and preparation. (④) Through this communication, employees who are aware of what is happening can prepare for the inevitable and cope better when the axe finally falls.

17. 주어진 글 다음에 이어질 글의 순서로 가장 적절한 것은?

> Importers worry about the possibility of significant fluctuations in exchange rates during the period between placing an order and paying the invoice for goods priced in foreign currency.

(A) However, the opposite situation is also true: if the importer does not take measures to buy in advance and their home currency weakens in the meantime, they will ultimately have to pay much more.

(B) In other words, importers negotiate with banks to lock in the price they will pay for foreign currency at the current rates. Of course, if the currency they purchased later weakens, they will incur a loss because they could have paid less for the currency they needed.

(C) In particular, importers living in regions with unstable economic structures and volatile currency values need to protect themselves. The safest way to do this is to buy the necessary currency in advance for future payments.

① (A) − (C) − (B)
② (B) − (C) − (A)
③ (C) − (A) − (B)
④ (C) − (B) − (A)

18. 다음 글의 흐름상 어색한 문장은?

AI technology is crucial in managing procedures related to diagnosis in the healthcare field. ① Wearable technology equipped with AI is highly beneficial for early disease detection and regular health monitoring. ② Sensors detect signs such as heart rate, body temperature, and exercise habits, and this data is monitored in real time. ③ The lack of standard guidelines for the ethical use of AI in healthcare services has also raised concerns about patient privacy and data security. ④ The data collected by wearable technology not only improves the user's health but also has significant potential benefits for public health. This is especially useful in developing preventive health policies.

[19~20] 밑줄 친 부분에 들어갈 말로 가장 적절한 것을 고르시오.

19.

A study has shown that merely thinking about serving and helping others can have a significant impact on _____. A research team from Harvard University had students watch a film about Mother Teresa helping patients and the dying in Calcutta. After the film, the researchers tested the students' saliva to measure their defenses against the cold virus. They discovered that the students who watched the film experienced a dramatic increase in specific chemicals that protect the body against disease. This phenomenon has since been referred to as the "Mother Teresa effect," as it helps scientists explain why people who serve others tend to live much longer.

① one's point of view about the world
② the immune system of the body
③ decreasing the number of crimes
④ people's feelings about Mother Teresa

20.

Emotional intelligence plays a crucial role in shaping social interactions, influencing how individuals navigate complex relationships. Those who lack empathy or fail to recognize the emotional needs of others often face negative consequences, even if they are not immediately obvious. When people feel disrespected, slighted, or mistreated, they may respond in subtle but impactful ways. Consider a customer rudely scolding a barista for a minor mistake. Though the barista remains polite and composed on the surface, they might serve the drink with less care, delay service next time, or even make small errors intentionally. Such situations highlight how failing to manage social dynamics can result in outcomes that are _____ _____, ultimately damaging one's relationships, reputation, and even future opportunities for cooperation or support.

① direct consequences of your behavior
② reflections of your inability to cooperate
③ hidden forms of social retaliation
④ ways to improve emotional intelligence

합격까지
박문각

2025 공무원 시험 대비 적중동형 모의고사
영어
▌ 제8회 ▌

문제책형

제1과목	국어	제2과목	영어	제3과목	한국사
제4과목		제5과목			

영 어

[1~3] 밑줄 친 부분에 들어갈 말로 가장 적절한 것을 고르시오.

1.

An _____ review of the proposal is necessary to determine its feasibility, as any biased opinions may lead to unfair conclusions that could harm the project's potential success.

① diffident

② impartial

③ harsh

④ subsequent

2.

The engine's malfunction was caused by a defective _____, which was immediately replaced to restore its functionality.

① peasant

② discrimination

③ bruise

④ component

3.

_____ the mandatory safety training, all new employees were allowed to enter the construction site under the supervisor's guidance.

① Having completed

② Completed

③ Having been completed

④ To have completion

[4~5] 밑줄 친 부분 중 어법상 옳지 않은 것을 고르시오.

4.

In medicine, a healthy diet ① is often looked upon as a key factor in preventing chronic diseases. ② With a view to promoting better health, many healthcare providers encourage patients to adopt balanced eating habits and avoid processed foods. Such dietary changes not only improve physical well-being ③ but rise awareness about the importance of nutrition. Individuals who pursue healthier habits tend ④ to enjoy lasting advantages, including a lower likelihood of developing heart disease and diabetes.

5.

The beauty consultant observed her client ① to apply the foundation incorrectly and ② offered guidance to enhance her technique. She demonstrated ③ how blending evenly and selecting the right shade could transform the overall look. The client, initially hesitant, was ④ surprised by the immediate improvement and began to ask questions about other makeup tips.

[6~7] 밑줄 친 부분에 들어갈 말로 가장 적절한 것을 고르시오.

6.

John Smith

Good morning, I'm here because I have a concern regarding the upcoming budget allocation.

Emily Johnson

I see. Could you please provide the specific department or project you're referring to?

John Smith

Certainly. Here are the details of the project and the allocated amount.

Emily Johnson

Thank you. _____ _____

John Smith

The budget for this project is significantly lower than what we expected based on previous estimates.

Emily Johnson

Have there been any changes to the project scope or requirements recently?

John Smith

Yes, there was an unexpected change.

① When is the deadline for the project submission?

② Can you explain how the budget was calculated?

③ Is this issue urgent or can it wait?

④ What seems to be the issue with the budget allocation?

7.

A: Do you have a moment to discuss the project timeline?

B: Sure, what's on your mind?

A: I noticed that we're behind on some tasks. Do you think we can catch up by the end of the week?

B: I believe we can if we focus on the critical tasks first. Have you spoken with the team about it?

A: Not yet, but I'm planning to update them in the next meeting. Do you think we need additional resources?

B: It might help. _____

A: Good idea. I'll bring it up during the meeting.

① I think the team is already working at full capacity.

② Maybe we could ask for temporary assistance to speed things up.

③ The client has already been informed about the delay.

④ It seems better to cancel the project instead.

[8~9] 다음 글을 읽고 물음에 답하시오.

The Ocean Conservancy

Mission

The Ocean Conservancy works to protect the health of the world's oceans and marine life. Through science-based advocacy, public education, and global partnerships, we address <u>critical</u> ocean issues such as pollution, climate change, and overfishing.

Vision

We envision a healthy and thriving ocean that sustains biodiversity and the livelihoods of millions of people. Our goal is to ensure the long-term health of oceans through sustainable practices and strong environmental protection policies.

Core Values

- Sustainability: We work towards preserving marine ecosystems for future generations.
- Science: We rely on scientific research to guide our initiatives and policies.
- Collaboration: We collaborate with governments, businesses, and local communities to drive positive environmental change.

8. 윗글에서 The Ocean Conservancy에 관한 내용과 일치하는 것은?

① It monitors fishing vessels that intrude into territorial waters.

② It addresses issues through global cooperation.

③ It aims to promote eco-tourism along with marine conservation.

④ It operates under government regulation and control.

9. 밑줄 친 critical의 의미와 가장 가까운 것은?

① essential

② considerate

③ potential

④ universal

[10~11] 다음 글을 읽고 물음들에 답하시오.

(A)

We are excited to invite you to the annual Green Valley Music Festival, a celebration of music, art, and community spirit! This year's festival promises to be bigger and better than ever, with a lineup of talented artists and fun activities for all ages. Don't miss out on this unforgettable experience!

Details

- Dates: Saturday, July 22 – Sunday, July 23
- Times: 11:00 a.m. – 9:00 p.m. (Saturday)
  11:00 a.m. – 7:00 p.m. (Sunday)
- Location: Gayoung Valley Park, Riverside Drive, and nearby areas

Highlights

- Live Music: Experience performances by domestic and international singers across multiple stages.
- Art Exhibitions: Explore stunning art installations and exhibitions by talented creators.
- Food & Drinks: Savor a variety of cuisines from food vendors and enjoy refreshing beverages.

For the complete schedule and more information, visit our website at www.Gayoungvalleymusicfest.org or call the Festival Hotline at (555) 123-4567.

10. (A)에 들어갈 윗글의 제목으로 가장 적절한 것은?

① Soothe your Heart with the Comfort of Music

② Enjoy the Newly Refurbished Music Festival

③ Explore Local Art and Culture

④ Show Great Interest in Unknown Artists

11. Green Valley Music Festival에 관한 윗글의 내용과 일치하지 않는 것은?

① 작년 축제보다 더 크고 화려하게 진행될 예정이다.

② 모든 연령대가 즐길 수 있는 축제이다.

③ 주요 행사로 국내 가수들의 공연만 진행된다.

④ 음식과 음료를 즐길 수 있는 공간도 마련되어 있다.

12. 다음 글의 목적으로 가장 적절한 것은?

✎	Send	Preview	Save

To	emily@naver.com
From	sarah@cookiecorner.com
Date	February 25, 2026
Subject	Exciting Update for Our Cookie Lovers!

📎   My PC   Browse

Times New ▼   10pt ▼   G G̲ G G̶ G   ≣ ≣ ≣ ≣

Dear Emily,

I hope you're well! We wanted to share some important news with you. After much thought, we've decided to move our store from Oak Street to a new location on Maple Avenue. As our business has grown, we've determined that the new space will offer better baking facilities and more convenience for wonderful customers like you.

We will continue to serve the same delicious cookies, and we can't wait to show you our new space!

Thank you for loving us, and we look forward to welcoming you to our new home soon!

Best regards,
Sarah Green

① to inform you about the addition of a new menu
② to inform customers about the temporary closure of the store
③ to inform you about the change of location for our baking classes
④ to inform customers about the store relocation

13. 다음 글의 주제로 가장 적절한 것은?

Deforestation is caused by various factors, and these causes differ by region. While many studies have attempted to identify common causes of deforestation, the lack of quantitative data makes it difficult to draw clear connections between deforestation and specific activities. A study by Angelsen and Kaimowitz reviewed 140 economic models on the causes of tropical deforestation and found that deforestation is often linked to the construction of roads, agricultural price changes, low wages, and lack of off-farm jobs. Additionally, they noted that policy reforms aimed at economic liberalization may increase pressure on forests. However, they also highlighted that many studies suffer from poor methods and low-quality data, making it hard to conclude the exact role of macroeconomic factors.

① Difficulty in clearly linking deforestation to specific causes
② Ways to measure deforestation's impact on local economies
③ Importance of using different fields of study in deforestation research
④ The need to preserve forest biodiversity for healthy ecosystems

14. 다음 안내문의 내용과 일치하지 않는 것은?

New York Art Exhibition

Join us for our annual Art Exhibition and explore the vibrant and diverse art scene of New York City! From March 1 to March 15, you can see fascinating works by rising and famous artists from all over the world through various art styles.

The entrance fee is $10 for adults, while children under 12 can enter for free, making it a family-friendly event. All artworks featured in the exhibition are for sale, and a portion of the proceeds will be generously donated to local charities to support the community.

Item	Details
Exhibition Dates	March 1 to March 15, showcasing a wide variety of art styles and mediums.
Entrance Fee	Adults: $10 Children under 12: Free

For inquiries, please call (212) 555-0199.

① Not only famous artists but also emerging artists participate.
② Children under the age of 12 can enter for free.
③ Not all artworks on display are for sale.
④ A portion of the proceeds will be donated to charity.

15. 다음 글의 요지로 가장 적절한 것은?

Food Insecurity During Natural Disasters
The World Food Programme (WFP) was created to combat global hunger and provide food assistance during crises. Natural disasters, conflicts, and economic instability often disrupt food supplies, leaving vulnerable populations at risk of starvation. The WFP works to ensure that food reaches those in need, especially during emergencies.

Providing Emergency Food Aid
The WFP maintains emergency food reserves and has rapid-response systems to deliver food aid to disaster-affected regions. Whether responding to droughts, floods, or conflicts, the WFP coordinates with local governments and NGOs to set up distribution centers and deliver essential food supplies.

WFP teams have set up emergency food distribution points and provided nutritional supplements to children and pregnant women. Volunteers also train local communities on sustainable farming practices to help reduce future food insecurity.

① The WFP focuses on long-term agricultural development.
② The WFP provides emergency food aid during crises.
③ The WFP regulates food markets to prevent shortages.
④ The WFP quickly deploys volunteers during disasters.

16. 주어진 문장이 들어갈 위치로 가장 적절한 것은?

> Instead, you should focus on the behavior that bothers you.

> Some people believe that occasional healthy arguments can benefit relationships, but when anger is expressed excessively or inappropriately, it can be very harmful to those relationships. The best way to express anger is assertively but not aggressively. (①) Being assertive means respecting both yourself and the other person, rather than pushing too hard or making excessive demands. (②) To do this, you should avoid focusing your anger on the other person's character or personality. (③) For example, you might say, "Your behavior made me feel like I was being blamed, and it really upset me. I value our relationship and I want to talk about this issue." (④) This way, you can inform the other person that their actions are bothering you, while also expressing your feelings in a "I" statement.

17. 주어진 글 다음에 이어질 글의 순서로 가장 적절한 것은?

> One of the most beautiful fabrics is the hand-dyed batik from Java. For centuries, the process of making batik fabric has followed a similar method. First, a long piece of white cotton fabric is selected, and a design is drawn on the fabric with a pencil.

> (A) Then, the areas that will be dyed a second time are scraped off with a knife, and the fabric is dipped in the second dye, repeating this process as many times as needed.
>
> (B) Once the entire fabric is covered in wax, it is dipped in dye so that only the areas without wax absorb the color. When the fabric has absorbed enough dye, it is removed and dried.
>
> (C) Next, wax is applied to the entire fabric except for the areas that will be the darkest color. Batik artists use a special bamboo pen to apply the wax.

① (B) − (A) − (C)

② (B) − (C) − (A)

③ (C) − (A) − (B)

④ (C) − (B) − (A)

18. 다음 글의 흐름상 어색한 문장은?

> Recently, many countries have passed laws against spyware, but it seems that it will take a long time for these laws to be implemented. Therefore, protecting your online identity is an individual responsibility. ① Spyware is software that infiltrates computer systems and steals information from the computer owner. ② Some spyware can be personally downloaded and installed by the user. ③ Common antivirus software typically targets malicious code, so it does not remove spyware. ④ However, other types of spyware can be automatically installed through program downloads. In such cases, the user unwittingly has spyware installed on their computer.

[19~20] 밑줄 친 부분에 들어갈 말로 가장 적절한 것을 고르시오.

19.

> When examining language diversity, sociolinguists often look beyond geographical dialects to explore more subtle forms of variation. Even within a single community, speakers might use distinct forms of a language that _____. For instance, within urban areas, socioeconomic status can influence speech patterns, leading to noticeable differences between the language used by working-class individuals and that of professionals. Similarly, members of different ethnic or cultural groups may use specific linguistic styles, known as ethnolects, to reinforce cultural identity. These variations highlight how language can serve as a marker of both social divisions and personal identity, extending far beyond mere geographic separation.

① emerge from social and cultural dynamics

② are strictly defined by regional boundaries

③ follow universal linguistic principles

④ minimize the differences between social groups

20.

> One of the major reasons so many of us remain hurried, frightened, and competitive, and continue to live life as if it were one giant emergency, is our fear that if we were to become more peaceful and loving, we would suddenly stop achieving our goals. We would become lazy and apathetic. You can put this fear to rest by realizing that the opposite is actually true. Fearful thinking takes an enormous amount of energy and drains the creativity and motivation from our lives. When we feel fear, we literally suppress not only our greatest potential but also our joy. Any success that you do have is _____.

① because of your fear, not despite it

② despite your fear, not because of it

③ because of your enjoyment, not despite fear

④ despite your laziness, not because of fear

합격까지

박문각

2025 공무원 시험 대비 적중동형 모의고사
영어
▌제9회 ▐

응시번호		문제책형
성 명		

제1과목	국어	제2과목	영어	제3과목	한국사
제4과목		제5과목			

영　어

[1~3] 밑줄 친 부분에 들어갈 말로 가장 적절한 것을 고르시오.

1.

> The _____ reporting of crime statistics is essential for developing effective law enforcement strategies and allocating resources appropriately.

① trivial

② accurate

③ toxic

④ precarious

2.

> The CEO's _____ at the product launch event not only reassured investors about the company's growth prospects, but also helped build trust with potential customers.

① absence

② bondage

③ deficit

④ presence

3.

> It was during the final meeting that _____ the restructuring plan, surprising all employees with unexpected changes.

① the manager announced

② announced

③ the manager

④ the manager announcing

[4~5] 밑줄 친 부분 중 어법상 옳지 않은 것을 고르시오.

4.

> The university will grant you a scholarship on condition that you ① will maintain excellent grades ② throughout the semester. This scholarship program is designed to reward students who ③ demonstrate academic dedication and hard work. Meeting the criteria ensures financial support and boosts your academic record, both of ④ which can pave the way for future opportunities.

5.

> Over time, relationships evolve and grow, ① shaped by the experiences shared between individuals. After facing numerous challenges together, their bond grew even ② stronger as the years passed. Their relationship ③ founded on trust and mutual respect, which was ④ clear in how they interacted and enjoyed each other's company.

[6~7] 밑줄 친 부분에 들어갈 말로 가장 적절한 것을 고르시오.

6.

> A: I noticed that we missed the deadline for the report submission.
>
> B: I'm really sorry about that. I didn't manage my time well.
>
> A: It's okay, but this is the second time it's happened. We need to find a way to avoid this.
>
> B: You're right. I'll start prioritizing my tasks better and set reminders.
>
> A: That sounds good. We can also check in with each other more frequently to stay on track.
>
> B: _____
>
> A: I appreciate that. Let's make sure it doesn't affect our future deadlines.
>
> B: Definitely. I'll stay on top of it from now on.

① Maybe we should work overtime to catch up.

② We could try extending the deadline next time.

③ I'll make sure to delegate more tasks next time.

④ Absolutely. I won't let it happen again.

7.

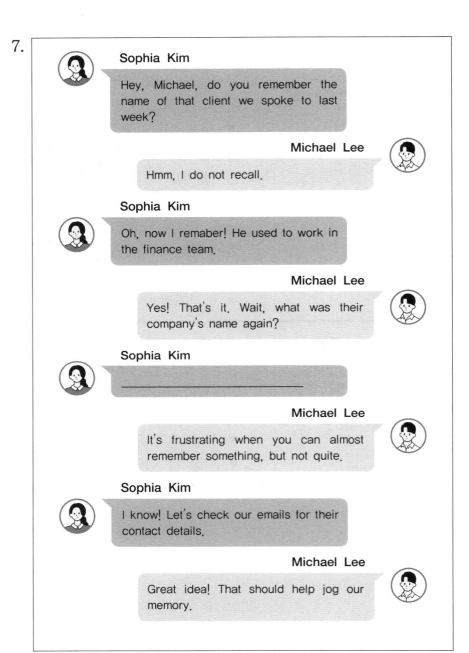

Sophia Kim: Hey, Michael, do you remember the name of that client we spoke to last week?

Michael Lee: Hmm, I do not recall.

Sophia Kim: Oh, now I remaber! He used to work in the finance team.

Michael Lee: Yes! That's it. Wait, what was their company's name again?

Sophia Kim: _____

Michael Lee: It's frustrating when you can almost remember something, but not quite.

Sophia Kim: I know! Let's check our emails for their contact details.

Michael Lee: Great idea! That should help jog our memory.

① Maybe we should call them again.

② I think their name was John, wasn't it?

③ It's on the tip of my tongue too, but I can't recall it either.

④ Was their company based in New York?

[8~9] 다음 글을 읽고 물음에 답하시오.

✎	**Send**	Preview	Save
To	All Employees		
From	Human Resources Department		
Date	October 15, 2026		
Subject	After-School Program		

📎   [My PC]   [Browse]

[Times New ▼] [10pt ▼] G G *G* G̶ G ≡ ≡ ≡ ≡

Dear Team,

We are excited to announce the launch of our new After-School Tutoring Program, aimed at supporting local students in improving their academic skills. This program will provide one-on-one tutoring sessions in subjects such as math, science, and English. We are currently seeking <u>dedicated</u> volunteers from our staff to serve as tutors. No prior teaching experience is required, as training and resources will be provided.

By volunteering just two hours a week, you can make a meaningful difference in a student's life. If you are interested in participating or would like more information, please contact the HR Department by October 22. Your involvement will not only benefit the students but also foster a stronger connection between our company and the community.

Thank you for considering this opportunity to give back.

Best regards,
Human Resources Department

8. 윗글의 목적으로 가장 적절한 것은?

① 직원들에게 강사로 참여할 것을 권유하려고
② 방과 후 프로그램의 참가 학생들을 소개하려고
③ 새롭게 합류할 강사를 소개하려고
④ 직원들의 업무 성과를 평가할 계획을 알려주려고

9. 밑줄 친 dedicated의 의미와 가장 가까운 것은?

① complicated
② frustrated
③ committed
④ exhausted

[10~11] 다음 글을 읽고 물음에 답하시오.

> ### (A)
>
> We are excited to invite you to the annual Hills Food & Wine Festival, a celebration of local culinary excellence and fine wines. This event showcases the best of our region's food and drink, offering a unique opportunity to savor flavors and connect with local producers.
>
> **Details**
> - Dates: Saturday, September 23 — Sunday, September 24
> - Times: 11:00 a.m. — 7:00 p.m. (Saturday)
>   11:00 a.m. — 5:00 p.m. (Sunday)
> - Location: Sunshine Hills Fairgrounds
>
> **Main Programs**
> - Chef Demonstrations
>   Renowned chefs will showcase their signature dishes and share expert cooking tips.
> - Wine Tasting
>   Sample a variety of locally produced wines and discover new flavors.
> - Farmers' Market
>   Directly meet local vendors in person to check and purchase fresh produce, fruits, and handicrafts.
>
> For more information, visit our website at www.sunshinehillsfoodwine.org or call the Festival Office at (555) 123-4567.

10. (A)에 들어갈 윗글의 제목으로 가장 적절한 것은?

① Participate in the Cooking Competition a Lot
② Share Your Own Winemaking Techniques
③ Explore the Flavors of Our Region
④ Please Support Our Local Produce

11. Hills Food & Wine Festival에 관한 윗글의 내용과 일치하지 않는 것은?

① 지역 요리와 와인의 우수성을 기념하는 행사이다.
② 이틀간 진행되며, 종료 시간이 다르다.
③ 와인 시음은 개인당 한 번만 가능하다.
④ 현지 판매자들과 직접 교류할 수 있다.

12. Blue Bay Shorts Contest에 관한 다음 안내문의 내용과 일치하지 않는 것은?

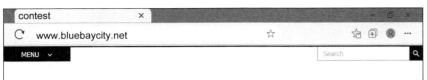

Blue Bay Shorts Contest

The Blue Bay Shorts Contest offers a fantastic opportunity to capture the beauty of Blue Bay and share it with the world through a short, engaging video. The contest will run from June 2nd (Monday) to June 27th (Friday), and is open to anyone aged 18 or older.

Participants are required to submit a short-form video, between 30 and 60 seconds long, with only one entry allowed per person. To enter, upload your video to your personal YouTube channel and then visit the official website at www.bluebaycity.net to fill out the contest application form. Submit your entry by providing the link to your video through the contest form.

The awards are as follows:
- Grand Prize (only 1 person): $1,000
- 2nd Place (2 people): $500 each
- 3rd Place (4 people): $250 each

Winners will be announced on July 25th (Friday) at 1:00 p.m. For more details, please visit the website.

① This contest requires submitting a video, not a photo.
② There is an age restriction for participants.
③ Participants may submit multiple entries.
④ A total of seven winners will be awarded in the competition.

13. 다음 글의 요지로 가장 적절한 것은?

Borges argued that categorizing literary works as good or bad is meaningless and that art exists independently of moral judgment. The same logic can be applied to the modern internet environment. With such a vast amount of information available and no control over its quality, the internet contains a significant amount of inaccurate or incorrect information. For these reasons, teachers need to address critical thinking skills, how to assess the accuracy of information, how to find evidence to support claims, and how to distinguish between facts and opinions in the context of the internet. Since a wide range of materials is accessible, some of which may not be suitable for children, educators, like parents, should be concerned about the appropriateness of the information students encounter.

① We should educate about the etiquette to follow when using the internet.
② We need to develop methods for guiding reading using the internet.
③ We should guide students to find and read beneficial books.
④ We need to teach students to judge internet materials.

14. National Science Fair에 관한 다음 글의 내용과 일치하는 것은?

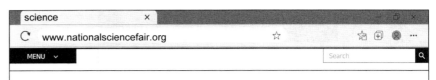

National Science Fair

The 2025 National Science Fair is an exciting opportunity for young scientists to showcase their innovative ideas and research. Taking place from August 15th to 17th, at the National Exhibition Center, Hall A, the event invites middle school and high school students (ages 12 - 18) to participate. Students can compete in project categories such as Environmental Science, Robotics & AI, Chemistry & Physics, and Biology & Health Sciences. To participate, you will need to submit your project proposal through www.sciencefair.org by July 1st, and students who are selected as finalists will be notified individually on July 15th. The Grand Prize winner will receive $2,000 and national recognition, while category winners will earn $1,000 each. Special awards sponsored by leading technology companies will also be presented, but there will be no prize money. For more information, visit www.sciencefair.org.

① The fair is open to elementary to high school students.
② The Biology & Health Sciences category is not included.
③ Final candidates will be notified separately.
④ There are also special awards that include prize money.

15. 다음 글의 주제로 가장 적절한 것은?

Modern cities are not as permanent as they were designed to be, and when they grow to the point where resources can no longer support the population, they face serious vulnerabilities. The neglect of nature that characterizes urban growth can ultimately lead to destruction, as evidenced by the ancient Romans. However, cities that exceed self-sufficiency do not easily stop their growth. In general, they grow by colonizing distant regions and continuously expanding them, which tends to exacerbate the situation. Modern cities are surpassing the limits of resource sustainability, often leading to environmental degradation and making sustainable development increasingly difficult. These issues become more pronounced as cities continue to grow, highlighting the urgent need for effective resource management and environmental protection.

① Uncontrolled expansion of city
② Beneficial urban living
③ Causes of rapid city growth
④ Problems of overcrowding in the city

16. 다음 글의 흐름상 어색한 문장은?

Parkinson's disease is a fatal brain disorder that begins when brain cells that produce a chemical called dopamine start to die. ① Dopamine acts as a chemical messenger that controls muscle activity, so when it is not produced in the brain, individuals gradually lose muscle control. ② Initially, people afflicted with Parkinson's disease begin to feel stiffness in their limbs and joints. ③ Social relationships also become as difficult to endure as the physical problems. ④ As the disease progresses, patients suffer from tremors and experience significant difficulties when trying to walk.

17. 주어진 문장이 들어갈 위치로 가장 적절한 것은?

However, we now know that yawning is beneficial for you.

Ancient people believed that yawning caused precious life energy to escape from the body, so when they felt the urge to yawn, they would turn their heads and cover their mouths. Why was that? (①) People literally covered their mouths "to protect" their lives, and since they understood that yawning could be contagious, they turned away so that others would not see them yawn. (②) When you are tired and bored, yawning allows you to take in more oxygen, which can help you feel more alert. (③) If you keep your mouth closed to avoid yawning, you will not get the extra oxygen your body needs, and you will continue to yawn. (④) Therefore, the next time you feel like yawning, open your mouth wide and yawn deeply, taking in oxygen and enjoying that moment fully.

18. 주어진 글 다음에 이어질 글의 순서로 가장 적절한 것은?

Fatigue and overwork are different concepts. Fatigue, the first type, is a natural and healthy phenomenon, and it is expected that you will feel tired after studying hard.

(A) In such situations, the first recommended course of action is to take a complete rest for a few days. If you do not, persistent fatigue may severely impair your work performance.

(B) However, after a good night's sleep, you can anticipate waking up refreshed and full of energy.

(C) In contrast, overwork often leads to persistent fatigue every day, and after a few weeks, you may find that you feel significantly more sluggish and tired when you wake up than when you went to bed.

① (B) — (A) — (C)
② (B) — (C) — (A)
③ (C) — (A) — (B)
④ (C) — (B) — (A)

[19~20] 밑줄 친 부분에 들어갈 말로 가장 적절한 것을 고르시오.

19.

Some playwrights worried that the audience might not always understand their plays as they intended. So, they tried to show that watching a play was not just for fun but also for learning something. To help people think about the play's meaning, they believed it was important for the audience _____. Bertolt Brecht used this idea in his 'epic theater.' He made sure that viewers did not feel too connected to the characters. He did this by adding breaks in the story and making comments during the play. This way, the audience could step back and decide the ending for themselves.

① to know the story before watching
② to feel close to the characters
③ to act like they are part of the play
④ to reduce their connection to the characters

20.

Recent research has revealed that octopus romances involve courtship, jealousy, and even murder, much like in the human world. Scientists at U.C. Berkeley observed several octopuses over a number of weeks. They witnessed a picky yet brave male carefully selecting a mate, blocking rivals from approaching, and even strangling and killing them if they got too close, all while guarding the cave of his chosen mate for several days. They also observed the males pretending to be females to gain the affection of females, swimming near the sea floor while hiding their brown stripes to avoid suspicion. In summary, octopuses _____.

① are predators that hunt and eat other animals
② can change their skin color to become invisible
③ can produce a jet of water to escape from danger
④ have a more complex love life than we think

합격까지
박문각

2025 공무원 시험 대비 적중동형 모의고사
영어
▌제10회 ▌

응시번호		문제책형
성 명		

제1과목	국어	제2과목	영어	제3과목	한국사
제4과목		제5과목			

응시자 주의사항

1. **시험시작 전 시험문제를 열람하는 행위나 시험종료 후 답안을 작성하는 행위를 한 사람은** 「지방공무원 임용령」 제65조 등 관련 법령에 의거 **부정행위자로** 처리됩니다.
2. 시험이 시작되면 문제를 주의 깊게 읽은 후, 문항의 취지에 가장 적합한 하나의 정답만을 고르며, 문제내용에 관한 질문은 할 수 없습니다.
3. **답안은 문제책 표지의 과목 순서에 따라 답안지에 인쇄된 순서에 맞추어 표기해야 하며,** 과목 순서를 바꾸어 표기한 경우에도 문제책 표지의 과목 순서대로 채점되므로 유의하시기 바랍니다.
4. 법령, 고시, 판례 등에 관한 문제는 **2025년 4월 30일 현재 유효한 법령, 고시, 판례 등을 기준**으로 정답을 구해야 합니다. 다만, 개별 과목 또는 문항에서 별도의 기준을 적용하도록 명시한 경우에는 그 기준을 적용하여 정답을 구해야 합니다.
5. **시험시간 관리의 책임은 응시자 본인에게 있습니다.**
   ※ 문제책은 시험종료 후 가지고 갈 수 있습니다.

정답공개 및 이의제기 안내

1. 정답공개 일시: 정답가안 6.21.(토) 14:00 / 최종정답 6.30.(월) 18:00
2. 정답공개 방법: 사이버국가고시센터(www.gosi.kr) ➔ [시험문제 / 정답 → 문제 / 정답 안내]
3. 이의제기 기간: 6.21.(토) 18:00 ~ 6.24.(화) 18:00
4. 이의제기 방법
   ■ 사이버국가고시센터 ➔ [시험문제 / 정답 → 정답 이의제기]
   ■ 구체적인 이의제기 방법은 정답가안 공개 시 공지 예정

영 어

[1~3] 밑줄 친 부분에 들어갈 말로 가장 적절한 것을 고르시오.

1.
The conference room was _____ except for the speaker's equipment, giving the impression that the meeting had ended early or been canceled.

① empty
② synthetic
③ keen
④ mutual

2.
The company plans to _____ the outdated software with a more advanced system to increase efficiency and provide better services to their clients.

① smuggle
② anchor
③ substitute
④ assign

3.
With the necessary documents _____, the application process was delayed until all papers were submitted.

① missing
② missed
③ miss
④ to miss

[4~5] 밑줄 친 부분 중 어법상 옳지 않은 것을 고르시오.

4.
Throughout the season, the players faced countless obstacles, from tough opponents ① to injuries. Despite these challenges, they remained ② focus on their goal. The coaching staff encouraged resilience and perseverance, reminding the players ③ of their potential. It was this unwavering commitment ④ that ultimately led to their success.

5.
After years of collecting data and conducting experiments, the team was ① on the brink of a major breakthrough. Their passion for marine biology drove them to push through every ② challenge, always with the goal of expanding our understanding of marine ecosystems. She is proud of her research team's ③ having discovered a new species of marine life, as it highlights their dedication and innovative approach ④ the study of ocean ecosystems.

[6~7] 밑줄 친 부분에 들어갈 말로 가장 적절한 것을 고르시오.

6.

Sophia Kim
_____
10:42

Michael Lee
Not at all! Go ahead.
10:42

Sophia Kim
Thanks! I just need to quickly check my email.
10:43

Michael Lee
No problem. I'm not using it right now anyway.
10:45

Sophia Kim
I'll be done in just a minute. I just need to send a quick reply to a client.
10:46

Michael Lee
Take your time, no rush. I'm happy to help.
10:47

Sophia Kim
Great, I really appreciate it. I'll be sure to return it to you as soon as I'm done.
10:48

Michael Lee
Of course! Let me know if you need anything else.
10:49

① Can I have a moment of your time to discuss something?
② Is it okay if I take a break for a while?
③ Can I ask you a question about the report?
④ Do you mind if I borrow your laptop for a minute?

7.
A: Hey, you don't look so good today. Are you feeling alright?
B: Actually, I'm a bit under the weather. I think I caught a cold.
A: Oh no, I'm sorry to hear that. Have you seen a doctor?
B: Not yet. I'm just trying to rest and drink lots of fluids for now.
A: That sounds like a good plan. Let me know if you need anything.
B: Thanks. If I'm still unwell tomorrow, I may take sick leave.
A: _____
B: I hope so too. Thanks for understanding.

① Don't worry, just keep pushing yourself!
② Take care of yourself! Hopefully, you feel better soon.
③ Are you sure you're really sick?
④ Maybe you should go to work and power through it.

[8~9] 다음 글을 읽고 물음에 답하시오.

The Global Fund for Women

Mission

The Global Fund for Women is committed to advancing the rights of women and girls worldwide. We support local women's rights organizations and provide funding for initiatives that promote gender equality, economic justice, and access to health and education.

Vision

We envision a world where every woman and girl has the freedom to live without violence and oppression, and the opportunity to fully participate in society. We strive to empower women to lead and create change in their communities.

Core Values

- Empowerment: We empower women to take action and make decisions that affect their lives.
- Diversity: We value the diversity of women and their experiences, and we ensure our work is inclusive of all.
- Collaboration: We work together with local and global partners to create lasting change.

8. 윗글에서 The Global Fund for Women에 관한 내용과 일치하는 것은?

① It is committed to promoting all rights regardless of gender.

② It focuses on supporting poor women.

③ It wants women to be agents of change in society.

④ It focuses on the limited experiences of women.

9. 밑줄 친 lasting의 의미와 가장 가까운 것은?

① continuous

② frugal

③ obscure

④ intermittent

[10~11] 다음 글을 읽고 물음에 답하시오.

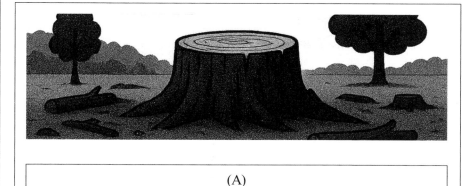

(A)

As a member of our community, you have the power to make a difference for Green Valley Forest. This precious natural resource is facing serious threats from deforestation and pollution. If we don't act now, we risk losing it forever.

Join us for an important community meeting to learn about the current efforts to protect Green Valley Forest and how you can contribute. Your involvement can help preserve this vital ecosystem for future generations.

Who wants to live in a community without its green heart?

Sponsored by Green Valley Environmental Association

- Location: Green Valley Community Center
  (in case of rain: Green Valley High School Auditorium)
- Date: Saturday, August 12, 2026
- Time: 3:00 p.m.

For more information about the meeting, visit our website at www.greenvalleyforest.org or call our office at (555) 123-4567.

10. (A)에 들어갈 윗글의 제목으로 가장 적절한 것은?

① The Role of Forests in the City Center

② Reasons to Preserve the Forest

③ The Economic Value of Green Valley Forest

④ Green Valley Forest Is in Danger

11. 위 안내문의 내용과 일치하지 않는 것은?

① 주민들은 숲의 변화를 가져올 수 있다.

② 숲은 현재 오염으로 인해 훼손을 당하고 있다.

③ 주민들의 참여가 생태계 보존에 큰 도움이 되지는 못한다.

④ 우천 시에는 고등학교 강당에서 회의가 열린다.

12. 다음 글의 목적으로 가장 적절한 것은?

✎	**Send**	Preview	Save

To	Theater Enthusiasts
From	Broadway Musical Society
Date	June 15, 2026
Subject	Exclusive Benefit

📎 [My PC] [Browse]

[Times New ▾] [10pt ▾] **G** G *G* G̶ G̲   ≡ ≡ ≡ ≡

Dear Valued Theatergoers,

We are thrilled to announce an particular opportunity for musical lovers! As a special promotion, we are offering a 20% discount on tickets for Les Misérables at the Grand Theater. This timeless musical, featuring moving performances and unforgettable music, will be running from July 10 to September 30, 2026.

To take advantage of this offer, simply book your tickets online at website before July 5, 2026. Seats are limited, so don't miss your chance to experience one of the most celebrated musicals at a special price!

If you have any questions, feel free to contact us at (212) 987-6543.

Best regards,
Broadway Musical Society

① to introduce the musical Les Misérables
② to encourage the activation of the theater
③ to inform about the special discount on musical tickets
④ to promote unknown theater actors

13. 다음 글의 주제로 가장 적절한 것은?

In 1823, President James Monroe of the United States issued a declaration to Congress, warning European powers to refrain from interfering in the Americas. This policy, known as the Monroe Doctrine, was initially welcomed by many Latin American countries. However, over time, some Latin Americans began to view the United States with suspicion. By the late 1800s, American businesses had heavily invested in Latin American markets, leading some to believe that these investments were a way for the U.S. to gain control over their nations. This growing influence became more evident after the Spanish-American War in 1898, which marked the beginning of increased U.S. involvement in Latin American affairs.

① The causes of the Spanish-American War
② The closed-off attitude of Latin American people
③ The political ideals pursued by James Monroe
④ The changing U.S.-Latin America relationship

14. 다음 안내문의 내용과 일치하지 않는 것은?

Are you ready to immerse yourself in the culinary delights of Paris, the culinary capital of the world? Join our Paris Cooking Class, where you will have the unique opportunity to learn how to create traditional French dishes under the expert guidance of professional chefs!

General Information
• Classes are held in a fully equipped kitchen located in the heart of Paris, offering a charming environment for cooking.
• All ingredients are provided for you, and you will be able to take home the delicious dishes you prepare during the class!
• The class lasts for three hours and includes a delightful wine tasting session to enhance your culinary experience.

Prices & Other Details
• Adults (18 and older): €90 , Children (under 18): €60
• Classes are available every Saturday from 10 AM to 1 PM.
• A minimum of six participants is required for the class to proceed.

For more information, please contact us at (33) 1-23-45-67-89.

① This class teaches traditional French dishes.
② The participants must prepare the ingredients themselves.
③ There is a price difference between adults and children.
④ A minimum number of participants is required for the class to proceed.

15. 다음 글의 요지로 가장 적절한 것은?

Disaster Response and Community Safety
The Federal Emergency Management Agency (FEMA) was established to respond to disasters that local and state authorities cannot manage. Natural disasters such as hurricanes and wildfires can have devastating effects on communities, leading to long-term economic hardship. FEMA works to ensure that necessary resources and support are provided when such emergencies occur.

Managing Natural Disaster Impact
FEMA focuses on disaster preparedness, response, and recovery. The agency provides funding, logistical support, and trained personnel to assist during natural disasters. One of its key strategies includes working with local governments to create emergency plans and conduct disaster drills, ensuring that communities can respond effectively when disaster strikes.

In the event of a major hurricane, FEMA deploys response teams to the affected areas, providing immediate assistance such as temporary shelters, food, and medical supplies, while collaborating with local authorities to support long-term recovery efforts.

① FEMA focuses on rebuilding communities after natural disasters.
② FEMA works to ensure effective disaster response.
③ FEMA only provides financial support during emergencies.
④ FEMA is also concerned with environmental protection.

16. 다음 글의 흐름상 어색한 문장은?

Many young people evaluate the world solely based on what they see, hear, and read in television, the internet, and movies. ① When they accept the standards of appearance created by the media as absolute, they fall into the trap of being dissatisfied with their bodies. ② Compared to the media's standards, they feel too fat or too thin, and that they are too short or too tall. ③ If the media were more selective in choosing programs, more teenagers would learn what they need for future careers. ④ Because they perceive parts of their bodies they dislike as enemies, they are likely to end up hating their entire body and even their self-identity.

17. 주어진 문장이 들어갈 위치로 가장 적절한 것은?

However, we should not confuse physical strength with perseverance.

Is there a valid reason to call women the "weaker" sex? The answer is both "yes" and "no." (①) Physically, women are generally less strong than men, with weaker muscles, more delicate bones, and lower physical strength. (②) In fact, women often show greater endurance in the face of hardship. (③) There are many stories suggesting that while men tend to exaggerate minor illnesses, women handle them calmly. (④) This often — mocked behavior in men may be linked to their sensitivity, whereas women tend to be less affected by psychological stress and recover more quickly.

18. 주어진 글 다음에 이어질 글의 순서로 가장 적절한 것은?

When I became a mother, something magical happened. The desires that had been dormant in my heart awakened, and I felt excited about the new adventure of motherhood.

(A) After my first outing, I boldly concluded that going out alone with my baby was too much to handle. The thought of lifting the stroller and heavy car seat in and out of the car was more than I could bear.

(B) As soon as I stepped outside, I realized that taking my little baby with me required much more preparation than I had anticipated. While I was gathering the car seat, diaper bag, and stroller, and checking my list, it felt like I was drawing a map in a foreign land.

(C) However, when there were only a few leftover foods and some bottles of breast milk in the refrigerator, we embarked on the adventure of going to the grocery store.

① (B) − (A) − (C)

② (B) − (C) − (A)

③ (C) − (A) − (B)

④ (C) − (B) − (A)

[19~20] 밑줄 친 부분에 들어갈 말로 가장 적절한 것을 고르시오.

19.

Though commonly used for everyday purchases, credit cards — such as Visa, MasterCard, and American Express — are typically excluded when economists define money. This exclusion often raises questions since credit cards make transactions highly convenient. However, the reason lies in the fundamental nature of how they function. Rather than serving as actual money, credit cards are tools for _____. When you swipe your card to buy groceries, the issuing bank temporarily covers the payment. Later, you reimburse the bank, often with interest if not paid promptly. In this sense, using a credit card creates a temporary debt rather than completing a direct monetary exchange.

① delaying payment through borrowed funds

② verifying the security of digital transactions

③ tracking consumer spending patterns

④ increasing the liquidity of personal savings

20.

Many people operate under the belief that stress and fear are essential impetuses of success. They assume that without constant pressure, they would lose their ambition and become unproductive. However, this misconception ignores how anxiety can actually hinder personal growth. Stress consumes mental energy, narrows creativity, and obstructs long-term progress. By constantly operating under tension, individuals may achieve some level of success, but often at a hidden cost. Instead of enhancing potential, chronic fear limits it, leading to achievements that are _____, rather than a reflection of one's true capabilities.

① the result of internal peace, not constant pressure

② achieved by embracing challenges without stress

③ overshadowed by the limitations fear imposes

④ the result of completely overcoming fear

수고하셨습니다.
당신의 합격을 응원합니다.

2025 공무원 시험 대비

적중동형 봉투모의고사
Vol. 2

영 어

▌ 제1회 ~ 제5회 ▌

정답 및 해설

합격까지

2025 공무원 시험 대비 적중동형 모의고사
영어 정답 및 해설
▌제1회 ~ 제5회 ▐

응시번호		문제책형
성 명		

제1과목	국어	제2과목	영어	제3과목	한국사
제4과목		제5과목			

응시자 주의사항

1. **시험시작 전 시험문제를 열람하는 행위나 시험종료 후 답안을 작성하는 행위를 한 사람은** 「지방공무원 임용령」 제65조 등 관련 법령에 의거 **부정행위자로** 처리됩니다.
2. 시험이 시작되면 문제를 주의 깊게 읽은 후, 문항의 **취지에 가장 적합한 하나의 정답만을 고르며**, 문제내용에 관한 질문은 할 수 없습니다.
3. **답안은 문제책 표지의 과목 순서에 따라 답안지에 인쇄된 순서에 맞추어 표기해야 하며**, 과목 순서를 바꾸어 표기한 경우에도 문제책 표지의 과목 순서대로 채점되므로 유의하시기 바랍니다.
4. 법령, 고시, 판례 등에 관한 문제는 **2025년 4월 30일 현재 유효한 법령, 고시, 판례 등을 기준**으로 정답을 구해야 합니다. 다만, 개별 과목 또는 문항에서 별도의 기준을 적용하도록 명시한 경우에는 그 기준을 적용하여 정답을 구해야 합니다.
5. **시험시간 관리의 책임은 응시자 본인에게 있습니다.**
   ※ 문제책은 시험종료 후 가지고 갈 수 있습니다.

정답공개 및 이의제기 안내

1. 정답공개 일시: 정답가안 6.21.(토) 14:00 / 최종정답 6.30.(월) 18:00
2. 정답공개 방법: 사이버국가고시센터(www.gosi.kr) ➡ [시험문제 / 정답 → 문제 / 정답 안내]
3. 이의제기 기간: 6.21.(토) 18:00 ~ 6.24.(화) 18:00
4. 이의제기 방법
   ■ 사이버국가고시센터 ➡ [시험문제 / 정답 → 정답 이의제기]
   ■ 구체적인 이의제기 방법은 정답가안 공개 시 공지 예정

합격까지

✅ 제1회 모의고사

01 ②	02 ②	03 ④	04 ①	05 ②
06 ④	07 ②	08 ②	09 ③	10 ①
11 ③	12 ③	13 ①	14 ③	15 ④
16 ③	17 ②	18 ②	19 ②	20 ④

01 [어휘-빈칸]
▶ ②

난이도 중

정답 해설

고객의 선호도와 비즈니스 요구에 따른 서비스라는 문맥으로 보아 주문을 '맞춤화한다'는 내용이 자연스러우므로 빈칸에는 ②가 적절하다.

어휘

★ customize 주문에 따라 만들다, 맞추다
● deprive 빼앗다, 면직[파면]하다
● pretend ~인 체하다, 가장하다
● disregard 무시[묵살]하다, 등한시하다

해석

그 지역 회사는 고객이 자신의 선호도와 비즈니스 요구에 따라 주문을 맞춤화할 수 있는 서비스를 제공한다.

02 [어휘-빈칸]
▶ ②

난이도 상

정답 해설

동료들에게 더 큰 자신감을 가지고 목표를 이루기 위해 노력하도록 영감을 주었다는 문맥으로 보아 그녀의 '완고한' 의지라는 내용이 자연스러우므로 빈칸에는 ②가 적절하다.

어휘

★ stubborn 고집 센, 완고한
● weary 몹시 지친, 피곤한, 싫증난
● vacant 빈, 공허한
● drowsy 졸리는, 조는 듯한

해석

수많은 좌절과 낙담에도 불구하고 자신의 꿈을 추구하려는 그녀의 완고한 의지는 동료들에게 더 큰 자신감을 가지고 목표를 이루기 위해 노력하도록 영감을 주었다.

03 [문법-빈칸]
▶ ④

난이도 하

정답 해설

[적중 포인트 038] 시제 관련 표현 ★★★★☆

'~하자마자 …하다'는 'No sooner had 주어 p.p. ~ than 주어+과거 동사…' 또는 'Hardly[Scarcely] had 주어 p.p. ~ when[before] 주어+과거 동사…' 구조로 표현하므로 밑줄 친 부분에 들어갈 말로 가장 적절한 것은 ④이다.

해석

그가 최종 결과가 담긴 봉투를 열자마자, 기쁨의 눈물을 터뜨리며 가장 친한 친구를 껴안았다.

04 [문법-밑줄]
▶ ①

난이도 중

정답 해설

① **[적중 포인트 049] 5형식 동사의 수동태 구조 ★★★★☆**

call은 5형식 동사로 쓰일 때는 '~을 …로 부르다'라는 의미로 쓰이고 5형식 동사가 수동태가 될 때는 목적격 보어는 그대로 남아있게 된다. 밑줄 친 부분을 포함한 문장에서는 call이 능동태가 아닌 수동태 구조로 쓰여 '폐기물을 분류하고 재활용하는 활동은 "폐기물 분리"라고 불리며'라는 의미가 적절하므로 밑줄 친 부분의 calling을 called로 고쳐야 한다.

오답 해설

② **[적중 포인트 060] to부정사의 명사적 역할 ★★★★☆**

help는 3형식 타동사로 쓰일 때 목적어 자리에 to부정사나 원형부정사를 쓸 수 있다. 따라서 밑줄 친 부분의 reduce는 원형부정사로 올바르게 쓰였다.

③ **[적중 포인트 088] 전치사와 명사 목적어 ★★★☆☆**

전치사는 명사나 동명사 목적어를 취한다. 따라서 밑줄 친 부분의 like는 전치사로 명사인 plastic과 paper를 목적어로 취하고 있으므로 올바르게 쓰였다.

④ **[적중 포인트 054] 분사 판별법[현재분사 VS 과거분사] ★★★★★**

문장에 이미 주어와 동사 완전 구조가 나와 있으므로 밑줄 친 부분은 수식어 역할을 할 수 있는 자리인 분사구문이 나올 수 있는 자리이고, 뒤에 목적어를 취할 수 있는 분사는 현재분사이므로 밑줄 친 부분의 causing은 올바르게 쓰였다.

해석

폐기물을 분류하고 재활용하는 활동은 "폐기물 분리"라고 불리며, 이는 오염을 줄이고 미래 세대를 위해 자연 자원을 보존하는 데 도움이 된다. 폐기물이 분류되지 않으면, 플라스틱과 종이와 같은 재활용 가능한 자재들이 매립지에 버려져 환경에 해를 끼친다. 폐기물을 분리함으로써 우리는 이러한 자재들을 재사용할 수 있고, 새로운 자원의 필요성을 줄일 수 있다.

05 [문법-밑줄]
▶ ②

난이도 상

정답 해설

② **[적중 포인트 021] 전치사가 필요 없는 3형식 타동사 ★★★★☆ &**
[적중 포인트 023] 목적어 뒤에 특정 전치사를 수반하는 3형식 타동사 ★★★☆☆

3형식 타동사는 전치사 없이 바로 목적어를 취할 수 있으므로 밑줄 친 부분의 타동사 access는 목적어인 private information을 바로 취해야 한다. 따라서 밑줄 친 부분의 accessing to private information을 accessing private information으로 고쳐야 한다.

오답 해설

① **[적중 포인트 001] 문장의 구성요소와 8품사 ★★★★☆**

밑줄 친 부분을 포함한 문장에 이미 주어와 동사를 포함한 완전 구조가 나왔으므로 수식어인 전명구가 쓰일 수 있다. 따라서 밑줄 친 부분은 올바르게 쓰였다.

③ **[적중 포인트 054] 분사 판별법[현재분사 VS 과거분사] ★★★★★**

문장에 이미 주어와 동사 완전 구조가 나와 있으므로 밑줄 친 부분은 수식어 역할을 할 수 있는 자리인 분사가 쓰일 수 있는 자리이다. 또한, 분사의 수식을 받는 명사인 데이터는 공유하는 것이 아닌 공유되는 것이므로 수동의 의미를 나타내는 과거분사가 적절하다. 따라서 밑줄 친 부분의 shared는 올바르게 쓰였다.

④ **[적중 포인트 037] 어순에 주의해야 할 형용사와 부사 ★★★☆☆**

so는 형용사나 부사를 수식하고 such는 명사를 수식한다. 따라서 밑줄 친 부분의 high는 2형식 동사 become의 주격 보어 역할을 하고 있는 형용사로 so의 수식을 받고 있으므로 올바르게 쓰였다.

해석

기술 분야에서는 사이버 보안이 중요한 데이터를 보호하는 데 필수적이다. 강력한 방화벽과 암호화 기법은 해커들이 개인 정보에 접근하는 것을 막아주며, 사용자 개인정보 보호를 보장한다. 온라인에서 공유되는 데이터의 양이 증가함에 따라, 사이버 공격의 위험이 매우 커져서 기업들은 고급 보안 시스템에 대규모로 투자해야 한다.

06 [생활영어-빈칸] ▶ ④

난이도 하

정답 해설

대화에서 A는 음식이 너무 짜서 먹기 어렵다고 불만을 제기했고, B는 사과한 뒤 다른 음식을 가져다 줄지 물었다. 이어서 A는 "다른 요리를 가져다 줄 수 있냐"고 요청했으며, "덜 짠 음식"을 원한다고 말했으므로 B는 이를 받아들이고 구체적으로 어떤 음식을 원하는지 묻는 것이 자연스럽다. 따라서 밑줄 친 부분에 들어갈 말로 가장 적절한 것은 ④이다.

해석

> A: 죄송한데, 제 요리에 만족하지 못하겠습니다.
> B: 그런 일이 생겨서 정말 죄송합니다. 어떤 문제가 있었나요?
> A: 너무 짜요. 먹기 힘들어요.
> B: 정말 죄송합니다. 다른 음식을 가져다 드릴까요?
> A: 네, 다른 요리로 가져다 줄 수 있나요? 덜 짠 걸로요.
> B: 물론이죠, 바로 준비해 드리겠습니다. 원하는 요리가 있으신가요?
> A: 파스타 종류가 좋겠는데, 양념이 너무 많이 들어가지 않은 걸로요.
> B: 알겠습니다. 바로 주방에 요청하겠습니다.
> A: 배려해 주셔서 정말 감사합니다.
> B: 전혀 문제가 될 것이 없습니다. 새 요리는 완벽하게 준비할게요.

① 저희 모든 요리는 같은 방식으로 양념되기 때문에, 덜 짠 음식이 있는지 잘 모르겠습니다.
② 너무 짜다면, 음식에 물을 좀 추가해서 드셔 보시는 것도 방법입니다.
③ 양념 때문으로는 새로운 요리를 준비해 드릴 수 없을 것 같습니다.
④ 물론이죠, 바로 준비해 드리겠습니다. 원하는 요리가 있으신가요?

07 [생활영어-빈칸] ▶ ②

난이도 하

정답 해설

Sophia Carter가 "슬로건이 우리 제품의 독특한 점을 충분히 설명하지 못한다"고 말하자, Oliver Bennett는 "그거 좋은 지적이네요"라고 반응을 했기 때문에 Oliver는 슬로건을 개선해야 한다는 점을 인정하며, "우리의 핵심 특징을 더 강조해야 할지도 모른다"는 답변이 가장 적절하다. 따라서 밑줄 친 부분에 들어갈 말로 가장 적절한 것은 ②이다.

해석

> Oliver Bennett: 우리의 최신 광고 캠페인 봤어요? 어제 출시했어요.
> Sophia Carter: 네, 봤어요! 비주얼은 멋지지만, 메시지가 좀 더 명확했으면 좋겠어요.
> Oliver Bennett: 정말요? 어떤 부분이 개선이 필요하다고 생각하나요?
> Sophia Carter: 슬로건은 기억에 잘 남지만, 우리 제품이 독특한 이유를 충분히 설명하지 못하고 있어요.
> Oliver Bennett: 그거 좋은 지적이네요. 아마도 우리는 우리의 핵심 특징을 더 강조해야 할지도 몰라요.
> Sophia Carter: 맞아요. 그리고 고객 피드백은 분석해 봤나요?
> Oliver Bennett: 아직요, 하지만 오늘 참여 지표와 설문 응답을 확인할게요.

① 우리는 비용 절감을 위해 광고 예산을 줄여야 할 수도 있어요.
② 아마도 우리는 우리의 핵심 특징을 더 강조해야 할지도 몰라요.
③ 광고를 더 간단하게 만들기 위해 내용을 줄여야 한다고 생각해요.
④ 더 나은 매력을 위해 제품을 완전히 변경하는 것이 좋을 수도 있어요.

08 [독해 – 세트형 문항(전자 메일 – 목적)] ▶ ②

난이도 중

정답 해설

이 글은 Green Valley 학교의 운동장 개보수를 제안하는 내용으로, 안전과 학생들의 복지를 위한 시설 개선 프로젝트를 제안하면서 필요한 자금 마련에 대한 방법도 함께 언급하고 있다. 따라서 글의 목적으로 가장 적절한 것은 ②이다.

09 [독해 – 세트형 문항(전자 메일 – 유의어)] ▶ ③

난이도 하

정답 해설

밑줄 친 enhance는 '향상시키다, 높이다'라는 뜻으로, 문맥상 이와 의미가 가장 가까운 것은 ③ 'improve(향상시키다, 개선하다, 나아지다)'이다.

오답 해설

① decipher 판독하다, 해독하다
② classify 분류하다, 구분하다
④ appraise 살피다, 평가하다

[08~09]

해석

> 수신인: Green Valley 학교 행정팀
> 발신인: 학부모 대표 Emma Rodgers
> 날짜: 2026년 3월 15일
> 제목: 중요한 제안
>
> Wilson 교장 선생님께,
>
> 이 메시지가 교장 선생님께 잘 전달되기를 바랍니다. 저는 학부모 대표로서, 우리 학생들의 안전과 복지와 관련한 중요한 사안에 대해 논의하고자 이 글을 드립니다. Green Valley 학교의 운동장은 오랫동안 아이들이 놀고 어울리는 소중한 공간이었지만, 현재 많은 시설들이 노후화되어 보수가 필요한 상태입니다.
>
> 현재 운동장 시설의 상태와 잠재적인 안전 위험을 고려할 때, 운동장 개보수 프로젝트를 제안합니다. 이 프로젝트는 안전 기준을 향상시킬 뿐만 아니라, 학생들에게 더욱 재미있고 매력적인 놀이 공간을 제공할 것입니다. 이 프로젝트의 자금 마련을 위해 지역사회 기금 모금 행사를 열고, 지역 업체들로부터 추가적인 재정 지원을 받는 방안을 제안합니다.
>
> 이번 개보수는 학생들의 학교 생활을 크게 향상시키고, 더 강한 공동체 의식을 형성하는 데 기여할 것이라고 믿습니다.
>
> 진심으로,
> Emma Rodgers

어휘

- principal 교장, 총장, 학장
- representative 대표(자), 대표하는
- concerning ~에 관한[관련된]
- playground 운동장, 놀이터
- socialize 어울리다, 사귀다, 사회화시키다
- outdated 구식인, 노후한
- current 현재의, 지금의, 통용되는
- modernize 현대화하다
- standard 기준, 수준, 일반적인, 보통의
- fundraiser 기금 모금 행사

10 [독해 – 세트형 문항(안내문 – 제목)] ▶ ①

난이도 하

정답 해설

이 글은 2026년 기술 혁신 박람회에 초대하는 내용으로, 박람회에서 진행될 행사 소개 및 세부 사항을 안내하고 있다. 따라서 글의 목적으로 가장 적절한 것은 ①이다.
① 박람회에서 기술의 미래를 탐구하세요
② 비즈니스 관계를 구축하는 방법을 배우세요
③ 온라인 쇼핑몰의 장점을 발견하세요
④ 최신 의료 기술 발전을 경험하세요

11 [독해 – 세트형 문항(안내문 – 세부 정보 파악)] ▶ ③

난이도 하

정답 해설

본문의 열두 번째 문장에서 '사전 등록이 필요한 건 네트워킹 세션'이라고 언급했지만, 기조연설은 사전 등록이 필요하다는 내용은 언급되지 않았다. 따라서 윗글의 내용과 일치하지 않는 것은 ③이다.

오답 해설

① 본문의 세 번째 문장에서 언급하고 있으므로 일치한다.
② 본문의 여섯 번째 문장에서 언급하고 있으므로 일치한다.
④ 본문의 열세 번째 문장에서 언급하고 있으므로 일치한다.

해석

박람회에서 기술의 미래를 탐구하세요

우리는 기술과 혁신의 최신 발전을 소개하는 최고의 행사인 Tech Innovations Expo 2026에 여러분을 초대하게 되어 매우 기쁩니다. 획기적인 해법을 탐구하고 업계 선두 주자들과 교류할 수 있는 기회를 놓치지 마세요.

행사 세부 사항
- 날짜: 2026년 4월 12일 금요일
- 시간: 오전 9시 – 오후 6시
- 장소: 시티 컨벤션 센터

주요 내용
- 전시: 주요 기업 및 스타트업의 최첨단 기술을 만나보세요.
- 기조연설: 저명한 기술 개척자들과 전문가들의 통찰을 들어보세요.
- 네트워킹 세션: 다양한 기술 분야의 전문가들과 인맥을 형성하세요.

입장은 무료이지만, 네트워킹 세션은 사전 등록이 필요합니다. 자세한 정보는 www.techinnovexpo.com을 방문하시거나 (987) 654-3210으로 문의하세요.

진심으로,
Tech Innovations 위원회

어휘
- premier 최고의, 제1의
- showcase 소개[공개]하다, 공개 행사
- groundbreaking 획기적인
- industry leader 업계 선두 주자
- cutting-edge 최첨단
- insight 통찰력, 이해
- renowned 유명한, 명성 있는
- pioneer 선구자, 개척자
- admission 입장, 입학, 가입, 시인[인정]
- pre-registrátion 사전 등록

12 [독해 – 단일형 문항(홈페이지 게시글 – 내용 불일치)] ▶ ③

난이도 하

정답 해설

본문의 여섯 번째 문장에서 'Trello는 다양한 도구와 연동을 지원한다'고 언급하고 있다. 따라서 윗글의 내용과 일치하지 않는 것은 ③이다.

오답 해설
① 본문의 두 번째 문장에서 언급하고 있으므로 일치한다.
② 본문의 다섯 번째 문장에서 언급하고 있으므로 일치한다.
④ 본문의 일곱 번째 문장에서 언급하고 있으므로 일치한다.

해석

Trello로 작업 및 팀 프로젝트를 정리하세요.

Trello는 개인과 팀을 위해 설계된 다용도 프로젝트 관리 도구입니다. Trello를 사용하면 보드, 리스트, 카드를 만들어 작업을 시각적이고 효율적으로 정리할 수 있습니다. 드래그 앤 드롭 인터페이스를 통해 작업 상태를 업데이트하고, 책임자를 지정하고, 진행 상황을 쉽게 모니터링할 수 있습니다. Trello의 대표적인 기능 중 하나는 사용자 맞춤 라벨로, 우선순위, 상태, 유형 등에 따라 작업을 분류할 수 있도록 도와줍니다. 또한 Trello는 Google Drive, Slack 등 다양한 도구와 연동을 지원해 기능을 확장할 수 있습니다. iOS, Android, 데스크톱 플랫폼에서도 이용할 수 있어 언제 어디서든 프로젝트에 접근할 수 있습니다. Trello의 무료 요금제는 기본적인 프로젝트 관리 기능을 제공하며, 프리미엄 요금제에서는 자동화, 캘린더 보기, 무제한 보드 등 생산성과 협업을 높여주는 고급 도구를 제공합니다.

① 이것은 개인과 팀 모두를 위해 설계되었다.
② 이것은 사용자의 맞춤형으로 작업을 분류할 수 있다.
③ 이것은 다른 도구와는 연동되지 못한다.
④ 이것은 여러 플랫폼에서 이용할 수 있다.

어휘
- versatile 다재다능한, 다용도의
- organize 정리하다, 준비하다, 조직하다
- typical 대표적인, 전형적인

- integration 연동, 통합
- tool 도구, 수단, 연장
- functionality 기능(성), 목적
- include 포함하다, 포함시키다
- advanced 선진의, 고급의, 후기의
- automation 자동화

13 [독해 – 중심 내용 파악(주제)] ▶ ①

난이도 중

정답 해설

이 글은 긍정적인 자기 대화는 스트레스를 줄이고 문제 해결 능력을 향상시키며 자신감을 높이는 데 기여하고 있음을 설명하고 있다. 긍정적인 자기 대화가 압박감 속에서 성과에 미치는 영향과 긍정적인 자기 대화를 사용한 참가자들이 스트레스를 덜 느끼고 퍼즐을 더 빠르고 정확하게 풀었다는 연구 결과도 제시하고 있다. 따라서 글의 주제로 가장 적절한 것은 ①이다.

해석

스탠포드 대학교 연구진은 압박 속에서의 수행 능력에 미치는 영향을 탐구하는 흥미로운 연구를 진행했다. 참가자들은 일련의 어려운 퍼즐을 푸는 과제를 받았고, 절반은 "나는 할 수 있어"와 같은 긍정적 자기 대화를 하도록 지시받았으며, 나머지 절반은 "이건 너무 어려워"와 같은 부정적 자기 대화를 하도록 지시받았다. 놀랍게도, 긍정적 자기 대화를 사용한 참가자들은 과제 수행 중 스트레스를 덜 느꼈고, 실제로 퍼즐을 더 빠르고 정확하게 풀었다. 이는 긍정적 자기 대화가 문제 해결 능력을 향상시킬 뿐만 아니라, 자신감과 집중력도 높여준다는 것을 보여준다. 더 나아가, 참가자들은 실험 후 자신감을 더 느꼈으며, 미래의 어려운 상황에서도 긍정적 자기 대화를 사용할 의향이 있다고 밝혔다. 이러한 결과는 우리의 내면 대화가 감정뿐만 아니라 실제 행동과 결과에도 상당한 영향을 미친다는 것을 보여준다.

① 압박 속에서의 긍정적 자기 대화가 수행 능력에 미치는 영향
② 부정적 자기 대화가 유발하는 심리적 스트레스의 심각성
③ 퍼즐 해결 능력과 자신감 사이의 상관관계
④ 외부 환경 변화가 개인의 수행 능력에 미치는 영향

어휘
- fascinating 대단히 흥미로운, 매력적인
- pressure 압박, 압력
- challenging 어려운, 도전적인
- negative 부정적인, 소극적인
- positive 긍정적인
- confidence 자신(감), 신뢰, 확신
- concentration (정신) 집중
- willingness 기꺼이 하는 마음
- demonstrate 보여주다, 설명하다, 입증하다
- dialogue 대화

14 [독해 – 단일형 문항(홈페이지 게시글 – 내용 일치)] ▶ ③

난이도 중

정답 해설

본문의 다섯 번째 문장에서 'DCH는 공교육에 참여하여 문화유산 보존의 중요성에 대한 인식을 높이고 사람들이 자신의 지역 역사를 보호하는 데 참여하도록 장려한다'고 언급하고 있다. 따라서 윗글의 내용과 일치하는 것은 ③이다.

오답 해설
① 본문의 두 번째 문장에서 '역사적 기념물, 유물, 무형 문화유산 등을 포함한 국가의 문화유산을 보호하고 보존하는 데 핵심적인 역할을 한다'고 언급하고 있으므로 일치하지 않는다.
② 본문의 네 번째 문장에서 '역사적 유적과 유물이 잘 보존될 수 있도록 지속적인 관찰과 복원 작업을 진행한다'고 언급하고 있으므로 일치하지 않는다.
④ 본문의 여섯 번째 문장에서 '문화재 보호에 힘쓰는 기관과 개인에게 자금과 자원을 제공하기도 한다'고 언급하고 있으므로 일치하지 않는다.

문화유산부의 책임

문화유산부(DCH)는 역사적 기념물, 유물, 무형 문화유산 등을 포함한 국가의 문화유산을 보호하고 보존하는 데 핵심적인 역할을 합니다. 주요 목표는 이러한 문화적 보물을 미래 세대를 위해 보호할 수 있도록 법과 규정을 시행하는 것입니다. 이 임무를 수행하기 위해 DCH는 역사적 유적과 유물이 잘 보존될 수 있도록 지속적인 관찰과 복원 작업을 진행합니다. 더구나, DCH는 공교육에 참여하여 문화유산 보존의 중요성에 대한 인식을 높이고 사람들이 자신의 지역 역사를 보호하는 데 참여하도록 장려합니다. 또한, 이 부서는 국내외 기관과 협력해 문화 교류 및 보존 사업을 지원하며, 문화재 보호에 힘쓰는 기관과 개인에게 자금과 자원을 제공하기도 합니다. 이처럼 종합적인 접근 방식을 통해, DCH는 국가의 풍부한 문화유산을 보존하는 동시에, 문화적 다양성과 유산에 대한 존중을 키워가는 것을 목표로 합니다.

① 이것은 무형 문화유산만 보호하고 보존한다.
② 이것은 문화재 복원 작업까지는 하지 않는다.
③ 이것은 문화유산 보존에 대한 대중의 참여를 촉진한다.
④ 이것은 개인에게는 자금을 지원하지 않는다.

어휘
- pivotal 중요한, 중심이 되는
- preserve 보존[관리]하다, 지키다
- legacy 유산
- monument 기념물, 역사적인 건축물
- antiquity 유물, 고대
- intangible 무형의, 만질 수 없는
- objective 목표, 목적, 객관적인
- fulfill 시행하다, 완료하다, 달성하다
- heritage (국가·사회의) 유산
- participate 참가[참여]하다
- cultural property 문화재
- comprehensive 종합적인, 포괄적인
- diversity 다양성, 포괄성

15 [독해 - 중심 내용 파악(요지)] ▶ ④

난이도 중

정답 해설

멘토링에서의 경청의 중요성에 대한 글로, 멘토는 멘티가 스스로 생각하고 말할 수 있도록 도와야 하며, 경청과 공감이 멘티의 학습과 성장을 촉진함을 강조하고 있다. 따라서 글의 요지로 가장 적절한 것은 ④이다.

해석

대부분의 사람들은 이해하려는 의도보다는 답을 하기 위한 의도로 듣는다는 말이 자주 언급된다. 멘토로서 당신의 역할은 멘티가 스스로 생각할 수 있도록 돕는 것이며, 아무리 그 유혹이 강하더라도 멘티를 대신해 생각해 주려 해서는 안 된다. 만약 멘토링 시간 동안 자신이 대부분 말하고 있다는 것을 깨달았다면, 멈추고, 조용히 있고, 멘티가 말하도록 정중하게 권하는 것이 좋다. 멘티의 학습 과정 대부분은 자신의 생각을 소리 내어 표현하는 과정에서 이루어진다. 나머지 과정은 멘토링 시간 외부에서의 성찰과 연습을 통해 이루어진다. 따라서, 멘티가 대화를 주도하는 것이 필수적이다. 적극적인 경청과 공감은 멘티가 통찰을 얻고 자신의 생각을 더 효과적으로 표현하는 데 도움을 준다. 멘티가 자신의 말이 경청되고, 인정받고 있다는 느낌을 갖는 것이 매우 중요하다.

① 멘토는 멘티의 자율성을 존중하고 간섭을 피해야 한다.
② 멘티는 멘토의 피드백을 겸손하게 받아들여야 한다.
③ 멘토는 조언을 할 때 멘티의 정신적 상태를 고려해야 한다.
④ 멘토는 멘티의 사고 과정을 촉진하기 위해 주의 깊게 들어야 한다.

어휘
- intent 의도, 몰두[열중]하는
- respond 반응하다, 대답하다
- facilitate 가능하게[용이하게] 하다
- quiet 조용한, 한산한
- politely 정중하게, 공손히
- reflection 반영, 반사
- empathy 공감, 감정이입
- acknowledge 인정하다

16 [독해 - 문장 제거] ▶ ③

난이도 하

정답 해설

놀이에 대한 긍정적인 측면에 대한 글로, 놀이가 어린이들에게 어떤 긍정적 역할들을 제공하는지 설명하고 있다. 나머지 문장들은 놀이의 다양한 긍정적 역할에 초점을 맞추고 있으나, ③번 문장만 구조화된 활동과 학업적 압박의 부정적 영향에 대한 내용으로 글의 주제와 관련이 없다. 따라서 글의 흐름상 어색한 문장은 ③이다.

해석

놀이는 어린이들의 전반적인 발달에 필수적이며, 미래의 성공에 중요한 인지적, 정서적, 사회적 기술을 촉진한다. ① 어린이들은 놀이를 통해 비판적 사고와 창의성을 자극하는 문제 해결 상황에 참여하고, 시행착오를 통해 배울 수 있는 환경을 조성한다. ② 또한, 놀이는 어린이들이 복잡한 사회적 상호작용을 통해 갈등을 관리하고 감정 조절을 발전시키는 데 도움을 준다. (③ 구조화된 활동과 학문적 부담이 증가함에 따라 자율성과 자기 주도 학습에 필수적인 자유 놀이 시간이 줄어들고 있다.) ④ 놀이는 어린이들이 실패와 좌절을 다루는 방법을 배우며 회복력을 기르는 데에도 도움을 준다.

어휘
- foster 조성하다, 발전시키다
- critical 비판적인, 중요한
- facilitate 가능하게[용이하게] 하다
- autonomy 자율성, 자치권
- resilience 회복력, 탄력
- setback 좌절, 차질

17 [독해 - 문장 삽입] ▶ ②

난이도 중

정답 해설

이 글은 원활한 의사소통이 좋은 디자인의 요건이 되는 이유에 대해 설명하고 있다. 좋은 디자인은 사람의 마음과 기술을 이해하고, 원활한 의사소통을 통해 문제 발생 시 효과적으로 대처하는 것을 강조하고 있다. 주어진 문장은 '문제가 생기거나 오해가 있을 때 좋은 디자인이 필요하다는 점'을 강조하는데, 이는 ① 다음 문장의 '일이 잘 진행될 때에는 좋은 디자인을 하는 것은 쉽다'는 진술과 대조되며, ② 뒤의 문장이 주어진 문장의 내용을 보충 설명하고 있다. 따라서 주어진 문장이 들어갈 위치로 가장 적절한 것은 ②이다.

해석

좋은 디자인은 사람들이 어떻게 생각하는지, 그리고 기술이 어떻게 작동하는지를 이해하는 것에서 시작된다. 좋은 디자인은 특히 기계와 사람 사이에서 어떤 행동이 가능한지, 지금 무슨 일이 일어나고 있는지, 그리고 앞으로 어떤 일이 일어날지를 명확하게 전달해야 한다. (①) 모든 것이 순조롭게 잘 돌아갈 때, 부드럽고 조화롭게 작동하는 것을 디자인하는 것은 비교적 쉽다. (② 그러나 문제가 발생하거나 오해가 생길 때, 이때야말로 좋은 디자인이 진정으로 필요한 순간이다.) 디자이너들은 모든 것이 잘될 때뿐만 아니라, 잘못될 때도 주의를 기울여야 한다. (③) 사실, 가장 큰 만족감은 문제가 발생했을 때 느낄 수 있다. (④) 이때 기계가 문제를 명확하게 보여주고, 사람이 이를 이해하고 적절한 조치를 취해 문제를 해결할 수 있게 되면, 상당한 기쁨을 느낄 수 있다.

어휘
- misunderstanding 오해, 착오
- communication 의사소통, 연락, 통신
- smoothly 부드럽게, 순조롭게
- harmoniously 조화롭게, 균형잡히게
- satisfaction 만족, 흡족, 충족
- appropriate 적절한

18 [독해 - 순서 배열] ▶ ②

난이도 상

정답 해설

BMI(체질량 지수)와 건강의 관계에 대한 글로, BMI는 건강 지표로 널리 사용되지만, 체내 지방 등 중요한 요소를 반영하지 않으며, 건강은 체중 중심의 접근이 아닌 행동 변화에 초점을 맞춰야 함을 강조하고 있다. BMI가 건강 전문가들이 사용하는 측정 기준으로 사용되고 있음을 설명한 주어진 글 다음에는 'BMI의 한계'와 '허리둘레 기준'을 설명하는 (A)로 이어져야 하며, 이러한 기준들이 잠재적 위험을 검진하는 데 사용되지만, 정확한 진단 도구가 아님을 설명하는 (C)로 이어지고, 마지막으로 (C)에서 이어지는 '모든 체격에서의 건강 접근 방식'에 대해 설명하는 (B)로 이어져야 자연스럽다. 따라서 글의 순서로 가장 적절한 것은 ②이다.

해석

> BMI(체질량 지수)는 보건 전문가들에 의해 널리 사용되는 측정 방식이며, 다양한 질병과 관련이 있다.
> (A) 그러나, BMI는 체지방, 근육량, 뼈 무게, 나이, 성별과 같은 중요한 요소들을 반영하지 않는다. 허리둘레는 또 다른 측정 기준으로, 복부 지방이 과도한 경우 비만 관련 질병의 위험을 증가시키기 때문이다.
> (C) 이러한 측정 방식들은 잠재적 위험을 평가하는 데 사용되지만, 정확한 진단 도구는 아니다. 대신, "모든 체형에서의 건강" 접근법은 체형과 관계없이 지속 가능한 건강 증진 행동을 촉진하는 데 초점을 맞춘다.
> (B) 이 접근법의 지지자들은 체중에 중립적인 전략이 보다 긍정적이라고 주장하는데, 이는 반복적인 다이어트로 인한 조기 사망 위험 증가나 심리적 스트레스와 같은 부정적 영향을 피하는 데 도움이 되기 때문이다.

어휘

• BMI 체질량 지수
• measurement 측정, 측량, 치수
• disease 질병, 병, 질환
• circumference 둘레, 원주
• abdominal 복부의
• obesity 비만
• harmful 해로운, 유해한
• premature 조기의, 너무 이른
• precise 정확한, 정밀한
• diagnostic 진단의

19 [독해 - 빈칸 추론] ▶ ②

난이도 중

정답 해설

낙관적인 예측과 기업가의 목표 조정에 대한 글로, 일부 기업가들은 지나치게 낙관적인 예측을 통해 실패를 피하고, 목표를 계속 뒤로 미루면서 자신을 보호함을 설명하고 있다. 경영자들이 예측이 틀렸을 때 자신의 목표를 바꾸는 행동에 대해서 설명하고 있으므로 밑줄 친 부분에 들어갈 말로 가장 적절한 것은 ②이다.

해석

> 일부 기업가들이 매우 혁신적으로 보이는 이유는, 목표 지점을 변경함으로써 실패를 피할 수 있기 때문이다. 예를 들어, 2009년에 한 유명 기술 기업의 CEO는 2020년까지 전기차가 시장을 지배할 것이라고 예측했다. 물론, 그런 일은 일어나지 않았다. 그러자 그는 2025년이 전기차의 돌파구가 될 것이라고 주장했다. 그러나 이 예측 또한 실패했다. 이처럼, 이러한 기업가들은 목표 기한을 계속 뒤로 미루는 경향이 있다. 어떤 기술 선지자가 자신의 신기술이 2025년까지 시장을 혁신할 것이라고 예측했는데, 그것이 실현되지 않으면, 그들은 단순히 그 마감 기한을 더 뒤로 미룬다.

① 비평가들을 무시함
② 목표 지점을 변경함
③ 단기적인 이익에 집중함
④ 투자자들을 설득함

어휘

• entrepreneur 기업가, 사업가
• predict 예측하다, 예견하다
• dominate 지배[군림]하다
• breakthrough 돌파구
• push back (회의 등의 시간·날짜를 뒤로) 미루다
• deadline 기한, 마감 시간
• visionary 선지자, 예지력 있는

20 [독해 - 빈칸 추론] ▶ ④

난이도 상

정답 해설

파란색의 심리적 효과와 파란색이 자연에서 드문 이유에 대한 글로, 파란색은 차분함과 신뢰감을 주며, 일부 생물은 환경에 맞게 파란색을 변형시킴을 설명하고 있다. 파란색의 특징으로 주변 환경과 잘 어우러지도록 동물들이 주변 환경에 동화되는 사례를 통해 강조하고 있다. 따라서 밑줄 친 부분에 들어갈 말로 가장 적절한 것은 ④이다.

해석

> 자연 속의 모든 색상 중에서 우리의 시선을 가장 효과적으로 사로잡는 것은 파란색이다. 하늘과 바다의 색에는 진정 효과가 있다. 이 색은 평온함과 신뢰와 연관된다. 우리는 파란색 경찰차, 파란색 비상등, 파란색 의료복을 사용한다. 눈에 띄면서도 과하지 않게 만들어야 하는 것, 예를 들어 안전조끼나 (과거의) 해변 구조대 초소 같은 것을 만들 때도 종종 파란색을 선택한다. 아마도 이런 미묘한 특성 때문에 야생에서 선명한 파란색을 띠는 생물은 거의 없다. 심지어 블루제이와 블루 독화살개구리조차 실제로는 주변 환경에 녹아들어 눈에 덜 띄는 형태의 다양한 파란색을 띤다. 그래서 이들의 파란색은 종종 <u>주변 환경과 자연스럽게 섞인 것처럼</u> 보인다. 마찬가지로 완전히 파란색인 꽃도 거의 없다. 사실, 많은 지역에서 오직 한 종류의 꽃만이 맑은 날의 하늘을 닮은 진짜 파란색을 띠는데, 그것이 바로 블루벨이다.

① 그들의 특징에 주목시키는 것처럼
② 다른 이들에게 자신이 안전하다고 신호를 보내는 것처럼
③ 다른 동물들에게 자신의 존재를 경고하는 것처럼
④ 주변 환경과 자연스럽게 섞인 것처럼

어휘

• shade 색상, 색조, 그늘, 음영
• calming 진정
• tranquility 평온
• stand out 눈에 띄다, 빼어나다
• variation 변화, 차이
• blend 섞다, 혼합하다
• surroundings 환경
• region 지역, 지방
• resemble 닮다, 비슷[유사]하다

영어 정답 및 해설

제2회 모의고사

01 ④	02 ①	03 ④	04 ③	05 ②
06 ④	07 ①	08 ②	09 ③	10 ①
11 ④	12 ①	13 ②	14 ④	15 ①
16 ③	17 ③	18 ③	19 ①	20 ③

01 [어휘-빈칸] ▶ ④

난이도 중

정답 해설

이러한 도전을 효과적으로 극복하기 위해 다양한 분야 간의 협력이 필요하다는 문맥으로 보아 최첨단 기술의 발전은 '제약'에 직면한다는 내용이 자연스러우므로 빈칸에는 ④가 가장 적절하다.

어휘

★ constraint 제약, 제한
● masterpiece 걸작, 명작
● handicraft 수공예(품), 손재주
● peasant 소작농

해석

최첨단 기술의 발전은 종종 법적, 재정적, 기술적 장벽의 제약에 직면하며, 이러한 도전을 효과적으로 극복하기 위해 다양한 분야 간의 협력이 필요하다.

02 [어휘-빈칸] ▶ ①

난이도 하

정답 해설

더 많은 나무를 심고 쓰레기를 줄인다는 문맥으로 보아 도시화의 부정적인 영향을 '완화한다'는 내용이 자연스러우므로 빈칸에는 ①이 가장 적절하다.

어휘

★ mitigate 완화시키다, 경감하다
● encourage 격려하다, 용기를 북돋우다
● tremble 떨다, 흔들리다
● communicate 의사소통하다, 전달하다

해석

더 많은 나무를 심고 쓰레기를 줄이는 것은 도시화의 부정적인 영향을 완화하는 데 도움이 되어, 미래 세대를 위한 더 건강한 환경을 조성할 수 있다.

03 [문법-빈칸] ▶ ④

난이도 하

정답 해설

[적중 포인트 001] 문장의 구성요소와 8품사 ★★★★☆

밑줄 친 부분은 수식어 자리이므로 명사나 동사가 쓰일 수 없다. 따라서 수식어 자리에 쓰일 수 있는 과거분사가 적절하므로 밑줄 친 부분에 들어갈 말로 가장 적절한 것은 ④이다.

해석

강력한 프로세서와 고품질 그래픽을 갖춘 이 노트북은 게임과 비디오 편집에 뛰어난 성능을 제공한다.

04 [문법-밑줄] ▶ ③

난이도 중

정답 해설

③ [적중 포인트 064] to부정사의 관용 구문 ★★★★☆

'~할 수밖에 없다, ~하지 않을 수 없다'의 뜻을 가진 구문은 'have no choice[option, alternative] but to 부정사'로 쓸 수 있다. 따라서 밑줄 친 부분의 approve를 to approve로 고쳐야 한다.

오답 해설

① [적중 포인트 014] 형용사와 부사의 차이 ★★★★★

부사는 주로 명사를 제외한 나머지 성분을 수식할 때 쓰인다. 따라서 밑줄 친 부분의 increasingly는 부사로 뒤에 나온 형용사 urgent를 수식하고 있으므로 올바르게 쓰였다.

② [적중 포인트 058] 분사를 활용한 표현 및 구문 ★★★★☆

'접속사+분사구문'으로 시간이나 조건 그리고 양보의 접속사는 주어와 동사 완전 구조 뿐만 아니라 분사구문과 함께 쓰일 수 있다. 따라서 밑줄 친 부분의 while은 분사구문과 함께 쓰일 수 있는 전치사로 올바르게 쓰였다.

④ [적중 포인트 044] 주어 자리에서 반드시 단수 또는 복수 취급하는 특정 표현 ★★★☆☆

현재시제 동사와 be동사는 수 일치를 확인하고 명사구와 명사절은 단수 동사와 수 일치를 확인한다. 밑줄 친 부분을 포함한 문장에서 주어는 investing in green technologies로 동명사구이므로 밑줄 친 부분의 단수 동사 is는 올바르게 쓰였다.

해석

환경 보호는 기후 변화와 오염과 같은 세계적인 문제가 악화됨에 따라 점점 더 긴급해지고 있다. 정부와 조직들은 경제적 현실을 고려하면서 지속 가능한 해결책을 찾기 위해 압박을 받고 있다. 가능한 모든 옵션을 검토한 후, 팀은 제안된 예산을 승인할 수밖에 없었으며, 그 예산은 재생 가능 에너지 프로젝트에 더 많은 자금을 배정한다. 일부 사람들은 비용이 너무 높다고 주장할 수 있지만, 녹색 기술에 대한 투자는 장기적인 환경 건강을 위해 필수적이다.

05 [문법-밑줄] ▶ ②

난이도 하

정답 해설

② [적중 포인트 044] 주어 자리에서 반드시 단수 또는 복수 취급하는 특정 표현 ★★★☆☆

현재시제 동사와 be동사는 주어와 수 일치에 주의한다. 밑줄 친 부분을 포함한 문장에서 주어는 복수 명사인 Philosophers이므로 밑줄 친 부분의 has를 have로 고쳐야 한다.

오답 해설

① [적중 포인트 082] 관계대명사의 선행사와 문장 구조 ★★★★☆

관계대명사는 선행사가 올바르게 쓰였는지 확인한다. 밑줄 친 부분의 whom은 Philosophers인 사람을 수식하고 있으므로 올바르게 쓰였다.

③ [적중 포인트 066] 조동사 should의 3가지 용법과 생략 구조 ★★★★★

'주장·요구·명령·제안·충고'를 의미하는 타동사 뒤에 'that+주어+동사(should) 동사원형' 구조를 쓴다. 따라서 밑줄 친 부분의 explore는 뒤에 쓰인 that절의 동사로 형태가 올바르게 쓰였다.

④ [적중 포인트 073] 가정법 과거 공식 ★★★★☆

가정법 과거 공식은 'if 주어 과거시제 동사'가 나오면 주절에 '주어 would/should/could/might 동사원형' 구조를 쓴다. 따라서 밑줄 친 부분의 would는 올바르게 쓰였다.

해석

역사를 통틀어 철학자들은, 그들 대부분이 진리를 추구하는 데 평생을 바친 사람들이었는데, 인간 사상에 깊은 영향을 미쳐왔다. 많은 학자들은 사람들이 삶의 복잡성을 더 잘 이해하기 위해 철학적 아이디어를 탐구할 것을 추천한다. 사람들이 철학을 더 진지하게 공부한다면, 윤리적이고 존재론적인 딜레마에 대해 더 깊은 통찰을 얻을 것이다.

06 [생활영어-빈칸] ▶ ①

난이도 중

정답 해설

손님이 방 키가 다시 작동하지 않는다고 말하며 도움을 요청하고 있다. 직원은 이에 대해 사과하고, 확인해 주겠다고 말한 뒤, 방 번호(825번)를 요청해서 손님이 자신의 방 번호를 제공했으므로 Staff는 문제 해결을 위한 조치를 안내해야 한다. 따라서 밑줄 친 부분에 들어갈 말로 가장 적절한 것은 ①이다.

해석

> Guest: 실례합니다. 제 객실 키가 또 작동을 안 하네요.
> Staff: 죄송합니다. 바로 확인해 드리겠습니다.
> Guest: 아까는 잘 됐는데, 지금은 문이 안 열려요.
> Staff: 가끔 그런 일이 있습니다. 객실 번호 좀 알려주시겠어요?
> Guest: 네, 8층 825호에 묵고 있어요.
> Staff: 감사합니다. 임시 키를 준비하는 동안 잠시 기다려 주세요.
> Guest: 얼마나 걸리는지 아시나요?
> Staff: 오래 걸리진 않을 거예요. 바로 처리해 드리겠습니다.

① 임시 키를 준비하는 동안 잠시 기다려 주세요.
② 8층 복도에는 CCTV가 설치되어 있습니다.
③ 죄송하지만, 객실 키 문제는 저희가 도와드릴 수 없습니다.
④ 객실 청소팀이 확인할 때까지 기다리셔야 합니다.

07 [생활영어-빈칸] ▶ ①

난이도 하

정답 해설

A는 원래 기차가 오후 3시에 출발할 예정이었지만 지연되었다고 말하며, 연결편(환승)을 놓치고 싶지 않다고 걱정하고 있다. B는 이에 대해 도움을 주기 위해 기차 번호를 요청했고, A가 이를 제공(245번)했으므로 B는 기차 번호를 확인한 후, 해당 기차의 지연 상태를 알려줘야 한다. 따라서 밑줄 친 부분에 들어갈 말로 가장 적절한 것은 ①이다.

해석

> A: 실례합니다. 제 기차가 3시에 출발하기로 했는데 지연됐어요.
> B: 불편을 드려 죄송합니다. 일정 확인해드리겠습니다.
> A: 감사합니다. 환승 열차를 놓치면 안 되거든요.
> B: 이해합니다. 기차 번호를 알려주시겠어요?
> A: 네, 중앙역으로 가는 245번 열차입니다.
> B: 감사합니다. 기차가 정비 문제로 지연되고 있지만, 곧 출발할 예정입니다.
> A: 혹시 얼마나 지연되는지 아시나요?
> B: 현재 약 30분 정도 지연되고 있습니다.
> A: 그 정도면 괜찮아요. 환승 열차는 탈 수 있겠네요.
> B: 필요한 경우 플랫폼 찾는 것도 도와드리니 말씀 주세요.
> A: 다시 한 번 감사드려요. 정말 큰 도움이 됐어요.
> B: 아닙니다. 좋은 여행 되세요!

① 기차가 정비 문제로 지연되고 있지만, 곧 출발할 예정입니다.
② 온라인에서 일정을 확인해 주세요. 저는 도와드릴 수 없습니다.
③ 우리가 할 수 있는 것은 없습니다. 지연은 흔한 일입니다.
④ 다음 기차를 타시려면 내일까지 기다려야 합니다.

08 [독해 - 세트형 문항(홈페이지 게시글 - 세부 정보 파악)] ▶ ②

난이도 중

정답 해설

본문의 네 번째 문장에서 '자연 서식지를 보호함으로써 균형 잡히고 건강한 지구를 만드는 것을 목표로 한다'고 언급하고 있다. 따라서 윗글에 관한 내용과 일치하는 것은 ②이다.
① 이것은 지속 가능한 실천을 촉진하기 위해 정부와 협력한다.
② 이것은 건강한 지구를 위해 자연 서식지를 보호하는 것을 목표로 한다.
③ 이것은 대중 교육 없이 첨단 기술에만 의존한다.
④ 이것은 환경 문제를 해결하는 데 협력하지 않는다.

오답 해설

① 본문의 세 번째 문장에서 '지속 가능성을 촉진하기 위해 지역사회 참여를 통해 활동한다'고 언급하고 있으므로 일치하지 않는다.
③ 본문의 일곱 번째 문장에서 '이를 위해 지역사회를 교육한다'고 언급하고 있으므로 일치하지 않는다.
④ 본문의 아홉 번째 문장에서 '환경 문제를 해결하기 위해 새로운 기술과 아이디어를 적극 수용한다'고 언급하고 있으므로 일치하지 않는다.

09 [독해 - 세트형 문항(홈페이지 게시글 - 유의어)] ▶ ③

난이도 하

정답 해설

밑줄 친 advocate는 '지지하다, 옹호하다'라는 뜻으로, 이와 의미가 가장 가까운 것은 ③ 'endorse(지지하다, 보증하다)'이다.

오답 해설

① contest 이의를 제기하다
② dissent 의견을 달리하다, 반대하다
④ conciliate 달래다, 회유하다

[08~09]

해석

> **그린 플래닛 조직**
>
> **사명**
> 우리는 기후 변화를 다루고 지속 가능성을 촉진하기 위해 혁신적인 프로젝트와 지역사회 참여를 통해 활동합니다. 재생 가능 에너지에 집중하고, 오염을 줄이며, 자연 서식지를 보호함으로써 미래 세대를 위한 균형 잡히고 건강한 지구를 만드는 것을 목표로 합니다.
>
> **비전**
> 우리의 비전은 환경적 책임감이 모든 의사 결정의 중심에 자리 잡고, 사람과 자연이 조화롭게 공존하는 사회를 만드는 것입니다. 이를 위해 지역사회를 교육하고, 친환경 정책을 지지하며, 환경에 관심이 큰 생활 방식을 지원합니다.
>
> **핵심 가치**
> • 혁신: 우리는 환경 문제를 효율적으로 해결하기 위해 새로운 기술과 아이디어를 적극 수용합니다.
> • 지역사회 참여: 지속 가능한 미래를 위해 지역사회가 직접 행동할 수 있도록 지원합니다.
> • 책임감: 환경 관리와 장기적인 자연 보호를 위한 책임감을 고취합니다.

어휘

• address 다루다, 고심하다, 연설하다, 주소를 쓰다
• sustainability 지속[유지] 가능성
• pollution 오염, 공해
• eco-conscious 환경(문제)에 관심이 큰
• embrace 수용하다, 받아들이다, 포괄하다
• direct 직접적인
• promote 고취하다, 촉진하다, 홍보하다, 승진시키다
• stewardship 관리

10 [독해 - 세트형 문항(안내문 - 제목)] ▶ ①

난이도 중

정답 해설

이 글은 자연에서 휴식을 취하며 재충전할 수 있도록 Sunny Lake 리조트에서 제공하는 다양한 활동과 정보를 안내하고 있다. 따라서 글의 제목으로 가장 적절한 것은 ①이다.
① 리조트에서 자연의 즐거움을 발견하세요
② 리조트에서 전통 문화들을 체험하세요
③ 새로 개장한 리조트를 무료로 즐겨보세요
④ 반려동물과 좋은 추억을 쌓으세요

11 [독해 - 세트형 문항(안내문 - 세부 정보 파악)] ▶ ④

난이도 하

정답 해설

본문의 열한 번째 문장에서 '신선한 현지 식재료로 만든 요리를 제공하는 레스토랑이 운영'을 언급하고 있다. 따라서 윗글의 내용과 일치하지 않는 것은 ④이다.

오답 해설

① 본문의 네 번째 문장에서 언급하고 있으므로 일치한다.
② 본문의 일곱 번째 문장에서 언급하고 있으므로 일치한다.
③ 본문의 열 번째 문장에서 언급하고 있으므로 일치한다.

[10~11]

리조트에서 자연의 즐거움을 발견하세요

휴식을 취하며 재충전할 완벽한 장소를 찾고 계신가요? Sunny Lake 리조트는 당신의 완벽한 휴식을 위한 최적의 여행지입니다! 자연의 고요한 아름다움 속에 자리한 이 리조트는 짜릿한 카약 체험, 활력 넘치는 하이킹, 그리고 평온한 낚시 여행 등 다양한 활동을 제공합니다. 또한, 모든 객실은 현대적인 편의시설을 갖추고 있으며, 아름다운 호수 전망을 자랑해 여러분의 눈과 마음을 사로잡을 것입니다.

특별 할인 제공
• 3박 이상 숙박 시, 총 요금의 10% 할인 혜택을 제공합니다.

리조트 하이라이트
• 전 객실에서 무료 와이파이를 이용하실 수 있습니다.
• 동물 애호가들을 위해 반려동물 동반 가능한 숙소도 있습니다.
• 신선한 현지 재료로 만든 요리를 제공하는 레스토랑을 운영하고 있습니다.

지금 완벽한 휴식을 예약하세요! 예약 및 문의는 www.sunnylakeresort.com을 방문하시거나 (987) 654-3210으로 연락주세요.

어휘
• optimal 최적의, 최선의
• relaxation 휴식, 완화
• nestle 자리잡다
• serene 고요한, 평화로운, 조용한
• plethora 과다, 과잉
• exhilarating 아주 신나는[즐거운]
• tranquil 고요한, 평온한
• excursion 여행
• mesmerize 최면을 걸듯 마음을 사로잡다
• reserve 예약하다, 보류하다
• complimentary 무료의, 칭찬하는
• accommodation 숙소, 시설, 합의, 협상
• ingredient 재료, 성분, 구성 요소

12 [독해 – 단일형 문항(전자 메일 – 목적)] ▶ ①

난이도 하

정답 해설

이 글은 Rachel Kim이 최근 주문한 상품의 배송 상태에 대해 확인을 요청하는 내용을 다루고 있으며, 배송 지연에 대한 즉각적인 해결을 요구하고 있다. 따라서 글의 목적으로 가장 적절한 것은 ①이다.

해석

수신인: 온라인 스토어 지원팀
발신인: Rachel Kim
날짜: 2026년 1월 5일
제목: 긴급한 문제

고객 지원 팀에게

이 메시지가 잘 도착하길 바랍니다. 최근 제가 12월 28일에 주문한 주문번호 (#12345)와 관련하여 엄청난 불만을 전하고자 이렇게 연락드립니다. 예상 배송일인 1월 3일이 이미 지났음에도 불구하고, 아직까지 제 상품이 배송되지 않고 있습니다. 배송 조회 정보를 확인해본 결과, 1월 1일 이후로 특별한 업데이트가 없는 상황입니다.

이번 배송 지연으로 인해 상당한 불편을 겪고 있으며, 현재 제 주문 상태에 대한 즉각적인 설명을 요청드립니다. 또한, 이 예측하지 못한 지연의 원인이 무엇이든 간에, 신속한 해결을 통해 제 상품이 빠르게 도착할 수 있도록 조치를 취해주시기 바랍니다.

이번 문제에 관심을 가져주셔서 대단히 감사드립니다.

진심으로,
Rachel Kim

어휘
• profound 엄청난, 깊은, 심오한
• dissatisfaction 불만
• estimated 예상의, 추측의
• delivery date 배송일, 교부일, 납품일
• considerable 상당한, 많은
• inconvenience 불편, 애로
• clarification 설명, 해명
• unforeseen 예측하지 못한, 뜻밖의
• resolution 해결, 결단력
• expeditiously 신속하게, 급속하게

13 [독해 – 중심 내용 파악(주제)] ▶ ②

난이도 중

정답 해설

미각이 뛰어난 사람의 장점에 대한 내용으로, 이들은 특정 맛에 더 민감하게 반응하여 전반적으로 더 건강한 식습관을 유지하게 되고, 이는 신체 건강에 좋은 영향을 준다고 설명하고 있다. 따라서 글의 주제로 가장 적절한 것은 ②이다.

해석

미각이 뛰어난 사람과 그렇지 않은 사람은 다양한 음식에 대해 비슷한 반응을 보이지만, 미각이 뛰어난 사람은 특정한 단맛과 쓴맛 성분에 대해 더 민감하게 반응한다. 이러한 미각 차이는 개인의 식습관에 상당한 영향을 미치며, 이는 다시 신체 건강에 영향을 줄 수 있다. 예를 들어, 미각이 뛰어난 사람들은 일반적으로 단 음식을 덜 선호하고, 기름진 음식 섭취도 적은 편인데, 이는 심장병 위험을 낮추는 데 도움이 된다. 또한, 미각이 뛰어난 사람들은 술과 흡연에 대한 거부감이 더 강해, 과도한 음주나 니코틴 의존과 관련된 문제 발생 가능성이 낮다. 현재까지 미각이 뛰어난 사람들은 주로 채소를 싫어하는데, 이는 채소 섭취를 감소시킨다는 단점은 있다. 그렇기는 하지만, 미각이 뛰어난 사람들은 그렇지 않은 사람들에 비해 일반적으로 더 건강한 식습관을 유지한다.

① 미각에 민감한 사람들의 단점
② 미각 민감도가 식습관과 건강에 미치는 영향
③ 음주와 정신 건강의 연관성
④ 불안 장애 위험을 낮추는 식습관

어휘
• supertaster 미각이 뛰어난 사람
• sensitivity 민감함, 예민함, 세심함
• bitter 맛이 쓴
• perception 지각, 자각, 통찰력, 인식
• be inclined to ~의 경향이 있다
• heart disease 심장병
• aversion 혐오감, 아주 싫어함
• dislike 싫어하다, 싫음, 반감
• drawback 결점, 문제점

14 [독해 – 세부 정보 파악(내용 불일치)] ▶ ④

난이도 중

정답 해설

본문의 열네 번째 문장에서 '반려동물은 반드시 목줄을 매야 한다'고 언급하고 있다. 따라서 윗글의 내용과 일치하지 않는 것은 ④이다.

오답 해설

① 본문의 세 번째 문장에서 언급하고 있으므로 일치한다.
② 본문의 네 번째 문장에서 언급하고 있으므로 일치한다.
③ 본문의 일곱 번째 문장에서 언급하고 있으므로 일치한다.

해석

Mountain Breeze 캠프장에서 완벽한 휴가 체험을 즐겨보세요. 상쾌한 산 공기를 마시며 숨 막히는 절경을 감상할 수 있습니다. 우리 캠프장은 텐트와 RV에 적합한 넓은 장소를 제공합니다. 새롭게 설치된 전망대에서는 주변 산들의 탁 트인 전경을 즐길 수 있습니다.

기본 시설
– 깨끗한 화장실과 따뜻한 샤워 시설
– 지정된 모닥불 구역
– 공용 구역에서 Wi-Fi 이용 가능

예약 및 문의
- 전화: 010-9876-5432
- 이메일: mountainbreeze@campground.com

추가 정보
- 캠프파이어용 장작이 무료로 제공됩니다.
- 반려동물은 환영하지만, 반드시 목줄을 매야 합니다.

자연의 아름다움을 만끽하고 Mountain Breeze 캠프장에서 재충전하세요!

① RV와 텐트를 둘 수 있는 충분한 공간이 있다.
② 산 전망을 볼 수 있는 전망대가 새로 설치되었다.
③ 모닥불이 허용되는 지정된 구역이 있다.
④ 반려동물은 캠핑장 내에서 혼자 자유롭게 돌아다닐 수 있다.

어휘
- getaway 휴가(지), 도주
- outdoors 야외의
- breathtaking 숨이 막히는
- spacious 넓은, 널찍한
- observation deck 전망대
- panoramic 전경이 보이는
- restroom (공공장소의) 화장실
- designated 지정된
- leash (특히 개를) 줄에 매어 두다

15 [독해 - 중심 내용 파악(요지)] ▶ ①

난이도 하

정답 해설
이 글은 전문성과 창의력의 관계성에 대해 설명하고 있다. 많은 사람들이 어떤 분야에서 많이 알면 더 창의적일 거라고 믿지만, 사실 많이 아는 사람도 그 분야에서 창의력을 거의 보이지 않을 수 있고, 또한 전문성이 개인의 창의력을 방해할 수도 있다고 언급하고 있다. 따라서 글의 요지로 가장 적절한 것은 ①이다.

해석

전문성에 대한 근거 없는 믿음은 더 많은 지식이 더 높은 창의성으로 이어진다고 주장한다. 언뜻 보기에는 이 생각이 그럴듯해 보인다. 진정한 창의성은 특정 분야를 완벽하게 익혀야만 가능하다는 가정이다. 창의성은 종종 어느 정도의 전문성에서 도움을 받기도 하지만, 이 두 개념은 근본적으로 다르다. 어떤 사람은 방대한 지식을 가지고 있어도 그 분야에서 거의 창의성을 보이지 않을 수 있다. 창의적인 사람들에 대한 연구에 따르면, 때때로 전문성은 오히려 창의적 잠재력을 제한할 수 있다. 전문성이 깊어질수록 창의성은 감소할 수도 있다. 특히, 중요한 통찰은 특정 분야에 깊이 빠져 있지 않은 사람들에게서 나오는 경우가 많다. 이는 어떤 일에 지나치게 몰두하면 오히려 눈앞에 보이는 명확한 해결책조차 놓칠 수 있기 때문이다.

① 특정 분야에서의 전문성이 그 분야에서의 창의성을 보장하는 것은 아니다.
② 평범한 아이디어를 쌓아가는 것이 창의적인 해결책으로 이어질 수 있다.
③ 창의성은 전문적인 교육과 훈련을 통해 발달시킬 수 있다.
④ 다양한 분야 전문가들의 의견을 고려하는 것이 필요하다.

어휘
- myth 근거 없는 믿음, 신화
- expertise 전문 지식
- at first glance 언뜻 보기에는, 처음에는
- assumption 가정, 추정
- creativity 창의성
- fundamentally 근본[본질]적으로, 완전히
- minimal 아주 적은, 최소의
- indicate 나타내다, 보여 주다
- restrict 제한[한정]하다, 방해하다
- deepen 깊어지다, 악화되다
- obvious 명확한, 분명한, 확실한

16 [독해 - 문장 제거] ▶ ③

난이도 하

정답 해설
이동 통신을 이용한 상호 작용에 대한 글로, 이동 통신이 퍼지면서 우리가 컴퓨터와 소통하는 방식이 바뀌고 있는데, 이런 통신 방법을 사용하는 사람이 많아지면 대면 소통이 줄어들까 걱정하고 있음을 설명하고 있다. 나머지 문장들은 이러한 이동 통신의 확산과 영향에 대해 언급하고 있지만, ③번 문장만 개인정보 보호 문제로 모바일 통신을 사용하지 않는다는 내용으로 글의 주제와 관련이 없다. 따라서 글의 흐름상 어색한 문장은 ③이다.

해석

모바일 통신은 우리가 컴퓨터와 상호 작용하는 방식을 변화시켰고, 모바일 기기를 사용하는 시간이 증가함에 따라 이모티콘 사용도 증가했다. ① 휴대전화, 스마트폰, 태블릿과 같은 기술들은 전 세계적으로 빠르게 확산되었고, 이제 음성 통신보다는 비언어적 수단을 통해 소통하는 것이 일반적이 되었다. ② 2013년에 모바일 가입자 수는 해당 연도의 세계 인구 수와 거의 같았다. (③ 일부 사람들은 사생활 문제에 대한 우려로 모바일 소통을 거부하기도 한다.) ④ 이러한 기술 사용자들은 문자 메시지나 이메일 같은 수단을 통해 수십억 건의 전자 메시지를 보내고 받고 있다.

어휘
- interact 상호 작용을 하다, 소통하다
- emoticon 이모티콘
- spread 확산되다, 퍼지다, 펼치다
- non-verbal 말로 하지 않는, 비언어적인
- subscriber 가입자, 이용자, 구독자, 후원자
- privacy 사생활
- face-to-face 대면하는, 마주보는

17 [독해 - 문장 삽입] ▶ ③

난이도 중

정답 해설
전기차 수요 증가와 자동차 산업의 변화에 대한 글로, 주어진 문장은 소비자들의 행동 변화로 인해 전기차 수요가 증가한다고 설명하고 있다. 이는 ②번 문장에서 언급한 소비자들이 탄소 발자국에 대해 더 많은 관심을 가지며 친환경적인 대안을 선택한다는 것과 논리적으로 자연스럽게 이어진다. 따라서 주어진 문장이 들어갈 위치로 가장 적절한 것은 ③이다.

해석

전 세계 자동차 산업은 환경 문제에 대한 우려가 커짐에 따라 큰 변화를 겪고 있다. (①) 전 세계 정부들은 기후 변화에 대응하기 위해 더 엄격한 배출 규제를 시행하고 있다. (②) 이에 대응하여 많은 소비자들이 자신의 탄소 발자국에 대해 더 많은 관심을 갖게 되었고, 친환경적인 대안을 선택하고 있다. (③ 이러한 소비자 행동의 변화는 전기차 수요의 급격한 증가를 가져왔고, 이에 따라 자동차 제조업체들은 생산 계획을 가속화하고 있다.) 자동차 제조업체들은 이제 이러한 새로운 수요를 충족시키기 위해 전기차와 하이브리드 차량 개발에 막대한 투자를 하고 있다. (④) 그 결과, 전기차의 시장 점유율은 향후 10년 동안 크게 증가할 것으로 예상된다.

어휘
- shift 변화, 옮기다
- automaker 자동차 제조업체
- transformation 변화, 변신
- carbon footprint 탄소 발자국
- invest 투자하다

18 [독해 - 순서 배열]

▶ ③

난이도 상

정답 해설

심리학에서 설명하는 방관자 효과에 대한 글로, 사회 심리학에 따르면, 비상 상황에서 방관자들은 더 많은 사람들이 존재할수록 개입할 가능성이 낮아지는데, 이는 책임이 분산되기 때문임을 설명하고 있다. 주어진 글은 사회 심리학에서 볼 때, 비상 상황에서 방관자는 그 상황에 적절하게 행동하지 못한다는 내용으로, (B)의 This social psychological insight가 주어진 글의 내용을 가리키고 있으므로 (B)로 이어져야 한다. 이어서 방관자들이 행동하지 않는 이유는 그들의 성격 결함이 아니라, 그들이 인식하는 상황이 행동을 제한한다는 점을 설명하는 (C)로 이어져야 한다. 즉, 방관자가 많을수록 개입할 가능성이 낮아진다는 예시를 통해 이 주제를 뒷받침한다. 마지막으로 한 명의 방관자는 일반적으로 우리가 기대하는 대로 반응하지만, 다수의 방관자가 있을 때 책임감이 분산되어 개입하지 않는다는 내용의 (A)를 통해 전체적인 내용을 마무리하는 것이 자연스럽다. 따라서 글의 순서로 가장 적절한 것은 ③이다.

해석

사회 심리학에 따르면, 방관자들은 응급 상황을 목격했을 때 종종 그 상황에 적절하게 대응하지 못하는 경우가 많다.
(B) 이러한 사회 심리학적 통찰은 우리를 불편하게 만든다. 우리는 스스로 다르게, 더 나은 방식으로 행동할 것이라고 믿고 싶어 한다. 하지만, 방관자들의 문제는 남을 돕지 못하게 만드는 성격적 결함에서 비롯된 것이 아니다.
(C) 이는 그들이 도울지 말지를 선택하는 문제라기보다는, 그들이 인식하는 상황이 그들의 행동을 얼마나 제한하는가의 문제이다. 예를 들어, 방관자가 많을수록 그들 중 한 명이 나서서 개입할 가능성이 줄어든다.
(A) 그러나, 현장에 한 명의 방관자만 있을 경우, 보통 우리가 기대하는 대로 반응한다.

어휘

• bystander 방관자, 구경꾼, 행인
• witness 목격하다, 목격자, 증인
• multiple 많은, 다수의
• dilute 희석시키다, 약화시키다, 묽게 하다
• accountability 책임(감)
• psychological 심리학적인, 심리[정신]적인
• uncomfortable 불편한, 불쾌한
• personality 성격, 인격, 개성
• flaw 결함, 흠, 결점
• perceive 감지[인지]하다, 여기다
• intervene 개입하다, 끼어들다

19 [독해 - 빈칸 추론]

▶ ①

난이도 중

정답 해설

전통이 변화하는 원인에 대한 글로, 호박을 직접 자르고 껍질을 벗기고 익히고 으깨는 모든 작업을 하는 대신 통조림 호박을 사용하는 편의성이나 돼지기름으로 조리한 콩의 맛을 선호하지 않게 되어 식물성 쇼트닝을 사용하는 것과 같은 편의성이나 기호(취향)의 변화 때문에 기존의 전통 방법들을 바꾼다고 설명하고 있다. 따라서 밑줄 친 부분에 들어갈 말로 가장 적절한 것은 ①이다.

해석

전통은 때때로 편의성이나 기호 변화로 인해 바뀌거나 사라지는 것처럼 보일 때가 있다. 예를 들어, 호박 파이를 준비하려면, 예전에는 꽤 큰 호박을 구해 자르고, 껍질을 벗기고, 익히고, 으깬 다음 다른 재료와 섞어 파이 껍질에 넣어야 했다. 요즘은 많은 요리사들이 가게에서 파는 통조림으로 된 호박을 사용하는데, 이는 시간과 노력을 크게 줄여준다. 또 다른 변화하는 음식 전통으로는, 많은 가정에서 더 이상 돼지기름을 사용해 삶아서 튀겨 놓은 콩을 만들지 않고, 대신 식물성 쇼트닝을 사용하는 경우가 많아졌다는 점이다. 이러한 변화는 가족들이 돼지기름을 넣지 않은 콩 맛을 더 좋아하기 때문일 수도 있고, 건강한 요리법이 인기를 끌었기 때문일 수도 있으며, 심장병이나 고지혈증과 같은 건강 문제 때문일 수도 있다.

① 편의성이나 기호 변화
② 여행과 문화 교류
③ 법이나 규정의 차이
④ 재정적 측면과 제약 사항

어휘

• tradition 전통
• prepare 준비하다, 대비하다
• good-sized 꽤 큰, 대형의
• peel 껍질을 벗기다[깎다]
• mash (음식을 부드럽게) 으깨다
• crust (빵) 껍질
• canned 통조림으로 된
• refried beans 삶아서 튀겨 놓은 콩
• lard 돼지 기름, 라드
• shortening 쇼트닝(지방 대체물)
• heart disease 심장병
• high cholesterol 고지혈증

20 [독해 - 빈칸 추론]

▶ ③

난이도 상

정답 해설

시장이 작동하는 방식에 대한 글로, 자원 고갈을 예측하는 사람들은 종종 시장이 작동하는 방식을 무시하거나 과소평가하지만, 본문에서 자원이 고갈될 때 시장이 가격을 올림으로써 자원의 사용이 줄어들고, 결과적으로 자원이 더 오랫동안 지속될 수 있음을 강조하고 있다. 따라서 밑줄 친 부분에 들어갈 말로 가장 적절한 것은 ③이다.

해석

자원 고갈을 예측하는 전문가들은 종종 시장의 중요한 역할을 간과한다. 예를 들어, 일부 분석가들은 자원이 얼마나 오래 지속될지를 예측하기 위해 매장량 지수에 의존한다. 이 지수는 현재 알려진 매장량을 매년 소비량으로 나눈 값이다. 예를 들어, 석유 매장량이 4450억 배럴이고, 연간 150억 배럴을 소비한다면, 이 지수는 대략 30년 안에 석유가 고갈될 것이라고 예측한다. 성장의 한계 같은 일부 보고서는 매년 수요가 증가해 더욱 빠른 고갈로 이어질 것이라고까지 예측한다. 그러나 그것들은 시장이 일반적으로 작동하는 방식 즉, 자원이 부족해지면 가격이 상승하는 원리를 제대로 인식하지 못하고 있다. 그 결과, 자원은 훨씬 더 오래 지속될 것이다.

① 에너지 위기는 반드시 발생할 것이다
② 석유를 절약할 이유는 없을 것이다
③ 자원은 훨씬 더 오래 지속될 것이다
④ 자원을 절약해도 아무것도 성취하지 못할 것이다

어휘

• forecast 예측하다, 예측
• exhaustion 고갈, 소진, 탈진
• overlook 간과하다, 못 본 체하다
• reserve index 매장량 지수
• calculate 계산하다, 산출하다, 추정하다, 추산하다
• divide 나누다, 갈라지다
• deplete 고갈시키다, 감소시키다
• approximately 대략, 거의
• recognize 인식하다, 알아보다, 승인하다
• operate 작동하다, 가동하다, 운용하다
• scarce 부족한, 드문

☑️ **제3회 모의고사**

01 ③	02 ④	03 ②	04 ①	05 ④
06 ④	07 ③	08 ④	09 ④	10 ④
11 ③	12 ④	13 ①	14 ④	15 ③
16 ②	17 ④	18 ③	19 ③	20 ④

01 [어휘―빈칸]
▶ ③

난이도 중

정답 해설

교육과 의료 시설에 대한 평등한 접근을 보장한다는 문맥으로 보아 자원을 지역 간에 더 고르게 '분산한다'라는 내용이 자연스러우므로 빈칸에는 ③이 가장 적절하다.

어휘

★ disperse 흩트리다, 퍼트리다, 분산하다
● enclose 둘러싸다, 동봉하다
● admire 칭찬하다, 존경하다, 감탄하다
● suppose 가정하다, 추측하다

해석

위원회는 교육과 의료 시설에 대한 평등한 접근을 보장하기 위해 자원을 지역 간에 더 고르게 분산하는 전략을 제안했다.

02 [어휘―빈칸]
▶ ④

난이도 하

정답 해설

고객과의 상호 작용 중 전문적인 이미지를 유지한다는 문맥으로 보아 직원들이 자신의 어조와 몸짓 언어를 '의식한다'라는 내용이 자연스러우므로 빈칸에는 ④가 가장 적절하다.

어휘

★ conscious 의식하는, 지각하는
● vicious 사악한, 나쁜, 부도덕한
● gloomy 우울한, 어두운
● finite 한정된, 유한한

해석

직원들은 고객과의 상호 작용 중 전문적인 이미지를 유지하기 위해 자신의 어조와 몸짓 언어를 의식할 필요가 있다.

03 [문법―빈칸]
▶ ②

난이도 중

정답 해설

[적중 포인트 079] 명사절 접속사의 구분과 특징 ★★★☆☆

밑줄 친 부분은 전치사 about 뒤에 명사절을 이끌 수 있는 명사절 접속사가 필요한 자리이다. 따라서 that과 if는 쓰일 수 없다. 명사절 접속사 what은 불완전 구조를 취하는데 구조가 완전하므로 밑줄 친 부분에 가장 적절한 것은 ②이다.

해석

위원회는 제안이 이해관계자들로부터 충분한 지지를 받을지 확신하지 못하고 있다.

04 [문법―밑줄]
▶ ①

난이도 상

정답 해설

① **[적중 포인트 064] to부정사의 관용 구문 ★★★★☆**

난이 형용사(=hard, tough, difficult, easy)를 활용한 구문에서는 to부정사의 목적어가 가주어인 it자리로 상승할 경우 to부정사 뒤의 목적어가 반드시 생략되어야 한다. 따라서 밑줄 친 부분의 them을 삭제해야 한다.

오답 해설

② **[적중 포인트 014] 형용사와 부사의 차이 ★★★★★**

형용사는 명사를 수식하거나 보어 자리에 쓰인다. 따라서 밑줄 친 부분의 쓰인 Advanced는 형용사로 뒤에 나온 명사 tools를 수식하고 있으므로 올바르게 쓰였다.

③ **[적중 포인트 039] 현재시제 동사와 be동사의 수 일치 ★★★★★**

현재시제 동사와 be동사는 수 일치에 주의해야 하고 수식어구는 주어와 동사의 수 일치에 영향을 미치지 않으므로 밑줄 친 부분은 주어인 Advanced tools에 수 일치하여야 한다. 따라서 동사는 복수 동사로 써야 하므로 enable가 올바르게 쓰였다.

④ **[적중 포인트 020] 주격 보어가 필요한 2형식 자동사 ★★★☆☆**

2형식 자동사는 주격 보어를 취한다. go는 2형식 자동사로 쓰일 경우 형용사 주격 보어를 취할 수 있으므로 밑줄 친 부분은 올바르게 쓰였다.

해석

시스템의 보안 취약점은 사이버 위협이 빠르게 진화하고 있다는 점을 감안할 때, 고급 도구 없이는 식별하기 어려울 것이다. 기계 학습 알고리즘을 갖춘 고급 도구는 그렇지 않으면 간과되었을 이상 징후를 감지할 수 있게 한다.

05 [문법―밑줄]
▶ ④

난이도 하

정답 해설

④ **[적중 포인트 068] 부정부사와 도치 구문 ★★★★★**

부정부사가 문장 처음이나 절 처음에 위치하면 「조동사+주어」 도치 구조로 써야 한다. 따라서 부정부사 Rarely 뒤에 밑줄 친 부분의 people은 주어이므로 그 앞에 조동사 do를 추가해서 Rarely do people로 고쳐야 한다.

오답 해설

① **[적중 포인트 024] 목적어를 두 개 취하는 4형식 수여동사 ★★☆☆☆**

4형식 수여 동사는 「간접목적어(주로 사람)+직접목적어(주로 사물)」 구조를 취한다. 따라서 밑줄 친 부분의 individuals the strength는 give의 간접목적어와 직접목적어로 올바르게 쓰였다.

② **[적중 포인트 010] 격에 따른 인칭대명사 ★☆☆☆☆**

인칭대명사는 앞에 나온 명사와 성과 수 일치를 확인해야 한다. 밑줄 친 부분의 it은 맥락상 Regular exercise를 지칭하고 있으므로 올바르게 쓰였다.

③ **[적중 포인트 035] 미래를 대신하는 현재시제 ★★★★☆**

시간과 조건 부사절에서는 미래시제가 아닌 현재시제로 쓰여있는지 확인한다. 따라서 밑줄 친 부분의 make는 조건 부사절에 쓰인 동사로 미래 시제 대신 현재시제로 올바르게 쓰였다.

해석

규칙적인 운동은 개인들에게 만성 질환을 예방할 힘을 주었으며, 이를 건강한 삶의 핵심 요소로 만들었다. 신체 건강을 향상시키는 것을 넘어, 운동은 스트레스를 줄여 정신 건강도 증진시킨다. 만약 사람들이 운동을 일상적인 습관으로 만든다면, 그들은 더 많은 에너지와 더 나은 면역력 같은 장기적인 혜택을 경험할 가능성이 높다. 활동적인 생활 방식을 유지하는 사람들이 비활동적인 사람들과 같은 건강 위험에 직면하는 경우는 드물다.

06 [생활영어-빈칸]　▶ ④

난이도 하

정답 해설

A는 핸드폰이 충전되지 않는 문제로 매장을 방문했고, B는 언제 문제가 발생했는지를 묻고 있다. A는 어제부터 문제가 발생했으며, 다른 충전기를 사용해 봤지만 해결되지 않았다고 설명하고 있으므로 B는 A의 핸드폰을 직접 확인한 후 적절한 답변을 해야 한다. 따라서 밑줄 친 부분에 들어갈 말로 가장 적절한 것은 ④이다.

해석

A: 안녕하세요, 제 휴대폰이 제대로 충전이 안 돼서 왔어요.
B: 그러셨군요. 언제부터 그런 증상이 나타났나요?
A: 어제부터요. 충전기를 바꿔봐도 안 되더라고요.
B: 알겠습니다. 휴대폰 좀 보여주시겠어요?
A: 네. 빨리 고칠 수 있는 문제였으면 좋겠네요.
B: 가벼운 문제로 보이네요. 먼저 충전 포트를 청소해 보겠습니다.
A: 아, 충전 포트 문제였군요. 오늘 바로 수리 가능할까요?
B: 충전 포트가 약간 손상된 것 같네요. 지금 바로 수리 가능합니다.
A: 다행이네요. 수리 시간은 얼마나 걸릴까요?
B: 약 한 시간 정도 걸릴 것 같습니다. 여기서 기다리시겠어요?
A: 네, 기다릴게요. 도와주셔서 감사합니다.
B: 아닙니다. 수리 완료되면 바로 안내드리겠습니다.

① 제조사에 직접 문의해 주세요. 저희는 액세서리만 판매합니다.
② 안타깝지만, 이곳에서는 하드웨어 문제를 수리할 수 없습니다.
③ 새 휴대폰을 구매해야 해요. 저희는 수리를 제공하지 않습니다.
④ 가벼운 문제로 보이네요. 먼저 충전 포트를 청소해 보겠습니다.

07 [생활영어-빈칸]　▶ ③

난이도 하

정답 해설

Emily Roberts는 자신의 예약에 문제가 있다고 생각하고 있으며, David Thompson은 그 이유를 묻고 있으므로 Emily Roberts는 어떤 문제가 발생했는지 구체적으로 설명해야 하는 상황이다. 따라서 밑줄 친 부분에 들어갈 말로 가장 적절한 것은 ③이다.

해석

Emily Roberts: 실례합니다. 제 예약에 뭔가 문제가 있는 것 같아요.
David Thompson: 죄송합니다. 어떤 문제인지 말씀해 주시겠어요?
Emily Roberts: 제 예약이 10시였는데, 예약 명단에 제 이름이 없어요.
David Thompson: 시스템을 확인해 드리겠습니다. 성함 좀 알려주시겠어요?
Emily Roberts: 네, Emily Roberts입니다. 어제도 예약 확인했어요.
David Thompson: 알겠습니다. 시스템 오류가 있었지만, 제가 해결해 드리겠습니다.
Emily Roberts: 오늘 꼭 진료를 받을 수 있으면 좋겠어요.
David Thompson: 물론입니다. 최대한 진료 일정에 맞춰드리겠습니다.

① 의사의 허가 없이는 일정을 확인할 수 없어요.
② 예약할 때 실수를 하신 것 같아요.
③ 제 예약이 10시였는데, 예약 명단에 제 이름이 없어요.
④ 예약 목록에 없으시면 다른 병원을 방문해 주세요.

08 [독해 - 세트형 문항(전자 메일 - 목적)]　▶ ③

난이도 하

정답 해설

이 글은 고객들의 변함없는 성원에 대한 감사의 의미로 Royal Ocean 크루즈에서 고객들에게 제공하는 특별 할인 프로모션에 대해 소개 및 안내하고 있다. 따라서 글의 목적으로 가장 적절한 것은 ③이다.

09 [독해 - 세트형 문항(전자 메일 - 유의어)]　▶ ④

난이도 중

정답 해설

밑줄 친 complimentary는 '무료의, 칭찬하는'이라는 뜻으로, 문맥상 이와 의미가 가장 가까운 것은 ④ 'free(무료의, 자유로운)'이다.

오답 해설

① laudatory 칭찬하는, 감탄하는
② authentic 진짜인, 진품인, 정확한
③ lenient 관대한

[08~09]

해석

수신인: 소중한 고객님들
발신인: Cindy Robins, 고객 관계 매니저
날짜: 4월 15일
제목: 특별한 한정 혜택

존경하는 회원님들께,

우리는 여러분의 변함없는 성원에 대한 깊은 감사의 의미로 특별한 기회를 드리게 되어 매우 기쁩니다. Royal Ocean 크루즈는 가장 소중한 고객분들을 위해 특별히 마련한, 매우 한정된 프로모션을 제공하게 되어 영광입니다. 앞으로 6개월 이내에 출발하는 크루즈를 예약하시면, 넉넉한 15% 할인 혜택을 받으실 수 있습니다. 또한, 감사의 표시로 특선 식사 패키지를 무료로 제공해 드리며, 크루즈 내 기념품점에서 사용할 수 있는 $20 상품권도 함께 드립니다.

항목	내용
예약 기간	향후 6개월 이내에 출발하는
할인 혜택	15% 할인
추가 혜택	무료 특선 식사 패키지 선상 선물가게의 $20 상품권

이 특별한 혜택을 누리시려면, 공식 웹사이트를 방문해 결제 시 프로모션 코드 'ROC25'를 입력하시면 됩니다. 잊을 수 없는 항해를 지금 바로 예약할 수 있는 절호의 기회입니다. 여러분의 지속적인 성원에 진심으로 감사드리며, 곧 여러분을 크루즈에서 다시 만나 뵙기를 고대합니다.

진심으로,
Cindy Robins

어휘

• unwavering 변함없는, 확고한
• exclusive 한정된, 전용의, 독점적인
• valuable 소중한, 귀중한
• generous 넉넉한, 너그러운, 관대한
• as a token of ~의 표시[증거]로서
• voucher 상품권, 할인권, 쿠폰
• departing 출발하는
• heartfelt 진심 어린

10 [독해 - 세트형 문항(안내문 - 제목)]　▶ ④

난이도 상

정답 해설

이 글은 Teverley 대학교의 캠퍼스 방문 행사에 대한 내용으로, 행사 소개 및 세부 사항을 안내하고 있다. 따라서 윗글의 제목으로 가장 적절한 것은 ④이다.
① 대학교에 장학금을 신청하세요
② 대학교 동문회에 가입하세요
③ 대학교 수업 일정을 확인하세요
④ 우리 대학교와 함께 당신의 미래를 만들어 보세요

11 [독해 - 세트형 문항(안내문 - 세부 정보 파악)]　▶ ③

난이도 하

정답 해설

본문의 열한 번째 문장에서 '학생 식당에서 무료로 점심이 제공된다'고 언급하고 있다. 따라서 윗글의 내용과 일치하지 않는 것은 ③이다.

오답 해설

① 본문의 다섯 번째 문장에서 언급하고 있으므로 일치한다.
② 본문의 아홉 번째 문장에서 언급하고 있으므로 일치한다.
④ 본문의 열네 번째 문장에서 언급하고 있으므로 일치한다.

[10~11]

[10~11]

해석

우리 대학교와 함께 당신의 미래를 만들어 보세요

여러분의 미래 학업을 위해 Teverley 대학교를 고려하고 계신가요? 그렇다면 9월 26일 목요일에 열리는 미래 신입생 대상 연례 캠퍼스 방문 행사에 참여해 보세요.

참가 대상
- 고등학교 3학년만 참가가 가능합니다.

모임 시간 및 장소
- 오전 9시 30분, 학생회관 강당

일정
- 오전 10:00 – 입학 전형 절차 프레젠테이션
- 오전 10:30 – 캠퍼스 투어
- 정오 12:00 – 학생 식당에서 무료 점심 제공
- 오후 1:00 – 학생 가이드들과 함께하는 질의응답 시간

특별 선물
- 행사 종료 후, 대학 로고가 새겨진 티셔츠를 드립니다!

등록 안내
- 등록 마감: 9월 17일 오후 6시
- www.teverley.edu에서 온라인으로 등록하세요.

어휘
- considering ~을 고려[감안]하면
- prospective 미래의, 장래의, 다가오는
- auditorium 강당, 객석
- admission 입학, 입장, 가입, 시인[인정]
- complimentary 무료의, 칭찬하는
- receive 받다, 받아들이다

12 [독해 – 단일형 문항(홈페이지 게시글 – 내용 불일치)] ▶④

난이도 하

정답 해설

본문의 여섯 번째 문장에서 'T-map은 iOS와 안드로이드 기기에서 모두 사용할 수 있다'고 언급하고 있다. 따라서 윗글의 내용과 일치하지 않는 것은 ④이다.

오답 해설

① 본문의 세 번째 문장에서 언급하고 있으므로 일치한다.
② 본문의 네 번째 문장에서 언급하고 있으므로 일치한다.
③ 본문의 다섯 번째 문장에서 언급하고 있으므로 일치한다.

해석

혁신적인 내비게이션, T맵으로 스마트한 주행을 경험하세요.

T-map은 대한민국에서 가장 널리 사용되는 차량 내비게이션 앱으로, 실시간 교통 정보를 제공해 사용자에게 최적의 경로를 안내합니다. 이 앱은 빅데이터 기반의 교통량 분석 기술을 활용해 예상 소요 시간을 계산하고, 정체 구간을 우회할 수 있는 대안 경로를 제시합니다. 또한, 음성 인식 기능을 통해 운전 중에도 안전하게 목적지를 검색할 수 있습니다. T-map은 자동차, 오토바이, 도보 등 다양한 이동 수단에 맞춘 경로를 제공하며, 사용자의 운전 스타일과 선호 경로를 반영한 맞춤형 서비스인 'T-map 추천 경로'도 지원합니다. T-map은 iOS와 안드로이드 기기에서 모두 사용할 수 있으며, 앱 다운로드는 무료지만 일부 프리미엄 기능은 유료 구독을 통해 제공됩니다.

① 이것은 정체 구간을 우회하는 대안 경로도 제안한다.
② 이것의 주요 기능 중 음성 인식이 있다.
③ 이것은 사용자 이동 수단에 따라 경로를 다르게 제공한다.
④ 이것은 안드로이드에서만 사용 가능하면 무료로 다운로드할 수 있다.

어휘
- vehicle 차량, 수단
- real-time 실시간
- optimal 최적의, 최선의
- alternative 대안이 되는, 대체 가능한
- bypass 우회하다, 우회 도로
- congested 혼잡한, 붐비는
- voice recognition 음성 인식

- motorcycle 오토바이
- paid 유료의, 유급의, 보수를 받는
- subscription 구독(료), 가입, 기부금

13 [독해 – 단일형 문항(홈페이지 게시글 – 내용 일치)] ▶①

난이도 중

정답 해설

본문의 두 번째 문장에서 '헌법재판소는 헌법을 수호하고 국민의 기본권을 보장하기 위해 설립된 기관이다'고 언급하고 있다. 따라서 윗글의 내용과 일치하는 것은 ①이다.

오답 해설

② 본문의 세 번째 문장에서 '헌법재판소는 법률이 헌법에 위반되는지 여부를 판단하고, 해당 법률의 합헌성 여부를 결정할 권한을 가진다'고 언급하고 있으므로 일치하지 않는다.
③ 본문의 네 번째 문장에서 '헌법재판소는 대통령, 국무총리, 대법원장 등 고위 공직자에 대한 탄핵 심판을 진행한다'고 언급하고 있으므로 일치하지 않는다.
④ 본문의 다섯 번째 문장에서 '헌법재판소는 국가 기관과 지방 정부 간의 분쟁을 중재한다'고 언급하고 있으므로 일치하지 않는다.

해석

헌법재판소의 역할

대한민국 헌법재판소는 헌법을 수호하고 국민의 기본권을 보장하기 위해 설립된 기관으로, 헌법 관련 분쟁을 해결하는 데 핵심적인 역할을 합니다. 이것의 주요 책임은 다음과 같습니다. 첫째, 헌법재판소는 법률이 헌법에 위반되는지 여부를 판단하고, 해당 법률의 합헌성 여부를 결정할 권한을 가집니다. 둘째, 이것은 대통령, 국무총리, 대법원장 등 고위 공직자에 대한 탄핵 심판을 진행합니다. 셋째, 헌법재판소는 국가 기관과 지방 정부 간의 분쟁을 중재합니다. 넷째, 이것은 국민의 기본권 침해에 대한 구제를 헌법소원심판을 통해 제공합니다. 이러한 활동을 통해 헌법재판소는 민주주의와 법치주의를 유지하고, 국민의 권리를 보호하는 데 기여합니다.

① 이것은 국민의 기본권 보장을 목적으로 설립되었다.
② 이것은 위헌 여부를 결정할 권한이 없다.
③ 이것은 대통령에 대한 탄핵 심판만 처리한다.
④ 이것은 민간 단체 간의 분쟁을 중재한다.

어휘
- constitutional court 헌법 재판소
- institution 기관, 단체, 협회
- resolve 해결하다, 결심하다
- dispute 분쟁, 논란, 논쟁, 반박하다, 이의를 제기하다
- violate 위반하다, 침해하다
- constitutionality 합헌성
- impeachment 탄핵, 고소, 고발
- high-ranking 고위의, 중요한
- mediate 중재하다, 조정하다
- remedy 구제, 치료, 해결(책), 바로잡다, 개선하다
- right 권리, 권한
- democracy 민주주의, 평등

14 [독해 – 중심 내용 파악(주제)] ▶④

난이도 하

언어가 스트레스와 불안에 미치는 영향에 대한 글로, 사람들이 자신에게 말하는 방식은 스트레스와 불안을 긍정적인 에너지로 바꾸는 데 중요한 역할을 하며, 자신을 '흥분' 상태로 표현하는 것이 성과에 도움이 될 수 있음을 설명하고 있다. 따라서 글의 주제로 가장 적절한 것은 ④이다.

해석

스탠퍼드 대학교의 Emily Carter 교수는 흥미로운 연구를 수행했다. 그녀의 실험에서, 무대 공포증을 가진 참가자들은 공연 무대가 있는 붐비는 바로 데려가져, 관객 앞에서 노래를 부르도록 요청받았다. 예상대로, 모든 참가자들은 긴장하고 불안함을 느꼈다. 그러나 Carter 교수는 참가자들에게 자신의 불안을 "스트레스"가 아닌 "흥분"이라고 생각하도록 감정의 재구성을 지시했고, 이러한 마음가짐 변화의 효과를 면밀히 측정했다. 한 그룹의 참가자들은 "나는 흥분돼 있다"라는 말을 반복하도록 했고, 대조군은 그냥 조용히 앉아 평소처럼 긴장되는 생각을 계속하도록 했다. 결과는 놀라웠다: 자신의 감정을 흥분으로 재구성한 참가자들은 자신의 에너지를 더 긍정적이고 유익한 방향으로 전환할 수 있었고, 결국 더 나은 공연을 해냈다.

① 어려움을 만들어 내는 상상력의 영향
② 기분이 타인에 대한 인식에 미치는 영향
③ 과도한 흥분이 공연에 미치는 부정적 효과
④ 감정을 형성하는 데 미치는 언어의 힘

15 [독해 - 중심 내용 파악(요지)] ▶ ③

난이도 중

정답 해설

우리가 선택하지 않은 초기 습관과 그것들이 우리의 행동에 미치는 영향에 대한 글로, 초기 습관은 주변 환경의 영향을 받아 형성되며, 우리는 그 습관들을 자주 반성 없이 따르게 됨을 설명하고 있다. 이는 사회적 관습이 우리의 행동에 미치는 영향에 대해 강조하고 있으므로 글의 요지로 가장 적절한 것은 ③이다.

해석

우리는 가장 초기의 습관들을 의식적으로 선택하지 않는다. 오히려, 우리는 모방을 통해 그것들을 물려받는다. 이런 행동들은 우리를 둘러싼 사람들의 영향을 통해 형성된다 — 우리의 가족, 또래 친구들, 교육 기관, 그리고 더 넓은 사회 환경이 이에 해당한다. 이들 각각의 집단은 저마다의 기준과 기대치를 가지고 있다. 결혼 시기, 이상적인 자녀 수, 명절을 보내는 방식, 그리고 아이의 생일 파티처럼 사소해 보이는 일에 대한 경제적 기준까지도 포함된다. 이러한 사회적 규범들은 종종 말로 표현되지 않는 보이지 않는 규칙처럼 작용하며, 우리가 직접적으로 인식하지 못하는 상황에서도 우리의 행동을 은밀하게 이끈다. 우리는 이러한 문화적으로 깊이 몸에 밴 습관에 의문을 갖거나 기원에 대해 생각해보지 않고 따르는 경우가 많으며, 대부분은 거의 본능적으로 행동하고, 깊이 성찰하지 않는다. 프랑스 철학자 Michel de Montaigne가 현명하게 말했듯이, "사회생활에서의 관습과 실천이 우리를 이끌어간다." 즉, 우리는 종종 사회의 집단적 습관과 전통에 저항 없이 휩쓸려 가게 된다.

① 개인 목표를 사회적 기대보다 우선시하는 것이 중요하다.
② 개인적인 습관들이 축적되어 공동체의 문화를 형성한다.
③ 사회적 관습은 우리의 습관을 형성하는 데 상당한 영향을 미친다.
④ 모방은 사회적 지식의 발전에 주요한 요인이다.

16 [독해 - 문장 제거] ▶ ②

난이도 중

정답 해설

이 글은 디지털 콘텐츠 소비의 변화와 인간의 창의성 및 감성적 공감이 여전히 중요한 요소임을 강조하는 내용이다. ①번 문장은 알고리즘 기반 추천 시스템을 소개하며 디지털 콘텐츠 소비 방식의 변화를 설명하고, ③번과 ④번 문장은 이러한 변화 속에서 인간 고유의 역할과 창의성의 중요성을 강조하고 있다. 하지만 ②번 문장만 신경망 모델의 발전과 자연어 처리 기술 향상에 대한 내용으로 글의 주제와 관련이 없다. 따라서 글의 흐름상 어색한 문장은 ②이다.

해석

디지털 시대의 콘텐츠 소비 패러다임이 근본적인 변화를 겪고 있다. ① 알고리즘 기반의 개인 맞춤 추천 시스템은 사용자의 관심사와 행동 데이터를 분석하여 최적의 콘텐츠를 제공한다. (② 신경망 모델의 발전은 자연어 처리 기술을 크게 향상시켜 기계 번역 분야에서 혁신적인 성과를 이끌어냈다.) ③ 이러한 변화에도 불구하고, 인간의 창의성과 감성적 공감은 여전히 인공지능이 대체할 수 없는 영역으로 남아 있다. ④ 콘텐츠 제작자는 단순한 정보 제공자가 아니라 감성적 연결을 이끌어내는 이야기꾼의 역할을 해야 한다는 기대를 받고 있다.

17 [독해 - 문장 삽입] ▶ ④

난이도 상

정답 해설

심리학 연구의 질의 평가에 있어서의 연구자 간 의견 차이에 대한 글로, 심리학에서 읽는 내용의 질은 저자의 믿음에 동의하는지 여부로 판단할 수 없으며, 연구자들 간의 의견 차이가 존재함을 설명하고 있다. 주어진 문장은 '두 연구자의 의견 불일치에 대한 진술'로 두 연구자의 다른 결과는 '서로 다른 상황에서 나온 중요한 정보'를 제공할 수 있다는 마지막 문장과의 연결이 자연스럽다. 따라서 주어진 문장이 들어갈 위치로 가장 적절한 것은 ④이다.

해석

심리학에 관한 글을 읽을 때, 우리는 그 글의 질을 어떻게 판단할 수 있을까? 먼저, 어떤 글의 논증이 좋은지 나쁜지를, 우리가 그 결론에 동의하는지 여부나 저자가 믿는 바에 따라 평가할 수는 없다. (①) 두 명의 훌륭한 심리학자가 인간 행동의 특정 측면에 대해 강하게 의견이 다를 수도 있으며, 두 사람 모두 자신들의 결론을 뒷받침하는 설득력 있는 논증과 탄탄한 증거를 제시할 수 있다. (②) 심리학에 대해 더 많이 읽어볼수록, 연구자들 사이에 의견 차이가 많다는 것을 알게 될 것이다. (③) 또한, 두 명의 연구자가 동일한 실험을 서로 다른 장소에서 수행하고, 매우 다른 결과를 얻는 경우도 있다. (④) <u>이는 반드시 어느 한쪽이 연구를 잘못했다는 것을 의미하지는 않는다.</u>) 반대로, 서로 다른 상황에서 나온 차이 나는 결과들은 매우 가치 있는 정보를 제공해 줄 수 있다.

18 [독해 - 순서 배열] ▶ ③

정답 해설

유형자산과 다른 데이터 소유권의 법적 정의에 대한 글로, 유형자산의 권리는 명확히 규정되어 있으나, 데이터 소유권은 법적으로 불명확하며, 자료의 독특한 성질 때문에 저작권이 적용되지 않음을 설명하고 있다. 주어진 글은 '유형자산 소유권의 명확성'에 대한 내용으로, 그 다음에는 이와 대조되는 '데이터 소유권의 불명확성'에 대해 언급을 시작하는 (C)로 이어져야 한다. 그리고 (C)에서 언급하고 있는 '고유한 특성'에 대한 내용을 (A)에서 구체적으로 설명하고 있고, 이어서 (B)에서도 특성에 대해서 추가적으로 설명하고 있다. 따라서 글의 순서로 가장 적절한 것은 ③이다.

해석

유형자산의 소유권은 명확하게 정의되어 있으며, 이러한 자산의 소유권이 언제, 어떻게 이전되는지는 계약서에 명시된다.
(C) 그러나, 데이터 소유권은 법적으로 명확하게 정의되어 있지 않다. 이는 데이터가 다른 유형의 재산과는 다른 고유한 특성을 갖고 있기 때문이다.
(A) 데이터는 동일한 상태로 복사되거나 다른 플랫폼으로 이전될 수 있어, 여러 사람이 동시에 동일한 데이터를 소유할 수 있다.
(B) 또한, 체계적으로 정리된 데이터 집합은 지적 재산으로 취급될 수 있지만, 수집만 되었을 뿐 아직 가공되지 않은 비구조적 데이터는 단순한 사실과 유사해 저작권이나 소유권으로 법적 보호를 받을 수 없다.

어휘
- ownership 소유(권)
- tangible asset 유형자산
- explicitly 명확하게, 분명하게
- transfer 이전[이동]하다, 옮기다
- copyright 저작권, 판권
- define 정의하다, 규정하다
- unique 고유의, 특유의, 독특한
- characteristic 특징, 특질
- property 재산, 소유물, 부동산, 건물 (구내)

19 [독해 - 빈칸 추론] ▶ ③

정답 해설

사람마다 다른 해석(이해)을 하는 이유에 대한 글로, 사람들이 서로 다르게 이해하는 이유는 개인들 간의 경험과 기억 차이 때문이라고 설명하고 있다. 따라서 밑줄 친 부분에 들어갈 말로 가장 적절한 것은 ③이다.

해석

우리는 모두 사물을 다르게 해석하지만, 한 가지는 확실하다. 우리의 이해가 서로 다른 이유는 바로 우리의 기억이 다르기 때문이다. 우리의 경험은 결코 다른 사람들과 똑같을 수 없다. 어떤 것을 이해하려면, 우리는 자신의 기억 속에서 가장 관련 있는 항목을 찾아야 한다. Schank와 Abelson은, 이해란 적절한 지식 구조를 찾아서 이를 사용해 특정 상황에서 무엇이 일어날지를 예측하는 과정이며, 이를 통해 새로운 사건을 전형적인 관점에서 이해하게 된다고 주장했다. 예를 들어, 칵테일 파티에 대한 이야기를 들을 때, 청자는 자신의 기억 속에 있는 '칵테일 파티 대본'을 꺼내어 그런 파티에서 일어나는 전형적인 사건들을 떠올린다. 그리고 각자 서로 다른 이 대본을 바탕으로, 자신이 듣고 있는 이야기를 해석하게 된다.

① 우리는 서로 다른 목적이 있기
② 우리는 인지적 오류를 범할 수 있기
③ 우리의 기억이 다르기
④ 다른 사람들이 그들의 의도를 우리에게 납득시키기

어휘
- interpret 해석[설명]하다, 이해하다
- related 관련된
- argue 주장하다, 입증하다, 언쟁을 하다, 다투다
- perspective 관점, 시각, 균형감, 원근법
- typical 전형적인, 대표적인
- script 대본, 원고

20 [독해 - 빈칸 추론] ▶ ④

정답 해설

문해력 교육의 중요성과 문제점에 대한 글로, 청소년들이 중학교 때는 문해력 기술의 발전이 필요한 시기지만, 정규 읽기 교육이 이루어지지 못하고, 교사의 문해 지도 연수가 부족해 이러한 문제들이 발생하고 있음을 강조하고 있다. 이러한 문제점들의 해결 방안으로 교사 자신들의 과목에 언어 교육의 통합의 필요성을 제시하는 것이 적절하다. 따라서 밑줄 친 부분에 들어갈 말로 가장 적절한 것은 ④이다.

해석

문해력은 초등학교 고학년에서 매우 중요하다. 이 시기는 어린 청소년들이 이야기체 글쓰기에서 설명문 글쓰기로 넘어가는 시기로, 이로 인해 문해력에 대한 요구가 더욱 커지는 시기이기 때문이다. 그러나 이러한 문해력의 필요성이 커짐에도 불구하고, 많은 어린 청소년들은 중학교에 입학한 후 정규적인 읽기 수업을 받지 못한다. 그 이유 중 하나는, 초등 고학년 교사의 약 50%만이 문해 지도에 대한 연수를 받기 때문이다. 문해 지도는 읽기, 쓰기, 말하기, 듣기를 통합적으로 다루는 것으로 널리 인식된다. 더욱이, 교육과정 전반에 걸쳐 적용할 수 있는 쓰기 프로그램과 같은 구체적인 연수를 받는 교사는 훨씬 더 적다. 그 결과, 많은 교사들이 교과 내용과 연계된 문해력 지도 전략을 가르치는 데 충분한 준비가 되어 있지 않다. 초등학교 고학년에서 교과 통합 교육과정이 점점 더 강조되고 있는 상황에서, 과목에 관계없이 모든 교사는 자신의 과목 영역에 언어 교육을 통합할 것을 요구받고 있다.

① 효과적인 표준화된 시험 방법을 개발할
② 수업에서 기술 발전을 활용할
③ 서로 다른 과목 영역 간의 연결을 만들
④ 자신의 과목 영역에 언어 교육을 통합할

어휘
- upper elementary 초등 고학년
- adolescent 청소년
- narrative 이야기, 기술, 서술
- expository 설명적인
- literacy 문해력, 글을 읽고 쓸 줄 아는 능력
- instruction 설명, 지시
- span 걸치다, 걸쳐 이어지다, 기간, 시간
- curriculum 교육과정
- emphasis 강조, 역점
- regardless of ~에 관계없이[상관없이]

영어 정답 및 해설

---

01 [어휘-빈칸] ▶ ②

난이도 하

정답 해설

건물의 사소한 유지보수 문제를 간과한다는 문맥으로 보아 시간이 지나면서 문제가 '악화된다'는 내용이 자연스러우므로 빈칸에는 ②가 가장 적절하다.

어휘

★ aggravate 악화시키다, 화나게 하다
● revive 회복시키다, 소생하다
● inquire 묻다, 문의하다
● ameliorate 개선하다

해석

건물의 사소한 유지보수 문제를 간과하면 시간이 지나면서 문제가 <u>악화되어</u> 비용이 많이 드는 수리가 필요할 수 있다.

02 [어휘-빈칸] ▶ ④

난이도 상

정답 해설

30편 이상의 소설, 수많은 기사, 그리고 영향력 있는 에세이를 발표했다는 문맥으로 보아 그 작가는 '다작' 경력으로 유명하다는 내용이 자연스러우므로 빈칸에는 ④가 가장 적절하다.

어휘

★ prolific 다산의, 다작의, 비옥한
● superficial 표면상의, 피상적인
● infamous 악명 높은
● detrimental 해로운

해석

<u>다작의</u> 경력으로 유명한 이 작가는 30편 이상의 소설, 수많은 기사, 영향력 있는 에세이를 출간하여 결국 당대의 문학의 아이콘으로서 세계적인 인정을 받게 되었다.

03 [문법-빈칸] ▶ ①

난이도 하

정답 해설

[적중 포인트 023] 목적어 뒤에 특정 전치사를 수반하는 3형식 타동사 ★★★☆☆
금지·방해 동사(keep, stop, prevent, prohibit, inhibit, deter, dissuade, discourage)는 목적어 뒤에 from -ing의 구조를 써야 한다. 따라서 밑줄 친 부분에 가장 적절한 것은 ①이다.

해석

새로운 규정은 요구된 안전 기준을 충족하지 않는 제품을 회사들이 출시하는 것을 막을 것이다.

04 [문법-밑줄] ▶ ①

난이도 중

정답 해설

① [적중 포인트 080] 부사절 접속사의 구분과 특징 ★★★☆☆
문장에서 부사절은 주절의 앞 또는 뒤에 놓일 수 있고 의미에 따라 올바른 부사절 접속사의 선택과 전치사와 부사절 접속사의 차이를 구분할 수 있어야 한다. while은 시간 접속사로 주어와 동사 완전 구조를 취하거나 분사구문과 함께 쓰일 수 있지만 명사를 취할 때는 전치사 during을 쓴다. 따라서 밑줄 친 부분의 while을 during으로 고쳐야 한다.

오답 해설

② [적중 포인트 016] 수량 형용사와 명사의 수 일치 ★★★☆☆
수와 양을 나타내는 수량 형용사는 명사에 따라 다르게 쓰이기 때문에 수량 형용사와 명사의 수 일치에 주의한다. 밑줄 친 부분의 companies는 many의 수식을 받는 명사로 복수명사가 올바르게 쓰였다.

③ [적중 포인트 076] if 생략 후 도치된 가정법 ★★★★☆
주절에 '주어 would/should/could/might have p.p.'가 나오면 if를 포함한 절에는 'if 주어 had p.p.'로 쓰고 if 생략 후 도치되면 'Had+주어+과거분사~'로 써야 한다. 따라서 밑줄 친 부분의 Had는 올바르게 쓰였다.

④ [적중 포인트 062] to부정사의 부사적 역할 ★★☆☆☆
밑줄 친 부분을 포함한 문장에 이미 동사가 있으므로 동사가 아닌 준동사가 필요하고 맥락상 '경제적 불확실성의 시기에 재정적 회복력을 강화하기 위해'라는 내용이 자연스러우므로 밑줄 친 부분의 to enhance는 올바르게 쓰였다.

해석

지난 경제 침체 동안, 많은 회사들이 부실한 재정 계획으로 인해 생존하기 위해 고군분투했다. 회사가 투자 포트폴리오를 다양화했더라면, 불황 속에서도 수익을 유지하면서 막대한 손실을 피할 수 있었을 것이다. 그 결과, 그 후 기업들은 경제적 불확실성의 시기에 재정적 회복력을 강화하기 위해 위험 관리 전략을 우선시하게 되었다.

05 [문법-밑줄] ▶ ②

난이도 상

정답 해설

② [적중 포인트 081] 주의해야 할 부사절 접속사 ★★☆☆☆
so that은 '~하기 위해서'라는 목적의 의미를 나타내는 접속사이므로 주어진 문장에서 쓰일 경우 '생산 중에 문제가 발생하도록 소프트웨어를 정기적으로 업데이트 했다'라는 내용을 전달하기 때문에 적절하지 않다. 따라서 밑줄 친 부분의 so that을 '~하지 않도록'이라는 의미를 전달하는 lest로 고쳐야 한다.

오답 해설

① [적중 포인트 051] 동명사의 명사 역할 ★★★★★
동명사는 명사적 역할로 문장에서 주어, 목적어, 보어로 쓰인다. 따라서 밑줄 친 부분의 preventing은 문장의 주어 자리에 쓰인 동명사로 올바르게 쓰였다.

③ [적중 포인트 067] 주의해야 할 조동사와 조동사 관용 표현 ★★★☆☆
'조동사 have p.p.' 구조는 과거에 후회나 유감 또는 추측을 나타낼 때 쓰인다. 밑줄 친 부분은 맥락상 개발 주기의 초기 단계에서 잠재적인 버그를 잡기 위해 더 포괄적인 테스트 프로세스가 구현되었어야 했다는 내용이 적절하다. 따라서 밑줄 친 부분의 should는 올바르게 쓰였다.

④ [적중 포인트 025] to부정사를 목적격 보어로 취하는 대표 5형식 타동사 ★★★★☆
allow는 5형식 타동사로 쓰일 때 목적격 보어 자리에 to부정사나 원형부정사를 쓸 수 있다. 따라서 밑줄 친 부분의 to minimize는 원형부정사로 올바르게 쓰였다.

해석

현대 소프트웨어 개발에서, 생산 중에 문제를 예방하는 것은 원활한 운영을 유지하는 데 매우 중요하다. 매니저는 생산 중에 문제가 발생하지 않도록 소프트웨어를 정기적으로 업데이트 했다. 개발 주기의 초기 단계에서 잠재적인 버그를 잡기 위해 더 포괄적인 테스트 프로세스가 구현되었어야 했다. 선제적인 조치를 취하면 기업은 혼란을 최소화하고 더 안정적이고 효율적인 소프트웨어 배포를 달성할 수 있다.

06 [생활영어-빈칸] ▶ ②

난이도 하

정답 해설

Olivia Bennett는 장소를 찾은 후 설치에 대한 준비를 하고 있고 Olivia Bennett의 질문에 Daniel Carter는 설치 전 알아야 할 규칙에 대한 답변을 해주고 있다. 따라서 밑줄 친 부분에 들어갈 말로 가장 적절한 것은 ②이다.

해석

Olivia Bennett: 안녕하세요, 방금 도착했는데 제 자리를 찾는 데 도움이 필요해요.
Daniel Carter: 환영합니다! 예약 번호를 가지고 계신가요?
Olivia Bennett: 네, 여기 있어요. 호숫가 자리를 이틀 동안 예약했어요.
Daniel Carter: 확인해볼게요. 아, 메인 길 근처에 있는 18번 자리에 배정되셨네요.
Olivia Bennett: 좋네요. 쉽게 찾을 수 있도록 지도 같은 게 있을까요?
Daniel Carter: 물론이죠! 여기 모든 자리와 시설이 표시된 지도입니다.
Olivia Bennett: 감사합니다. 자리를 세팅하기 전에 알아야 할 규칙이 있을까요?
Daniel Carter: 조용한 시간은 밤 10시부터 시작되고, 모닥불은 지정된 화덕에서만 허용됩니다.
Olivia Bennett: 알겠습니다. 도와주셔서 감사합니다.

① 저에게 다른 자리를 추천해 주실 수 있나요?
② 감사합니다. 자리를 세팅하기 전에 알아야 할 규칙이 있나요?
③ 근처에 식사할 수 있는 레스토랑이 있나요?
④ 수영장이나 여가 활동이 있나요?

07 [생활영어-빈칸] ▶ ①

난이도 중

정답 해설

A는 전화 사기를 당했다며 신고하려고 하고, B는 A의 상황에 대해 정보를 물어보며 조치를 안내하고 있다. B는 A에게 전화 사기와 관련된 중요한 정보를 확인하려고 하므로 사기와 관련된 내화 내용을 기록했는지 확인하는 것이 자연스럽다. 따라서 밑줄 친 부분에 들어갈 말로 가장 적절한 것은 ①이다.

해석

A: 안녕하세요, 보이스피싱 피해를 신고하려고 합니다.
B: 안타깝습니다. 언제 발생했나요?
A: 바로 오늘 아침이요. 은행이라고 사칭했어요.
B: 그렇군요. 돈을 보내거나 개인정보를 요구했나요?
A: 제 계좌가 정지됐다며 돈을 이체하라고 했어요.
B: 그들과 나눈 대화 내용을 기록해 두셨나요?
A: 네, 이백만 원 정도 보낸 후에야 알아차렸어요.
B: 알겠습니다. 이 사기 피해 신고서를 작성해 주세요.
A: 네. 은행에도 바로 연락해야 하나요?
B: 꼭 하셔야 합니다. 추가 거래를 막을 수 있어요.

① 그들과 나눈 대화 내용을 기록해 두셨나요?
② 이 문제는 출입국 관리사무소를 방문하셔야 합니다.
③ 저희 경찰서에서는 전화 사기에 대한 도움을 드릴 수 없습니다.
④ 이 문제를 직접 인터넷 서비스 제공업체에 신고해 주세요.

08 [독해 – 세트형 문항(홈페이지 게시글 – 세부 정보 파악)] ▶ ③

난이도 중

정답 해설

본문의 일곱 번째 문장에서 '근로자의 권리를 지키고, 직장 내 다양성과 포용성을 촉진하는 활동을 지속적으로 지원할 것을 약속한'고 언급하고 있다. 따라서 윗글의 내용과 일치하는 것은 ③이다.
① 이것은 근로자보다 정부의 노동 정책에만 전적으로 집중한다.
② 이것은 모든 근로자들보다 나이가 어린 근로자들을 더 배려한다.
③ 이것은 일시적인 지원보다는 장기적인 지원을 제공하려고 한다.
④ 이것은 근로자들 스스로 권리를 행사하는 것에 반대한다.

오답 해설

① 본문의 세 번째 문장에서 '사명은 근로자의 권리를 증진하는 것이다'고 언급하고 있으므로 일치하지 않는다.
② 본문의 네 번째 문장에서 '모든 사람이 공정하게 일할 수 있는 근무 환경을 만드는 것을 목표로 한다'고 언급하고 있으므로 일치하지 않는다.
④ 본문의 열 번째 문장에서 '교육과 용호 활동을 통해 근로자들이 자신의 목소리를 낼 수 있도록 힘을 실어준다'고 언급하고 있으므로 일치하지 않는다.

09 [독해 – 세트형 문항(홈페이지 게시글 – 유의어)] ▶ ③

난이도 하

정답 해설

밑줄 친 engagement는 '참여, 약속, 업무, 약혼'이라는 뜻으로, 문맥상 이와 의미가 가장 가까운 것은 ③ 'participation(참여, 참가, 관여)'이다.

오답 해설

① suppression 억압, 진압, 억제
② profession 직업, 직종, 공언, 선언
④ correlation 연관성, 상관관계

[08~09]

해석

페어워크 기관

사명
우리의 사명은 공정한 노동 관행을 촉진하고, 안전하고 평등한 근무 환경을 보장하는 정책을 옹호함으로써 근로자의 권리를 증진하는 것입니다. 교육, 정책 개발, 지역사회 참여를 통해 근로자들이 권한을 갖도록 돕고, 모든 사람이 공정하게 일할 수 있는 직장 환경을 만드는 것을 목표로 합니다.

비전
우리는 모든 근로자가 존중과 존엄을 받으며, 근무 환경 기준이 공정성과 포용성을 반영하는 세상을 꿈꿉니다. 우리는 근로자의 권리를 지키고, 직장 내 다양성과 포용성을 촉진하는 활동을 지속적으로 지원할 것을 약속합니다.

핵심 가치
• 공정성: 정의와 평등을 우선하는 노동 관행을 옹호합니다.
• 권한 부여: 교육과 옹호 활동을 통해 근로자들이 자신의 목소리를 낼 수 있도록 힘을 실어줍니다.
• 포용성: 다양성을 존중하고 모든 직원을 존중하는 근무 환경을 촉진합니다.

어휘
• promote 촉진하다, 홍보하다, 승진시키다
• equitable 공정한, 공평한
• workplace 직장, 업무 현장
• dignity 존엄, 위엄, 품위
• fairness 공정성
• inclusivity 포용성
• advocate 옹호하다, 지지하다
• empower 권한을 주다, 할 수 있게 하다

10 [독해 – 세트형 문항(안내문 – 제목)] ▶ ②

난이도 중

정답 해설

이 글은 그린 시티 재활용 프로그램의 시작을 알리며 주민들에게 재활용을 장려하고 있다. 그리고 재활용 프로그램 계획의 세부 사항을 상세하게 안내하고 있다. 따라서 글의 제목으로 가장 적절한 것은 ②이다.
① 재활용 재료로 만든 예술 작품을 감상하세요
② 새로운 재활용 프로그램을 확인하세요
③ 재활용 수거 날짜 일정을 확인하세요
④ 재활용을 통해 환경을 보호하는 방법을 찾아보세요

11 [독해 – 세트형 문항(안내문 – 세부 정보 파악)] ▶ ④

난이도 하

정답 해설

본문의 열네 번째 문장에서 '배터리 및 전자 폐기물은 안전상의 이유로 재활용함에 절대 넣지 마시기 바란다'고 언급하고 있다. 따라서 윗글의 내용과 일치하지 않는 것은 ④이다.

오답 해설

① 본문의 아홉 번째 문장에서 언급하고 있으므로 일치한다.
② 본문의 열두 번째 문장에서 언급하고 있으므로 일치한다.
③ 본문의 열세 번째 문장에서 언급하고 있으므로 일치한다.

[10~11]

해석

새로운 재활용 프로그램을 확인하세요

그린 시티 재활용 프로그램은 주민들이 재활용에 적극 참여하고, 소중한 환경을 보호하도록 장려하는 훌륭한 프로그램입니다. 이번 달부터, 새롭게 디자인된 재활용 수거함이 지역 내 각 가정에 순차적으로 배포될 예정입니다.

주민 여러분께서는 아래 지정된 항목별로 재활용품을 꼼꼼하게 분리해 주시기 바랍니다.
- 종이 및 판지류
- 플라스틱 및 유리병
- 금속 캔

수거 일정
- 재활용 수거는 매주 수요일에 진행되며, 꾸준하고 신뢰할 수 있는 서비스를 보장합니다.
- 모든 물품은 원활한 수거를 위해 오전 7시까지 도로변에 배출해 주시기 바랍니다.

중요 안내 사항
- 모든 병과 캔은 재활용함에 넣기 전에 반드시 깨끗이 헹궈 주시기 바랍니다.
- 부피 절감을 위해 대형 판지 상자는 반드시 납작하게 펴서 배출해 주시기 바랍니다.
- 배터리 및 전자 폐기물을 포함한 위험 물질은 안전상의 이유로 재활용함에 절대 넣지 마시기 바랍니다.

더 많은 정보 및 자료 자세한 내용은 www.greencityrecycle.com을 방문하시거나, (555) 123-4567로 문의해 주세요.

어휘
- recycling 재활용
- commendable 칭찬[인정]받을 만한
- separate 분리하다, 나누다
- reliable 신뢰할[믿을] 수 있는
- discharge 배출하다, 방출하다, 해고하다, 석방하다
- imperative 반드시 해야 하는
- rinse 헹구다, 씻어 내다
- flatten 납작하게 만들다
- hazardous 위험한

12 [독해 – 단일형 문항(전자 메일 – 목적)] ▶ ④

난이도 하

정답 해설
이 글은 Emily Davis가 호텔 내 청결 문제에 대한 해결을 요청하는 내용을 다루고 있으며, 청결 상태가 불량했던 객실 상태에 대해 조치를 취해달라고 요구하고 있다. 따라서 글의 목적으로 가장 적절한 것은 ④이다.

해석

수신인: 호텔 매니저
발신인: Emily Davis
날짜: 2026년 6월 18일
제목: 긴급한 문제

호텔 매니저님에게

저는 최근 6월 15일부터 6월 17일까지 귀 호텔에서 머물면서 유감스러운 경험을 하게 되었습니다. 전반적인 분위기와 서비스는 좋았지만, 숙박 중 심각한 문제를 겪었습니다. 객실에 들어서자마자 청결 상태가 수준 이하라는 것을 알게 되었습니다. 침구에 눈에 띄는 얼룩이 있었고, 여러 구석에 먼지가 쌓여 있었으며, 객실 전체에서 특유의 퀴퀴한 냄새가 났습니다. 시설 관리 요청을 했음에도 불구하고, 제 숙박 기간 내내 이러한 문제는 해결되지 않았습니다.

이러한 관리 부실은 제 전반적인 편안함과 만족도에 크게 부정적인 영향을 미쳤습니다. 귀 호텔이 앞으로도 일관되게 높은 청결 기준을 유지할 수 있도록 보다 철저한 시설 관리 절차를 시행하는 것이 반드시 필요하다고 생각합니다.

진심으로,
Emily Davis

어휘
- unfortunate 유감스러운, 불행한, 불운한
- ambiance 분위기, 환경
- cleanliness 청결
- subpar 보통[수준] 이하의
- stain 얼룩, 얼룩지게 하다, 더럽히다
- bedding 침구(흔히 베개와 매트리스 포함)
- musty 퀴퀴한 냄새가 나는
- housekeeping (사무실·호텔 등의) 시설 관리, 관리 업무
- throughout 내내, ~동안 쭉
- implement 시행하다
- rigorous 철저한, 엄격한

13 [독해 – 중심 내용 파악(요지)] ▶ ③

난이도 하

정답 해설
이 글은 진로 탐색에 대한 내용으로, 퍼즐을 맞추는 것처럼 전체 그림이 서서히 드러난다는 점을 설명하고 있다. 지금 당장 내 삶의 방향이나 진로를 알 수 없더라도 언젠가는 분명해질 것이니, 진로가 뚜렷해질 때까지 인내심을 가지고 계속 노력하라고 강조하고 있다. 따라서 글의 요지로 가장 적절한 것은 ③이다.

해석

여행을 시작할 때, 새로운 삶이나 경력이 어떻게 전개될지 모르는 것처럼 모든 것을 미리 아는 것은 불가능하다. 하지만 괜찮다. 퍼즐을 맞추듯이 하나하나 해결해 나가면 된다. 전체 그림이 한꺼번에 보이는 것이 아니라, 점차 드러나는 과정이기 때문이다. 어떤 조각들은 쉽게 맞춰지지만, 어떤 조각들은 더 많은 노력과 인내가 필요할 수도 있다. 때로는 완전히 새로운 영역을 열어주는 신나는 조각을 발견할 때도 있고, 어디에도 맞지 않을 것 같은 조각을 찾을 때도 있다. 중요한 것은 그림이 완성될 때까지 계속 나아가는 것이며, 그러면 마침내 자신이 이뤄낸 것을 뚜렷하게 보게 될 것이다.

① 과거의 실패를 미래 성공을 위한 기반으로 삼아야 한다.
② 다양한 가능성을 고려하면서 미래를 준비해야 한다.
③ 자신의 진로가 분명해질 때까지 인내심을 갖고 탐색해야 한다.
④ 다양한 활동을 경험해 자신만의 강점을 빠르게 찾아야 한다.

어휘
- journey 여행
- in advance 미리, 전부터
- unfold 전개되다, 펼치다, 밝히다
- straightforward 쉬운, 간단한, 솔직한
- patience 인내심, 참을성

14 [독해 – 중심 내용 파악(주제)] ▶ ④

난이도 중

정답 해설
자연 재해에 대처하는 건축 규정에 대한 내용으로, 규정은 위험 요소로부터의 부정적인 영향을 줄일 수 있지만, 엄격한 규정만으로는 심각한 피해를 방지하기 어려우며, 지진이 발생했을 때 경제적 피해를 줄이는 데 효과적이지 않다는 점과 공공 정책에서 비롯된 만큼 불균형하게 적용될 수 있다는 한계가 있다는 내용을 담고 있다. 따라서 글의 주제로 가장 적절한 것은 ④이다.

해석

건축 규정은 자연 재해의 부정적 영향을 완화하는 데 중요한 역할을 한다. 예를 들어, 허리케인 스트랩은 열대성 폭풍으로 인한 강한 바람 동안 지붕을 건물에 고정하는 데 도움이 되어 수해를 최소화할 수 있다. 그러나 다른 모든 공학적 해결책과 마찬가지로, 이러한 규정에도 한계가 있다. 1992년 허리케인 앤드류가 남부 플로리다를 강타한 후, 엄중한 건축 규정조차도 상당한 파괴를 완전히 막을 수는 없다는 점이 분명해졌다. 또한, 내진 규정은 주로 건물이 붕괴되는 것을 막는 데 초점을 맞추지만, 대규모 지진 후에도 계속 거주할 수 있을 정도로 안전성을 보장하지는 않는다. 이러한 정책은 지진 발생 시 생존 가능성을 높이는 데는 기여하지만, 경제적 피해를 효과적으로 줄이진 못한다. 게다가, 건축법규는 공공 정책에서 비롯되며, 지역마다 적용이 고르지 않아 무시되거나 제대로 시행되지 않을 가능성도 있다.

① 건축 규정과 기준을 적용하는 것의 중요성
② 건축 규정에 기후 고려 사항을 통합할 필요성

③ 건축 규정에 대한 일관된 기술 기준의 수립

④ 자연 재해의 영향을 완화하는 데 있어 건축 규정의 한계

어휘

- regulation 규정, 규제, 통제, 단속
- mitigate 완화[경감]시키다
- natural disaster 자연 재해
- tropical 열대의, 열대 지방의
- minimize 최소화하다, 축소하다
- shortcoming 결점, 단점
- stringent 엄중한, 긴박한, 절박한
- destruction 파괴, 파멸
- collapse 붕괴되다, 무너지다
- guarantee 보장하다, 약속하다
- earthquake 지진
- repercussion 영향
- enforcement 시행, 집행

15 [독해 – 세부 정보 파악(내용 불일치)] ▶ ③

난이도 중

정답 해설

본문의 열세 번째 문장에서 '카약과 자전거 대여가 가능하다'고 언급됐지만 대여 시간에 대해서는 언급되지 않았다. 따라서 윗글의 내용과 일치하지 않는 것은 ③이다.

오답 해설

① 본문의 네 번째 문장에서 언급하고 있으므로 일치한다.
② 본문의 일곱 번째 문장 그리고 여덟 번째 문장에서 언급하고 있으므로 일치한다.
④ 본문의 열네 번째 문장에서 언급하고 있으므로 일치한다.

해석

Meadow 캠핑장에서 가족과 친구들과 함께 즐거운 휴식을 만끽하세요. 전원의 매력을 느끼며 다양한 야외 활동도 경험할 수 있는 완벽한 여행지입니다. 캠핑장은 넓은 초원으로 둘러싸여 있어 편안한 휴식을 취하기에 안성맞춤입니다. 최근에는 카약을 즐길 수 있는 작은 연못과 편리한 자전거 대여소도 새롭게 마련되었습니다.

기본 시설
- 최신식 화장실과 샤워실
- 바비큐 시설 및 그늘진 피크닉 테이블
- 식수대

예약 및 문의
- 전화: 010-4567-8901
- 이메일: sunnymeadow@campingpark.com

추가 정보
- 카약과 자전거 대여가 가능합니다.
- 규정에 따르면, 외부에서의 조리는 금지되어 있습니다.

Sunny Meadow Camping Park에서 자연과 함께 잊지 못할 추억을 만들어 보세요!

① 최근에 자전거 대여소가 추가되었다.
② 바비큐 시설과 식수대를 이용할 수 있다.
③ 카약을 대여할 수 있는 시간이 정해져 있다.
④ 야외 조리는 별도로 허용되지 않는다.

어휘

- relaxation 휴식, 완화
- countryside 전원 지대, 시골 지역
- meadow 초원, 목초지
- drinking water 식수, 음료수
- prohibit 금하다, 금지하다

16 [독해 – 문장 제거] ▶ ④

난이도 중

정답 해설

아이가 내는 짜증에 대한 글로, 아이가 강렬한 감정으로 인해 자신의 기분을 억누르지 못하는 상황에서 어떤 방식으로 대처하는 것이 최선인지를 논의하고 있다. 나머지 문장들은 아이가 짜증을 내는 상황에 대한 원인과 대책에 대해 설명하고 있지만, ④번 문장만 어린 시절의 기억이 세상을 이해하는 방식에 영향을 준다는 내용으로 글의 주제와 관련이 없다. 따라서 글의 흐름상 어색한 문장은 ④이다.

해석

아이들은 좌절감, 슬픔, 또는 다른 극심한 감정들로 인해 감정적인 뇌의 일부가 지나치게 활성화되면 자신의 감정을 조절하는 데 어려움을 겪는다. ① 이때 아이들은 짜증을 내기 쉬워지고, 아이가 갇힌 기분을 느끼며 지시를 따르지 못하거나, 부모가 감당하기 어려운 말들을 하게 되는 상황이 벌어질 수 있다. ② 쉽게 말해, 아이는 이성적인 면과 단절된 상태에 있는 것이다. ③ 아이가 진정하고 다시 명확한 상태로 돌아올 수 있도록 돕기 위해, 포옹을 해주고 상황에 공감해주는 것이 감정의 강도를 낮추는 가장 효과적인 방법이다. (④ 어린 시절의 기억은 뇌에 형성되어 저장되며, 이는 세상을 이해하는 방식에 영향을 준다.) 따뜻한 말 한마디는 이러한 감정적 상태와 이성적 상태 사이의 간격을 메워주어, 아이의 이성적 뇌가 감정을 진정시키거나, 최소한 부모의 말을 들을 수 있도록 돕는다.

어휘

- emotional 감정적인, 정서의
- frustration 좌절감, 불만
- intense 극심한, 강렬한
- irritable 짜증을 잘 내는, 화가 난
- clarity 명확성, 명료성
- empathizing 공감하다
- childhood 어린 시절
- soothe 진정시키다, 달래다

17 [독해 – 문장 삽입] ▶ ①

난이도 상

정답 해설

제품 원산지에 대한 소비자의 인식에 대한 글로, 소비자들은 제품의 출처에 따라 품질을 다르게 인식하며, 일부는 자국 제품의 우수성을 믿고 외국 브랜드보다 더 높은 품질로 평가하고 있음을 설명하고 있다. 주어진 문장은 소비자들이 '외국 브랜드의 품질을 더 높게 평가하는 경향'에 대한 진술로, ② 뒤에 나오는 상반되는 내용인 '자국 제품을 더 높게 평가하는' 내용과 대조를 이루는 것이 자연스럽다. 따라서 주어진 문장이 들어갈 위치로 가장 적절한 것은 ①이다.

해석

제품의 원산지에 대한 지식은 소비자들의 제품에 대한 인식에 영향을 줄 수 있다. (① 예를 들어, 개발 도상국의 소비자들은 외국 브랜드로 인식되는 제품이 더 높은 품질을 가졌다고 믿는 경향이 있다.) 반대로, 일부 국가의 소비자들은 자국에서 생산된 제품이 다른 나라에서 생산된 제품보다 더 우수하다고 생각하기도 한다. (②) 예를 들어, 일본 소비자들은 일본 제품이 미국 제품보다 품질이 더 좋다고 믿는 경향이 있다. (③) 따라서, 한 여행 가방 회사는 일본에서 설계·제작된 제품이라는 점을 강조하여 일본에서 더 비싼 여행 가방을 판매하려 한다. (④) 소비자들은 브랜드 정보에 대한 처리 동기가 낮거나, 정보를 처리할 때 원산지 정보에 초점을 맞추는 경우, 브랜드의 원산지에 기반한 추론을 하는 경향이 더 크다.

어휘

- developing country 개발 도상국
- perceive 인식하다, 인지하다
- influence 영향을 주다[미치다]
- domestic 국내의, 가정(용)의
- emphasize 강조하다, 역설하다
- inference 추론
- motivation 동기, 이유

18 [독해 - 순서 배열] ▶ ③

난이도 하

정답 해설

무대의 긴장감을 극복하는 과정에 대한 글로, 주어진 글은 주인공이 무대에 오르는 순간을 설명하고 있고, 그 다음으로 연주를 준비하는 과정이 이어져야 한다. 먼저 (C)에서 긴장된 상태에서 손을 피아노 건반 위에 올리고, (A)에서 연주를 시작하며 점차 자신감을 찾는 내용으로 이어지며, 마지막으로 (B)에서 연주를 끝마치고 박수를 받는 장면으로 마무리하는 것이 자연스럽다. 따라서 글의 순서로 가장 적절한 것은 ③이다.

해석

나는 깊게 숨을 들이쉬고 무대에 올랐다. 밝은 불빛이 잠시 앞이 안 보이게 만들었고, 심장이 가슴 속에서 세차게 뛰었다.
(C) 내가 피아노 건반 위에 손을 올리자, 손은 점점 떨렸고, 다시 한 번 심호흡을 하며 마음을 진정시키려고 노력했다.
(A) 처음 몇 음을 연주하는 동안에도 손가락은 계속 떨렸지만, 선율에 더 집중하면서 점차 자신감을 얻었다.
(B) 내가 연주를 끝냈을 때, 방 안은 잠시 침묵에 빠졌다가 곧 박수 갈채로 터져 나왔다. 나는 안도하며 자부심을 느끼며 미소 지었다.

어휘

• blind (잠시) 앞이 안 보이게 만들다
• pound (심장·피가) 세차게[쿵쿵] 뛰다
• note 음, 음표
• tremble 떨다, 흔들리다
• confidence 자신(감), 확신
• silent 묵을 지키는, 조용한
• applause 박수 (갈채)

19 [독해 - 빈칸 추론] ▶ ④

난이도 중

정답 해설

프로젝트 팀 내의 의견 차이에 대한 글로, 본문에서는 프로젝트 매니저들이 갈등이 발생하는 것에 놀라지 말고 오히려 갈등을 예상하고 초기에 해결해야 한다고 강조하고 있다. 따라서 밑줄 친 부분에 들어갈 말로 가장 적절한 것은 ④이다.

해석

프로젝트 매니저는 팀 내에서 갈등이 발생했을 때 놀라지 말아야 한다. 대신에, 갈등을 예상해야 한다. 만약 의견 충돌이 드러나지 않는다면, 리더들은 이를 적극적으로 찾아야 할 이유는 두 가지다. 첫째, 서로 다른 의견은 프로젝트와 그 실행에 대해 가치 있는 통찰을 제공할 수 있다. 프로젝트에 대해 성급한 결정을 내리는 것은 피해야 하지만, 리더들은 항상 혁신적인 아이디어에 열려 있어야 한다. 둘째, 갈등을 초기에 해결하면 프로젝트가 진행되면서 더 쉽게 해결할 수 있다. 팀원들은 서로 다른 의견을 가질 수 있지만, 대체로 자신의 생각이 인정받고 반영되기를 원한다. 팀은 이러한 차이점을 해결하기 위해 프로젝트 매니저가 나서기를 기대하며, 자신의 의견이 존중받았다고 느끼면 프로젝트 매니저를 더욱 신뢰하게 된다.

① 어려움에 직면할 때 낙담하지
② 팀원들이 자신의 생각을 공유하는 것을 막지
③ 팀원들과 문제를 논의하는 것을 피하지
④ 팀 내에서 갈등이 발생할 때 놀라지

어휘

• project manager 프로젝트 관리자
• anticipate 예상하다, 예측하다
• disagreement 의견 충돌, 다툼, 불일치
• identify 찾다, 발견하다, 확인하다, 알아보다
• execution 실행, 수행, 처형, 사형
• conflict 갈등, 충돌
• acknowledge 인정하다
• facilitate 가능하게[용이하게] 하다
• respect 존중하다, 존경하다

20 [독해 - 빈칸 추론] ▶ ①

난이도 중

정답 해설

후회가 향후 과제 수행에 미치는 영향에 대한 글로, 본문에서는 연구 결과로 후회가 참가자들의 성과에 긍정적인 영향을 미쳤다고 강조하며 사람들이 다음번에 좀 더 잘하기 위해 노력하게 만드는 경향이 있음을 설명하고 있다. 따라서 밑줄 친 부분에 들어갈 말로 가장 적절한 것은 ①이다.

해석

연구자들이 진행한 한 연구에서, 참가자들은 10개의 철자 순서를 바꾼 말을 풀어야 했다. 참가자들이 과제를 완료한 후, 연구자들은 참가자들에게 가능한 단어 중 일부만 찾아냈다고 알렸다. 그리고 참가자들에게 자신의 실제 수행을 되돌아보고, 어떻게 하면 향상시킬 수 있을지 사려해 보라고 권유했다. 그들은 "어떻게 하면 더 잘할 수 있었을지 생각해 보세요"라고 제안했다. 자신의 성과에 대해 후회를 느낀 참가자들은 자신의 성과에 집중하도록 요청받은 참가자들과는 다른 방식으로 행동했다. 흥미롭게도, 후회를 경험한 그룹은 더 열심히 노력했고 다음 라운드에서 더 많은 철자 순서를 바꾼 말을 완성했다. 이것은 후회에 대한 중요한 통찰을 보여주며, 이는 동기를 높일 수 있으며, 이는 종종 전반적인 수행 능력 향상으로 이어진다.

① 동기를 높일 수 있으며
② 획기적인 사고를 방해할 수 있으며
③ 불필요한 작업을 피할 수 있게 해주며
④ 시간 관리 능력을 향상시키도록 유도하며

어휘

• participant 참가자
• anagram 암호, 글자 수수께끼, 철자 바꾸기(단어의 철자를 바꿔 만든 다른 단어)
• portion 일부, 부분
• encourage 권유하다, 장려하다, 격려하다
• actual 실제의
• regret 후회, 유감, 후회하다
• complete 완성하다, 완료하다, 끝마치다
• insight 통찰력, 이해
• improved 향상된, 개선된

영어 정답 및 해설

☑ 제5회 모의고사

01 ④	02 ②	03 ③	04 ④	05 ④
06 ①	07 ③	08 ②	09 ②	10 ④
11 ③	12 ③	13 ②	14 ④	15 ③
16 ②	17 ①	18 ③	19 ④	20 ①

01 [어휘-빈칸]
▶ ④

난이도 중

정답 해설

원격 근무가 직원들에게 더 큰 유연성을 제공하고 기업에는 운영 비용 절감을 가져다준다는 문맥으로 보아 원격 근무는 많은 산업에서 '일반적이다'는 내용이 자연스러우므로 빈칸에는 ④가 가장 적절하다.

어휘

★ prevalent 일반적인, 널리 퍼져있는
● skeptical 의심 많은, 회의적인
● solitary 혼자의, 고독한, 외로운
● desperate 절망적인, 필사적인

해석

원격 근무는 많은 산업에서 일반적이며, 직원들에게 더 큰 유연성을 제공하고 기업에는 운영 비용 절감을 가져다준다.

02 [어휘-빈칸]
▶ ②

난이도 중

정답 해설

신뢰와 투명성을 구축한다는 문맥으로 보아 '믿을 만하고' 신뢰할 수 있는 정보를 제공한다는 내용이 자연스러우므로 빈칸에는 ②가 가장 적절하다.

어휘

★ authentic 믿을 만한, 진정한, 진짜의
● inferior 더 낮은, 아래의, 하위의, 손아래의
● immortal 죽지 않는, 불멸의
● anonymous 익명의, 신원 불명의

해석

정부는 모든 행정 절차와 결정에서 신뢰와 투명성을 구축하기 위해 대중에게 믿을 만하고 신뢰할 수 있는 정보를 제공하는 것의 중요한 중요성을 강조한다.

03 [문법-빈칸]
▶ ③

난이도 중

정답 해설

[적중 포인트 047] 다양한 3형식 동사의 수동태 구조 ★★★★☆
밑줄 친 부분은 동사 자리이다. 맥락상 그 자전거 운전자가 무모한 운전자에게 치였다는 의미가 적절하므로 run over의 수동태형이 들어가는 것이 적절하고 수동태 구조에서 행위자를 나타낼 때는 전치사 by를 써야 하므로 밑줄 친 부분에 들어갈 말로 가장 적절한 것은 ③이다.

해석

자전거 운전자는 교통 신호를 무시하고 교차로를 과속한 무모한 운전자에게 치였다.

04 [문법-밑줄]
▶ ④

난이도 상

정답 해설

④ [적중 포인트 001] 문장의 구성요소와 8품사 ★★★★☆
주어, 목적어, 보어 자리에는 동사가 아닌 명사나 대명사가 쓰여야 한다. 밑줄 친 부분은 동사가 아닌 주어 자리이므로 밑줄 친 부분의 embrace를 embracing 또는 to embrace로 고쳐야 한다.

오답 해설

① [적중 포인트 079] 명사절 접속사의 구분과 특징 ★★★☆☆
what은 명사절 접속사로 주어, 목적어, 보어 자리에 쓰이며 불완전한 구조를 취한다. 따라서 밑줄 친 부분의 what은 find 뒤에 주어가 없는 불완전한 절을 이끌며 what절이 동사 is 앞에 쓰여 주어 역할을 하고 있으므로 올바르게 쓰였다.

② [적중 포인트 084] 관계대명사 주의 사항 ★★★☆☆
주격 관계대명사 뒤의 동사는 선행사와 수 일치한다. 밑줄 친 부분의 that은 traditional energy sources를 선행사로 하고 있으므로 복수 동사인 rely는 수 일치가 올바르게 쓰였다.

③ [적중 포인트 060] to부정사의 명사적 역할 ★★★★☆
fail은 to부정사를 목적어로 취하는 특정 3형식 타동사이므로 밑줄 친 부분은 올바르게 쓰였다.

해석

재생 가능 에너지 프로젝트를 필수적으로 만드는 것은 유한한 자원에 의존하는 전통적 에너지원과 달리 장기적인 비용을 줄일 수 있는 가능성이다. 지속 가능한 에너지에 투자하지 않는 국가는 경제 성장에서 글로벌 경쟁자들에게 뒤처질 위험이 있다. 녹색 기술을 수용하는 것이 현대 세계에서 경제적 안정을 유지하는 데 중요한 요소가 되었다는 것은 부인할 수 없다.

05 [문법-밑줄]
▶ ④

난이도 중

정답 해설

④ [적중 포인트 045] 능동태와 수동태의 차이 ★★★★★
밑줄 친 부분을 포함한 문장에서 '선생님으로부터 더 많은 피드백을 받았다'는 내용이 맥락상 적절하고 밑줄 친 부분의 receive는 타동사이므로 목적어를 취하지 않으면 능동형이 아닌 수동형으로 써야 하므로 received를 was received로 고쳐야 한다.

오답 해설

① [적중 포인트 086] 관계부사의 선행사와 완전 구조 ★★★☆☆
관계부사는 선행사에 따라 다르고 뒤에 완전 구조를 이끈다. 따라서 밑줄 친 부분의 where는 장소의 의미를 갖는 선행사인 attempts를 수식하고 뒤에 완전 구조를 취하고 있으므로 올바르게 쓰였다.

② [적중 포인트 019] 주어만 있으면 완전한 1형식 자동사 ★★★☆☆
& [적중 포인트 054] 분사 판별법[현재분사 vs 과거분사] ★★★★★
타동사가 목적어를 취하고 있으면 현재분사로 써야 하고, 'result in'은 '야기하다, 초래하다'의 뜻으로 뒤에는 결과에 해당하는 내용이 나오므로 밑줄 친 부분의 resulting in은 올바르게 쓰였다.

③ [적중 포인트 074] 가정법 과거완료 공식 ★★★★★
가정법 과거완료는 if를 포함한 절에는 'if 주어 had p.p.'가 나오면 주절에 '주어 would/should/could/might have p.p.'로 쓴다. 따라서 밑줄 친 부분의 would have suffered는 올바르게 쓰였다.

해석

이전 시도들과는 달리, 과제들이 지각 제출되었던 곳에서, 이번에는 학생이 모든 것을 제때 제출하여, 더 높은 전체 점수를 얻었다. 자세한 계획과 규칙적인 복습을 포함한 새로운 공부 전략이 그의 성과를 향상시키는 데 도움이 되었다. 만약 그가 계속해서 미루기만 했다면, 그의 성적은 이전 학기들에서처럼 나빠졌을 것이다. 그는 제때 과제를 제출했기 때문에, 선생님으로부터 더 많은 피드백을 받았고, 그로 인해 그의 향상이 가속화되었다.

06 [생활영어-빈칸] ▶ ①

정답 해설

빈칸의 앞부분에서는 A가 예약 시간과 의사에 대해 확인하고, 대기 장소에 대해 문의하고 있다. B는 이를 확인하고 환자에게 대기할 위치를 안내해야 하므로 환자에게 대기 장소를 명확히 안내하는 것이 자연스럽다. 따라서 밑줄 친 부분에 들어갈 말로 가장 적절한 것은 ①이다.

해석

> A: 실례합니다. 오늘 아침에 예약이 있습니다.
> B: 어서 오세요! 성함과 예약 시간을 알려주시겠어요?
> A: 네, 제 이름은 Sarah Kim이고, 예약 시간은 10시입니다.
> B: 확인해볼게요… 네, 내과의 이 박사님 진료 예약 맞으시네요.
> A: 좋네요. 제 차례를 기다리려면 어디로 가야 하나요?
> B: <u>이 층의 오른쪽에 있는 대기 구역으로 가시면 됩니다.</u>
> A: 감사합니다. 그런데 예상 대기 시간이 얼마나 되나요?
> B: 앞에 몇 명의 환자가 있어서 약 20분 정도 걸릴 것 같습니다.
> A: 괜찮아요. 그리고 제 보험이 등록되어 있는지도 확인할 수 있을까요?
> B: 물론이죠. 지금 확인해 드리겠습니다.
> A: 오늘 도와주셔서 정말 감사합니다.
> B: 천만에요. 필요하신 게 있으면 언제든 말씀하세요.

① 이 층의 오른쪽에 있는 대기 구역으로 가시면 됩니다.
② 먼저 접수처에서 예약을 확인해 주세요.
③ 저희는 환자들을 위한 대기 공간을 제공하지 않습니다.
④ 한 시간 후에 다시 와서 체크인해 주세요.

07 [생활영어-빈칸] ▶ ③

정답 해설

앞부분에서는 Sarah Wilson이 티켓 변경을 요청하고 있으며, 빈칸 뒷부분에서는 James Parker가 변경 처리를 해주었다. 따라서 James Parker는 문제 없이 바로 여행 날짜를 변경할 수 있다고 대답하는 것이 자연스러우므로 밑줄 친 부분에 들어갈 말로 가장 적절한 것은 ③이다.

해석

> Sarah Wilson: 실례합니다. 제 승차권 때문에 도움을 좀 받고 싶은데요.
> James Parker: 네, 어떤 문제가 있으신가요?
> Sarah Wilson: 실수로 온라인에서 날짜를 잘못 예약했어요. 변경할 수 있나요?
> James Parker: 예약 확인해드릴게요. 표 번호 보여주시겠어요?
> Sarah Wilson: 여기 있습니다. 다음 주가 아니라 내일로 가야 해서요.
> James Parker: <u>문제없습니다. 지금 바로 여행 날짜를 변경할 수 있습니다.</u>
> Sarah Wilson: 감사합니다. 날짜 변경에 추가 요금이 있나요?
> James Parker: 출발 24시간 이전에 변경하시면 추가 요금은 없습니다.

① 이곳에서는 티켓 관련 문제를 처리하지 않습니다.
② 죄송합니다만, 모든 변경은 온라인에서만 가능합니다.
③ 문제 없습니다. 지금 바로 여행 날짜를 변경할 수 있습니다.
④ 티켓 변경은 분실물 보관소로 가서 처리해 주세요.

08 [독해 – 세트형 문항(전자 메일 – 목적)] ▶ ②

정답 해설

이 글은 James Carter가 배송 받은 커피 메이커 상품이 결함이 있어서 반품 및 환불을 요청하고 있다. 따라서 글의 목적으로 가장 적절한 것은 ②이다.

09 [독해 – 세트형 문항(전자 메일 – 유의어)] ▶ ②

정답 해설

밑줄 친 defective는 '결함[결점]이 있는, 모자란'이라는 뜻으로, 문맥상 이와 의미가 가장 가까운 것은 ② 'faulty(결함이 있는, 잘못된)'이다.

오답 해설

① flawless 흠[결점]이 없는, 완벽한, 완전한
③ silent 말을 안 하는, 조용한
④ durable 내구성이 있는

[08~09]

해석

> 수신인: 고객 지원팀
> 발신인: James Carter
> 날짜: 2026년 11월 20일
> 제목: 긴급 요청
>
> 고객 지원팀 담당자님께,
>
> 저는 귀사의 온라인 스토어에서 최근 구매한 제품에 대해 불만을 제기하기 위해 글을 씁니다. 11월 5일에 커피 메이커(모델: CM-200)를 120달러에 주문했고, 11월 8일에 배송받았습니다. 하지만, 제품은 처음 사용한 이후로 제대로 작동하지 않았습니다. 커피 메이커는 가열이 되지 않고, 바닥에서 물이 새어 나와 사용할 수 없는 상태입니다.
>
> 저는 제품을 거칠게 다룬 적이 없으며, 사용 설명서도 정확히 따랐습니다. 11월 10일과 12일에 귀사의 웹사이트 고객지원 페이지를 통해 해당 문제를 신고했으나, 아직까지 아무런 응답을 받지 못했습니다. 이 문제를 해결하기 위해, 저는 불량 제품의 무료 반품과 전액 환불 또는 교환을 요청합니다. 제 영수증, 주문 확인서, 그리고 불량 제품의 사진도 참고하실 수 있도록 첨부했습니다.
>
> 11월 30일까지 답변을 주시기 바랍니다. 그때까지 만족스러운 해결책을 받지 못할 경우, 이 문제를 소비자 보호원에 알릴 수밖에 없습니다.
>
> 진심으로,
> James Carter

어휘

- dissatisfaction 불만
- recent 최근의
- leak 새다, 누출하다
- unusable 사용할 수가 없는
- mishandle 거칠게[조심성 없이] 다루다, 잘못 처리[관리]하다
- resolve 해결하다, 결심하다
- refund 환불하다, 환불
- replacement 교체, 대체
- notify 알리다, 통지하다

10 [독해 – 세트형 문항(안내문 – 제목)] ▶ ④

정답 해설

이 글은 세계의 다양한 음식과 문화를 기념하는 행사에 초대하는 내용으로, 행사 소개 및 세부 사항을 안내하고 있다. 따라서 글의 제목으로 가장 적절한 것은 ④이다.

① 전통 요리의 비법을 발견하세요
② 지역의 숨은 장인들을 만나보세요
③ 현대 미술과 혁신을 기념하세요
④ 음식과 문화를 통해 세계를 경험하세요

11 [독해 – 세트형 문항(안내문 – 세부 정보 파악)] ▶ ③

정답 해설

본문의 열다섯 번째 문장에서 '무료 시식 코너를 이용할 수 있다'고 언급됐지만 요리 강습에 대한 내용은 언급되지 않았다. 따라서 윗글의 내용과 일치하지 않는 것은 ③이다.

오답 해설

① 본문의 세 번째 문장에서 언급하고 있으므로 일치한다.
② 본문의 여섯 번째 문장 그리고 여덟 번째 문장에서 언급하고 있으므로 일치한다.
④ 본문의 열여섯 번째 문장에서 언급하고 있으므로 일치한다.

[10~11]

해석

음식과 문화를 통해 세계를 탐험하세요

글로벌 음식 & 문화 박람회에 여러분을 초대하게 되어 매우 기쁩니다. 이번 박람회는 전 세계의 음식, 전통, 그리고 다양한 예술 공연을 한자리에서 즐길 수 있는 활기찬 축제입니다. 서로 다른 배경을 가진 사람들이 모여, 다양한 문화의 풍성함을 함께 즐기는 자리이니, 꼭 날짜를 기억해 두시고 잊지 못할 경험을 함께하세요!

행사 상세 안내
• 일정: 11월 10일 ~ 11월 12일
• 시간: 오전 11시 ~ 오후 9시 (금요일 & 토요일)
　　　　오전 11시 ~ 오후 7시 (일요일)
• 장소: 서울 문화대로 456, 글로벌 엑스포 센터

행사 프로그램
• 문화 공연
　세계 각국의 전통 춤, 음악, 연극 공연이 여러 무대에서 펼쳐집니다.
• 글로벌 푸드 마켓
　유명 요리사와 현지 상인들이 준비한 다양한 세계 요리들을 맛보세요. 무료 시식 코너도 이용할 수 있습니다!

더 많은 정보는 www.globalfoodculturefair.org 또는 행사 사무실 (555) 123-4567로 문의해 주세요.

어휘
• vibrant 활기찬, 생기가 넘치는
• cuisine 요리, 요리법
• unforgettable 잊지 못할[잊을 수 없는]
• theatrical 연극[공연]의
• renowned 유명한, 명성 있는
• vendor 행상인, 노점상, 판매 회사

12 [독해 - 단일형 문항(홈페이지 게시글 - 내용 불일치)]　▶ ③

난이도 중

정답 해설

본문의 아홉 번째 문장에서 '등록하려면 휴대폰 카메라로 제공된 QR 코드를 스캔하기만 하면 된다'고 언급하고 있다. 따라서 안내문의 내용과 일치하지 않는 것은 ③이다.

오답 해설

① 본문의 세 번째 문장에서 언급하고 있으므로 일치한다.
② 본문의 다섯 번째 문장에서 언급하고 있으므로 일치한다.
④ 본문의 열 번째 문장에서 언급하고 있으므로 일치한다.

해석

K-POP 커버 댄스 수업

K-POP 커버 댄스 수업에 여러분을 초대합니다! 이 특별한 이벤트는 한국 최고의 댄스 스튜디오 중 하나인 리듬 스튜디오에서 주최하며, 전문 강사들에게 최신 K-POP 안무를 배울 수 있는 절호의 기회입니다. 이 행사는 9월 20일, 서울 댄스 거리 123에 위치한 리듬 스튜디오에서 열립니다. 등록과 수업료는 무료지만, 자리 수가 한정되어 있으니 서둘러 신청하세요!

수업 일정은 다음과 같습니다:
• CLASS 1: 오전 9시 30분부터 10시 30분까지, JD 강사가 Debby의 "Time to Dance" 안무를 가르칩니다.
• CLASS 2: 오전 10시 30분부터 12시까지, SIA 강사가 Hannah Kim의 "Hold Me Now" 안무를 가르칩니다.

등록하려면 휴대폰 카메라로 제공된 QR 코드를 스캔하기만 하면 됩니다. 수업 후에는 K-POP 댄스 배틀과 함께 특별한 순간을 남길 사진 찍는 시간도 준비되어 있습니다.

① 전문 강사들에게 직접 안무를 배울 수 있다.
② 수업료는 무료이지만, 참여할 수 있는 수는 제한적이다.
③ QR 코드를 스캔한 후 등록하는 또 다른 절차가 있다.
④ 수업이 끝난 후 사진을 찍을 수 있다.

어휘
• host 주최하다, 진행하다
• latest 최신의, 최근의
• choreography 안무, 연출
• instructor 강사, 교사
• tuition 수업(료)

13 [독해 - 중심 내용 파악(요지)]　▶ ②

난이도 하

정답 해설

효율적인 할 일 목록 관리에 대한 글로, 너무 많은 양의 일을 하기보다는 하루에 4~6개의 우선순위 높은 작업에 집중하면 성취감을 느끼고, 과중한 업무를 피할 수 있음을 강조하고 있다. 따라서 글의 요지로 가장 적절한 것은 ②이다.

해석

모든 일을 어제 끝내야 한다고 생각하는 사람들은 종종 해야 할 일 중 절반만 수행하고 걱정만 남은 채 일을 완수한다. 해야 할 일 목록에 필요한 모든 것을 포함시키는 것이 괜찮긴 하지만, 매일 최대 4~6개의 항목을 선택하고 해당 작업에만 집중하는 것이 더 좋다. 이 항목 중 대부분은 높은 우선순위여야 하며, 일부만 낮은 우선순위로 지정해야 한다. 매일 할 일 목록에 있는 항목에만 집중하고, 그 일이 끝날 때까지 다른 항목은 추가하지 마라. 만약 매일 목록에 있는 모든 항목을 시간 여유를 두고 끝낸다면, 그날에 한 개나 두 개의 항목을 더 추가하는 것을 고려할 수 있다. 반대로 4~6개의 항목을 완료하는 것이 어려운 경우, 대신 2~4개의 항목만 포함시켜라. 매일 끝날 때쯤, 자신이 이룬 일에 대한 성취감을 느끼게 되어 저녁 시간을 즐길 수 있을 것이다.

① 항상 자신을 믿어라.
② 너무 많은 것을 시도하지 마라.
③ 미리 작업하는 습관을 가져라.
④ 일을 집에 가져가지 마라.

어휘
• accomplish 완수하다, 성취하다, 해내다
• to-do list 해야 할 일 목록
• priority 우선순위
• designate 지정하다, 지명하다
• concentrate 집중하다, 전념하다
• achieve 이루다, 해내다, 달성하다

14 [독해 - 단일형 문항(홈페이지 게시글 - 내용 일치)]　▶ ④

난이도 중

정답 해설

본문의 여덟 번째 문장에서 '각 레이스 종목의 상금은 1위 $1,500, 2위 $1,000, 3위 $500이다'고 언급하고 있다. 따라서 윗글의 내용과 일치하는 것은 ④이다.

오답 해설

① 본문의 네 번째 문장에서 '행사는 10월 12일 일요일에 진행한다'고 언급하고 있으므로 일치하지 않는다.
② 본문의 다섯 번째 문장에서 '참가자는 16세 이상이면 누구나 참여할 수 있다'고 언급하고 있으므로 일치하지 않는다.
③ 본문의 일곱 번째 문장에서 '참가비는 풀 마라톤이 $50, 하프 마라톤이 $40, 10킬로미터 마라톤이 $30이다'고 언급하고 있으므로 일치하지 않는다.

해석

시티 마라톤 챌린지

시티 마라톤 챌린지가 이제 모든 러닝 애호가들을 위한 참가 신청을 받습니다. 이 마라톤은 도시의 중심부를 통과하는 짜릿한 레이스로, 경험이 풍부한 러너든 시작하는 러너든 모두에게 도전할 수 있는 기회입니다! 이번 행사는 10월 12일(일요일)에 오전 7시부터 시티 파크 중앙 출입구에서 시작됩니다. 참가자는 16세 이상이면 누구나 참여할 수 있으며, 레이스 종목으로는 풀 마라톤(42.195km), 하프 마라톤(21.0975km), 10킬로미터 마라톤이 있습니다. 등록은 웹사이트에서 온라인으로 할 수 있으며, 등록 마감일은 2025년 9월 20일입니다. 참가비는 풀 마라톤이 $50, 하프 마라톤이 $40, 10킬로미터 마라톤이 $30입니다. 각 레이스 종목의 상금은 1위 $1,500, 2위 $1,000, 3위 $500입니다. 자세한 내용은 www.citymarathon.com을 방문하세요.

① 마라톤 대회는 10월 20일에 열린다.
② 참가자는 18세 이상만 가능하다.
③ 세 가지 종목의 마라톤 참가비는 동일하다.
④ 각 종목의 상금은 순위에 따라 다르다.

15 [독해 - 중심 내용 파악(주제)] ▶ ③

난이도 중

정답 해설

개인의 고립과 소외에 대한 글로, 현대 사회에서 개인들이 경험하는 광범위한 소외와 고립에 대해 다루고 있으며, 이 사회에서는 관계가 종종 제한적이고 표면적이라는 내용을 설명하고 있다. 현대 사회에서 개인들은 제한된 관계에 의존하며, 가까운 친구들조차도 표면적인 수준에서만 교류하는 경우가 많음을 강조하고 있다. 따라서 글의 주제로 가장 적절한 것은 ③이다.

해석

> 많은 시사 문제 해설자들은 복잡한 현대 사회에서 신체적, 감정적, 정신적 소외가 널리 퍼져 있다고 주장한다. 개인들은 종종 감정적, 심지어 신체적 필요를 충족시키기 위해 가족과 같은 제한된 관계에 의존한다. 한 사람이 가지는 친한 친구의 수는 매우 적은 편이다. 도시 지역에서는 사람들이 이웃과 전혀 익숙지 않은 경우가 흔하며, 심지어 가까운 친구들조차도 표면적인 수준에서만 교류하는 경우가 많다. 일반적으로 사람들은 서로 간에 거리를 두는 경향이 있다. 이러한 거리감을 통해 대부분의 사람들이 자신이 소중하게 여기는 몇 가지 기본적인 관계에 대해 질투심을 느끼고 그것에 매달리는 이유를 설명할 수 있다.

① 현대 사회에서 친구의 의미
② 사회에서 관계를 맺는 방법
③ 현대 사회에서 개인의 배타성과 고립
④ 현대 사회에서 가족과 친구로부터의 소외감

어휘

- commentator 시사 문제 해설자, 실황 방송 아나운서
- alienation 소외, 멀리함
- widespread 광범위한, 널리 퍼진
- close 가까운
- common 흔한, 공동[공통]의
- unfamiliar 익숙지 않은, 낯선
- superficial 표면[피상]적인, 깊이 없는, 얄팍한
- distance 거리
- jealous 질투하는, 시기[시샘]하는
- cling to ~에 매달리다, ~을 고수하다

16 [독해 - 문장 제거] ▶ ②

난이도 하

정답 해설

소리의 중요성과 자연의 아름다움에 대한 글로, 나머지 문장들은 소리는 세상에 생명을 불어넣으며, 자연의 소음이 인간과 기계의 소음 속에서 더욱 귀중해지고 있음을 강조하고 있지만, ②번 문장만 도시 소음과 관련된 새들의 건강 문제에 대한 내용으로 글의 주제와 관련이 없다. 따라서 글의 흐름상 어색한 문장은 ②이다.

해석

> 숲 속이나 도시의 거리에서 소리는 세상에 생기를 불어넣는다. 우리가 주변에서 보는 아름다움이 무엇이든, 만약 우리가 시야 밖에서 일어나는 모든 것을 들을 수 없다면 세상은 황량하게 느껴질 것이다. ① 새들의 미세한 지저귐은 가끔 멀리서 터져 나오며, 근처에 까마귀나 참새가 있음을 알려주고, 산비탈을 가득 채운다. (② 도시 지역에서 살아가는 새들은 도시 소음과 경쟁하기 위해 더 크게, 더 높은 주파수로 노래하며 건강을 해치고 있다.) ③ 이러한 소리들은 우리를 자기 자신에서 벗어나게 하고, 우리의 인식을 확장시키며, 계곡을 더 풍부하고 친밀하게 알 수 있게 해준다. ④ 우리의 세상이 점점 인간과 기계의 소리로 지배되고 있지만, 자연의 섬세한 목소리는 그 어느 때보다 더 소중해지고 있다.

어휘

- forest 숲, 삼림
- desolate 황량한, 적막한
- subtle 미세한, 미묘한, 감지하기 힘든

17 [독해 - 문장 삽입] ▶ ①

난이도 상

정답 해설

네팔에서의 일식과 관련된 관습에 대한 글로, 네팔에서 일식을 불운으로 여기며, 사람들은 부정적인 영향을 피하기 위해 다양한 전통적인 관습을 따르고 있음을 설명하고 있다. 주어진 문장은 일식 기간 동안 해야 할 일과 하지 말아야 할 일들 알려주는 전통적인 관습이 있다고 진술하고 있다. ①번 뒤부터 해당 관습들에 대해 구체적으로 열거되고 있다. 따라서 주어진 문장이 들어갈 위치로 가장 적절한 것은 ①이다.

해석

> 네팔에서는 일식이 전통적으로 불길하다고 여겨지기 때문에, 사람들은 이번 세기 가장 긴 개기 일식의 부정적인 영향을 대비하고 있다. 카트만두에서는 점성술 TV 쇼에 대한 전화 문의가 급증했으며, 사람들은 이 일식이 불길한지, 그리고 그것을 피하는 방법에 대해 묻고 있다. (① 해야 할 일과 하지 말아야 할 일을 간단히 알려주는 전통적인 관습도 있다.) 기본적으로 먹고, 마시고, 자는 것은 바람직하지 않다고 여겨진다. ② 임산부는 실내에 머무를 것을 권고받는다. 이는 일식이 태아에게 나쁜 영향을 미칠 수 있다는 우려 때문이다. ③ 병원들은 예비 부모들이 아이가 불운을 겪지 않도록 예정된 제왕절개 수술을 미뤘다고 보고하고 있다. ④ 그러나 모든 사람들이 이 일식을 나쁜 소식으로 보는 것은 아니다. 한 지역 항공사는 일식의 가장 좋은 전망을 제공하기 위해 에베레스트 산 위를 비행할 계획을 세웠다.

어휘

- traditional 전통적인, 인습적인
- custom 관습, 풍습
- briefly 간단히, 잠시
- eclipse (일식·월식의) 식
- total solar eclipse 개기 일식
- astrology 점성술[학]
- surge 급증하다, 밀려들다, 휩싸다
- pregnant 임신한
- indoor 실내[용]의
- postpone 연기하다, 미루다
- C-section 제왕절개

18 [독해 - 순서 배열] ▶ ③

난이도 상

정답 해설

중력 수축과 블랙홀 형성 과정에 대한 글로, 별이 붕괴되면서 중력장이 강해지고, 특정 반지름에 도달하면 중력이 밀어내는 힘으로 변하여 그로 인해 블랙홀이 형성됨을 설명하고 있다. 주어진 글에서는 별이 붕괴되면서 중력장은 더 강해지고 중심으로 집중된다고 설명하고 있으며, 이는 (C)의 '중력 반지름'에 대한 부분에 중력장을 보충 설명하고, 이 지점에서 중력은 밀어내는 힘으로 변하게 됨을 (A)에서 설명하고 있다. 마지막으로 이러한 과정을 통해 블랙홀이 형성이 된다는 것을 설명하는 (B)로 이어져야 자연스럽다. 따라서 글의 순서로 가장 적절한 것은 ③이다.

해석

> 거대한 별이 붕괴할 때, 같은 양의 물질이 남아 있기 때문에 중력장은 더 강해진다. 그러나 물질이 응축되면서, 중력장은 더욱 중심으로 집중된다.
> (C) 물질이 '중력 반지름'이라고 알려진 특정 지점으로 압축될 때, 중력의 세기는 최대에 달하며, 심지어 빛조차 탈출할 수 없다.
> (A) 이 지점에서는 오직 어둠만 존재한다. 여기서 이상한 현상이 발생하는데, 별이 안으로 뒤집히고 모든 것이 반대로 변한다.
> (B) 따라서 중력은 물체가 끌어당기는 힘에서 밀어내는 힘으로 변한다. 이 중력의 밀어내는 힘은 우주에 터널을 만들며, 이를 블랙홀이라고 한다.

19 [독해 - 빈칸 추론]   ▶ ④

난이도 중

정답 해설

거대한 현상을 이해하는 방법에 대한 글로, 우리는 거대한 현상을 이해하려면 관찰한 것과 그와 관련된 지식을 연결해야 하며, 이로 인해 사고와 이해의 폭을 확장할 수 있음을 설명하고 있다. 기존의 우리의 지식과 경험을 이용하여 거대한 현상들을 이해할 수 있음을 사례를 통해 구체적으로 설명하고 있으므로 밑줄 친 부분에 들어갈 말로 가장 적절한 것은 ④이다.

해석

> 우리가 이해하기에는 너무 거대한 현상에 직면했을 때, 우리는 <u>얻은 지식을 통해 경험을 풍부하게 함</u>으로써 그것들을 이해한다. 예를 들어, 어두워지는 황혼 속에서 별을 발견하는 것은 단순한 관찰 행위가 아니다. 그것이 우리 은하에서 2천억 개의 별 중 하나이며, 그 빛이 수년 전에 여행을 시작했다는 사실을 이해함으로써 우주에 대한 우리의 인식은 깊어진다. 마찬가지로, 차의 연료 탱크에 연료를 채우는 냄새는 단순한 감각적 경험 이상이다. 미국에서 매일 약 10억 갤런의 원유가 정제되어 소비된다는 사실과 연결될 때, 우리는 에너지의 흐름과 글로벌 지정학에 대한 통찰을 얻게 된다. 이와 같이, 우리의 경험은 단순한 감각을 넘어서 더 깊은 이해로 확장된다.

① 글로벌 에너지 동향 분석함
② 우주에 대해 이해하고 받아들임
③ 관찰된 대상들과 이름을 연결함
④ 얻은 지식을 통해 경험을 풍부하게 함

20 [독해 - 빈칸 추론]   ▶ ①

난이도 하

정답 해설

공간과 인식에 대한 환경의 영향에 대한 글로, 인구 밀도가 높아질수록 공간의 정의된 경계가 중요해지며, 이는 우리의 공간 인식에 영향을 미친다고 설명하고 있다. 따라서 밑줄 친 부분에 들어갈 말로 가장 적절한 것은 ①이다.

해석

> 산업에서는 공간을 면적과 위치로 표준화된 구역으로 나눈다. 예를 들어, 에이커나 헥타르와 같은 동일한 크기의 단위가 사용된다. 우리가 소유한 땅의 경계는 이러한 공간적 구분을 기준으로 한다. 그러나 인구 밀도가 증가함에 따라, 정의된 공간의 경계의 중요성도 커지고 있다. 인구 밀도가 높은 동네에서는 울타리 선을 둘러싼 분쟁으로 토지 소유자들이 극도로 화를 내며, 때때로 심각한 갈등으로 이어지기도 한다. 반면, 사람들의 소유지가 수백 또는 수천 에이커에 달하는 인구 밀도가 낮은 목장 지역에서는 울타리 선을 약 3피트 정도 이동시키는 것은 큰 문제가 되지 않는다. 간단히 말하면, 주변 환경은 이러한 단위들을 재정립함으로써 우리의 <u>공간에 대한 인식</u>에 영향을 미친다.

① 공간에 대한 인식
② 정치적 신념
③ 심리적 안정
④ 성공에 대한 열망

합격까지

2025 공무원 시험 대비 적중동형 모의고사 제1회 ~ 제5회
영어 빠른 정답 찾기

제1회

01 ②	02 ②	03 ④	04 ①	05 ②	06 ④	07 ②	08 ②	09 ③	10 ①
11 ③	12 ②	13 ①	14 ③	15 ④	16 ③	17 ②	18 ②	19 ②	20 ④

제2회

01 ④	02 ①	03 ④	04 ③	05 ②	06 ①	07 ①	08 ②	09 ③	10 ①
11 ④	12 ①	13 ②	14 ④	15 ①	16 ①	17 ③	18 ③	19 ①	20 ③

제3회

01 ③	02 ④	03 ②	04 ①	05 ④	06 ④	07 ③	08 ③	09 ④	10 ④
11 ③	12 ④	13 ①	14 ④	15 ③	16 ②	17 ④	18 ③	19 ③	20 ④

제4회

01 ②	02 ④	03 ①	04 ①	05 ②	06 ②	07 ①	08 ③	09 ③	10 ②
11 ④	12 ④	13 ③	14 ④	15 ③	16 ④	17 ①	18 ③	19 ④	20 ①

제5회

01 ④	02 ②	03 ③	04 ④	05 ④	06 ①	07 ③	08 ②	09 ②	10 ④
11 ③	12 ③	13 ②	14 ④	15 ③	16 ②	17 ①	18 ③	19 ④	20 ①

수고하셨습니다.
당신의 합격을 응원합니다.

2025 공무원 시험 대비

적중동형 봉투모의고사
Vol. 2

영 어

▌ 제6회 ~ 제10회 ▌

정답 및 해설

합격까지

2025 공무원 시험 대비 적중동형 모의고사
영어 정답 및 해설
▮ 제6회 ~ 제10회 ▮

응시번호		문제책형
성 명		(A)

제1과목	국어	제2과목	<u>영어</u>	제3과목	한국사
제4과목		제5과목			

응시자 주의사항

1. **시험시작 전 시험문제를 열람하는 행위나 시험종료 후 답안을 작성하는 행위를 한 사람은** 「지방공무원 임용령」 제65조 등 관련 법령에 의거 **부정행위자로** 처리됩니다.
2. 시험이 시작되면 문제를 주의 깊게 읽은 후, **문항의 취지에 가장 적합한 하나의 정답만을 고르며**, 문제내용에 관한 질문은 할 수 없습니다.
3. **답안은 문제책 표지의 과목 순서에 따라 답안지에 인쇄된 순서에 맞추어 표기해야** 하며, 과목 순서를 바꾸어 표기한 경우에도 문제책 표지의 과목 순서대로 채점되므로 유의하시기 바랍니다.
4. 법령, 고시, 판례 등에 관한 문제는 **2025년 4월 30일 현재 유효한 법령, 고시, 판례 등을 기준**으로 정답을 구해야 합니다. 다만, 개별 과목 또는 문항에서 별도의 기준을 적용하도록 명시한 경우에는 그 기준을 적용하여 정답을 구해야 합니다.
5. **시험시간 관리의 책임은 응시자 본인에게 있습니다.**
   ※ 문제책은 시험종료 후 가지고 갈 수 있습니다.

정답공개 및 이의제기 안내

1. 정답공개 일시: 정답가안 6.21.(토) 14:00 / 최종정답 6.30.(월) 18:00
2. 정답공개 방법: 사이버국가고시센터(www.gosi.kr) ➡ [시험문제 / 정답 → 문제 / 정답 안내]
3. 이의제기 기간: 6.21.(토) 18:00 ~ 6.24.(화) 18:00
4. 이의제기 방법
   ■ 사이버국가고시센터 ➡ [시험문제 / 정답 → 정답 이의제기]
   ■ 구체적인 이의제기 방법은 정답가안 공개 시 공지 예정

합격까지

✅ 제6회 모의고사

01 ④	02 ①	03 ③	04 ②	05 ③
06 ④	07 ①	08 ②	09 ②	10 ②
11 ①	12 ④	13 ②	14 ②	15 ④
16 ③	17 ②	18 ②	19 ④	20 ②

01 [어휘-빈칸]　▶ ④

난이도　중

정답 해설

그 국가가 국제적인 비판을 받았다는 문맥으로 보아 인권 조약을 '위반한다'는 내용이 자연스러우므로 빈칸에는 ④가 가장 적절하다.

어휘

★ violate 위반하다, 침해하다
● manifest 나타나다, 분명해지다, 분명한
● boost 신장시키다, 북돋우다
● complement 보완하다, 보충하다

해석

그 국가는 인권 조약을 <u>위반한</u> 후 국제적인 비판을 받았으며, 이는 제재와 여러 나라와의 외교 관계 악화로 이어졌다.

02 [어휘-빈칸]　▶ ①

난이도　중

정답 해설

신청 절차와 필요한 서류에 대한 지침을 받을 것이라는 문맥으로 보아 인턴십 프로그램에 '자격이 있는' 사람들이라는 내용이 자연스러우므로 빈칸에는 ①이 가장 적절하다.

어휘

★ eligible ~할 자격이 있는, 적임의, 적당한
● vertical 수직의, 세로의
● secular 세속적인, 세속의, 이승의
● redundant 여분의, 과다한, 장황한, 불필요한

해석

인턴십 프로그램에 <u>자격이 있는</u> 사람들은 향후 몇 주 내에 신청 절차와 필요한 서류에 대한 추가 지침을 받을 것이다.

03 [문법-빈칸]　▶ ③

난이도　중

정답 해설

[적중 포인트 043] 혼동하기 쉬운 주어와 동사 수 일치 ★★★★☆

밑줄 친 부분은 주어와 동사가 필요한 자리이고 'a number of 복수명사'는 '많은 복수명사'라는 뜻으로 쓰이고 'the number of 복수명사'는 '복수명사의 수'라는 뜻으로 쓰인다. 따라서, 맥락상 '많은 학생들'이 다가오는 학술 대회에 참여한다는 것이 자연스러우므로 밑줄 친 부분에 가장 적절한 것은 ③이다.

해석

많은 학생들이 다가오는 학술 대회에 참여하여 그들의 연구 결과를 공유할 예정이다.

04 [문법-밑줄]　▶ ②

난이도　상

정답 해설

② **[적중 포인트 001] 문장의 구성요소와 8품사 ★★★★☆**

밑줄 친 부분을 포함한 문장에 이미 주어와 동사를 포함한 완전 구조가 나왔으므로 밑줄 친 부분은 동사가 아닌 수식어 자리이다. 따라서 밑줄 친 부분의 is know as에서 동사 is를 삭제하고 수식어 역할을 할 수 있는 known as로 고쳐야 한다.

오답 해설

① **[적중 포인트 083] 「전치사 + 관계대명사」 완전 구조 ★★★★☆**

'전치사 +관계대명사'로 뒤에 주어와 동사 완전 구조를 취한다. 따라서, 밑줄 친 부분 for which 뒤의 문장이 완전 구조이므로 밑줄 친 부분은 올바르게 쓰였다.

③ **[적중 포인트 017] 어순에 주의해야 할 형용사와 부사 ★★★☆☆**

주의해야 할 형용사나 부사가 나오면 각각의 출제 포인트를 확인한다. such는 명사를 수식하고 so는 형용사나 부사를 수식한다. 밑줄 친 부분의 such는 명사 oversimplifications를 수식하므로 올바르게 쓰였다.

④ **[적중 포인트 078] 등위접속사와 병치 구조 ★★★★☆**

등위접속사는 병치 구조를 확인한다. and를 기준으로 동사구 부분이 병치가 되고 있으므로 밑줄 친 부분의 동사 and는 올바르게 쓰였다.

해석

그 주장이 비판받았던 논리적 오류가 명확하게 밝혀졌다. 잘못된 딜레마로 알려져 있는 이 오류는, 실제로 더 많은 선택지가 존재함에도 불구하고 오직 두 가지 선택지만 제시한다. 철학자들은 오래전부터 이러한 지나친 단순화에 대해 경고해 왔는데, 이는 비판적 사고를 방해하고 복잡한 문제에 대한 우리의 이해를 제한하기 때문이다.

05 [문법-밑줄]　▶ ③

난이도　중

정답 해설

③ **[적중 포인트 041] 부분을 나타내는 명사와 수 일치 ★★★★☆**

'부분을 나타내는 명사 of 명사' 구조에서는 동사는 전치사 of 뒤에 쓰인 명사와 수 일치한다. 따라서 밑줄 친 부분의 the knowledges와 동사는 is는 수 일치가 옳지 않다. 따라서 단수 동사 is와 수 일치하기 위해서는 밑줄 친 부분의 the knowledges를 the knowledge로 고쳐야 한다.

오답 해설

① **[적중 포인트 014] 형용사와 부사의 차이 ★★★★★**

형용사는 명사를 수식하거나 보어 자리에 쓰인다. 밑줄 친 부분의 쓰인 eager는 to부정사와 결합하여 형용사구를 이루고 있으며 이렇게 형용사가 길어지면 명사를 후치 수식한다. 따라서 주어진 문장 안에서 individuals를 후치 수식하고 있으므로 올바르게 쓰였다.

② **[적중 포인트 087] 관계사, 의문사, 복합관계사의 구분 ★★☆☆☆**

복합관계대명사 whoever는 주어가 없는 불완전 구조를 이끈다. 따라서 밑줄 친 부분은 올바르게 쓰였다.

④ **[적중 포인트 063] to부정사의 동사적 성질 ★★★★☆**

to부정사의 의미상의 주어는 'for 목적격'으로 쓰고 인성형용사를 포함한 구문에서는 'of 목적격'으로 쓴다. 따라서 밑줄 친 부분은 인성형용사를 포함한 구문이 아니기 때문에 의미상의 주어로 'for participants'가 올바르게 쓰였다.

해석

철학적 토론은 존재에 관한 심오한 질문을 탐구하고자 열망하는 사람들을 자주 끌어들인다. 현실의 본질에 대해 논의하고자 하는 사람은 누구든지 참여할 수 있는 이 토론은 다양한 관점을 장려한다. 그러한 행사에서 공유되는 지식 중 일부는 처음에는 이해하기 어렵지만, 시간이 지나면 더 깊은 이해로 이어질 수 있다. 복잡한 용어와 추상적인 개념은 참가자들이 자신의 생각을 명확히 표현하는 것을 어렵게 만들 때가 많다.

06 [생활영어-빈칸] ▶③

난이도 하

정답 해설

대화의 맥락은 주민이 이웃의 소음 문제로 불만을 제기하고 있으며, 경찰관이 이를 처리하는 과정에서 필요한 정보를 묻고 있다. 경찰관은 먼저 소음이 얼마나 지속되었는지와 소음의 종류를 확인한 후, 다음으로 주민이 직접 이웃과 대화를 시도했는지를 묻는 것이 자연스럽다. 따라서 밑줄 친 부분에 들어갈 말로 가장 적절한 것은 ③이다.

해석

Resident: 안녕하세요, 이웃집 소음 신고를 하고 싶습니다.
Officer: 안타깝네요. 얼마나 오래 지속됐나요?
Resident: 벌써 2주 넘게 계속되고 있어요.
Officer: 알겠습니다. 어떤 종류의 소음인가요?
Resident: 거의 매일 밤마다 큰 음악 소리를 틀어요.
Officer: 이 문제에 대해 이웃과 이야기해 보셨나요?
Resident: 네, 직접 이야기해봤지만 소용이 없었어요.
Officer: 알겠습니다. 민원 신고서를 작성해 주세요.

① 소음 민원은 경찰에서 처리하지 않습니다.
② 혹시 어떤 종류의 음악을 좋아하시나요?
③ 이 문제에 대해 이웃과 이야기해 보셨나요?
④ 이러한 민원은 환경 관련 사무소를 방문해 주세요.

07 [생활영어-빈칸] ▶①

난이도 하

정답 해설

B가 A의 배송 상태를 확인한 후 결과를 알려주는 상황에서 A가 이미 배송되었으면 좋겠다고 말했지만, 빈칸 뒤에 A가 아직 배송 중이냐고 반응하고 있고 이후 B는 현재 위치와 도착 예상 시간에 대해 설명하고 있다. 따라서 밑줄 친 부분에 들어갈 말로 가장 적절한 것은 ①이다.

해석

A: 안녕하세요, 소포 배송 조회 때문에 왔습니다.
B: 네, 확인해드리겠습니다. 운송장 번호 부탁드립니다.
A: 네, 여기 있습니다. 1234-5678-9012입니다.
B: 감사합니다. 시스템 확인해볼 테니 잠시만 기다려주세요.
A: 네, 괜찮습니다. 이미 배송됐으면 좋겠네요.
B: 시스템에 따르면, 고객님의 택배는 아직 배송 중입니다.
A: 아, 아직 배송 중인가요? 지금 위치는 어디인가요?
B: 네, 현재 부산 물류센터에 있습니다.
A: 알겠습니다.

① 시스템에 따르면, 고객님의 택배는 아직 배송 중입니다.
② 고객님의 택배는 2주 전에 배송되었습니다.
③ 최송하지만, 저희는 배송 추적 업무를 담당하지 않습니다.
④ 최신 정보를 확인하려면 발송인에게 직접 문의하셔야 합니다.

08 [독해-세트형 문항(홈페이지 게시글-세부 정보 파악)] ▶②

난이도 중

정답 해설

본문의 네 번째 문장에서 '주요 업무로 도로망, 철도, 항공 정책을 감독한다'라고 언급하고 있다. 따라서 윗글의 내용과 일치하는 것은 ②이다.
① 이것은 주로 민간 교통사업을 규제하는 데 집중한다.
② 이것은 도로망, 철도, 항공 정책을 관리할 책임이 있다.
③ 이것은 국민을 보호하겠다는 계획까지는 없다.
④ 이것은 대도시를 중심으로 발전할 수 있도록 노력한다.

오답 해설

① 본문의 두 번째 문장에서 '국토교통부는 정부 기관으로서 국가 발전에 중심적인 역할을 한다'라고 언급했지만 민간 교통사업을 규제한다는 내용은 언급되지 않았으므로 일치하지 않는다.
③ 본문의 여덟 번째 문장에서 '안전 관리를 통해 국민 안전 확보하는 것이 주요 기능'이라고 언급하고 있으므로 일치하지 않는다.
④ 본문의 열다섯 번째 문장에서 '균형 있는 지역 발전을 촉진하는 것이 핵심 목표'라고 언급하고 있으므로 일치하지 않는다.

09 [독해-세트형 문항(홈페이지 게시글-유의어)] ▶②

난이도 하

정답 해설

밑줄 친 serve는 '역할을 하다, 제공하다'라는 뜻으로, 문맥상 이와 의미가 가장 가까운 것은 ② 'act(역할[기능]을 하다)'이다.

오답 해설

① confine 국한시키다, 가두다
③ see 보다, (보고) 알다, 목격하다
④ enhance 높이다, 향상시키다

[8~9]

해석

국토교통부

국토교통부(MOLIT)는 대한민국의 핵심 정부 기관으로, 교통망, 도시 계획, 인프라 개발을 관리하며, 국가 발전에 중심적인 역할을 담당하고 있습니다.

주요 업무
• 도로망, 철도, 항공 정책을 감독
• 지속 가능한 도시 성장과 효율적인 대중교통 보장

주요 기능
• 교통사고 예방을 위한 안전 규정 수립
• 안전 관리를 통한 국민 안전 확보

사명
국토교통부는 안전하고 효율적이며 지속 가능한 교통 환경을 조성하는 것을 목표로 합니다. 공공 인프라를 개선하고 스마트 도시 기술을 적극 도입함으로써 국민의 삶의 질을 높이고 지속적인 경제 성장을 촉진하고자 합니다.

비전
혁신적이고 지속 가능한 교통 해결책을 통해 서로 연결되고 미래지향적인 사회를 구축

핵심 목표
• 균형 있는 지역 발전 촉진
• 친환경적이고 효율적인 교통수단 도입

궁극적으로, 국토교통부는 국가 경제 및 사회 발전을 이끄는 주춧돌 역할을 하는 것을 지향합니다.

어휘

• pivotal 중심이 되는
• oversee 감독하다, 단속하다
• ensure 보장하다, 반드시 ~하게 하다
• prevent 예방하다, 막다
• promote 촉진하다, 홍보하다, 승진시키다
• introduce 도입하다, 소개하다

10 [독해-세트형 문항(안내문-제목)] ▶②

난이도 중

정답 해설

이 글은 새로운 극작가들의 작품을 무대에서 공연할 기회를 펼칠 수 있도록 도와주기 위한 페스티벌의 개최를 알리고 있으며, 페스티벌의 내용을 자세하게 안내하고 있다. 따라서 글의 제목으로 가장 적절한 것은 ②이다.
① 현재 가장 인기 있는 작품을 즐기세요
② 새로운 극작가들을 작품을 경험하세요
③ 3주간 펼쳐지는 연극 축제에 참여하세요
④ 극장의 오래된 역사에 대해 알아보세요

11 [독해-세트형 문항(안내문-세부 정보 파악)] ▶①

난이도 하

정답 해설

본문의 세 번째 문장에서 '이 페스티벌은 새로운 극작가들의 작품을 무대에서 공연할 수 있도록 기회를 제공하는 것을 목표로 한다'고 언급하고 있다. 따라서 윗글의 내용과 일치하지 않는 것은 ①이다.

① 경험이 풍부한 극작가만 참여할 수 있다.
② 이것은 3일 동안 열리는 세 가지의 공연으로 구성되어 있다.
③ 이것은 일반 가격보다 낮은 가격으로 티켓을 구매할 수 있다.
④ 이것은 공연이 시작되면 입장하기 어렵다.

오답 해설

② 본문의 표에서 공연 일정을 언급하고 있으므로 일치한다.
③ 본문의 열 번째 문장에서 언급하고 있으므로 일치한다.
④ 본문의 열네 번째 문장에서 언급하고 있으므로 일치한다.

[10~11]

해석

새로운 극작가들을 작품을 경험하세요

연례 블랙박스 단편 연극 페스티벌이 여러분을 기다립니다. 이 페스티벌은 새로운 극작가들의 작품을 관객 앞에서 공연할 수 있도록 기회를 제공하는 것을 목표로 합니다. 오셔서 함께 즐기세요!

날짜 및 장소
• 2026년 8월 12일−14일
• 블랙박스 극장, 뉴욕 5번가 530번지

공연 일정

	금요일, 8월 12일	토요일, 8월 13일	일요일, 8월 14일
The Midnight Salesmen	오후 8시	오후 2시	
Shrink to Fit		오후 8시	오후 2시
Casting the Villain Aside	오후 2시		오후 8시

티켓
• 얼리버드: 작품당 10달러 (2026년 7월 31일 이전 예매 시)
• 일반 가격: 작품당 15달러
• 온라인 예매: www.theblackboxtheater.com

유의 사항
• 공연 시작 후 입장이 불가합니다.
• 10세 미만 어린이는 입장할 수 없습니다.

어휘

• annual 매년의, 연례의
• playwright 극작가, 각본가
• onstage 관객 앞에서의, 무대 위에서의
• theater 극장, 공연장
• regular 일반적인, 평범한, 규칙[정기]적인
• permit 가능하게 하다, 허용[허락]하다

12 [독해−단일형 문항(전자 메일−목적)] ▶④

난이도 하

정답 해설

이 글은 고객 경험 관리자인 Emily Wilson이 스마트 믹서기 제품에 대한 피드백을 요청하고 있으며, 고객의 의견이 제품 개선과 다른 고객의 구매 결정에 도움이 된다고 설명하고 있다. 따라서 글의 목적으로 가장 적절한 것은 ④이다.

해석

수신인: mary.brown@example.com
발신인: emily.wilson@homecomfort.com
날짜: 2026년 11월 10일
제목: 스마트 믹서기 제품

Brown님께,

이 이메일이 잘 전달되었기를 바라며, 새로 구매하신 스마트 믹서기를 잘 사용하고 계시길 바랍니다. 저는 HomeComfort 회사의 고객 경험 관리자 Emily Wilson입니다. 저희 제품에 대한 고객님의 만족도를 확인하기 위해 직접 연락드리고자 합니다. 고객님의 피드백은 저희에게 매우 중요합니다.

스마트 믹서기에 대한 고객님의 생각과 경험을 잠시 나눠주시면 대단히 감사하겠습니다. 또한, 다른 고객들이 현명한 결정을 내리는 데도 유용한 정보가 될 것입니다. 리뷰를 남기시려면 저희 공식 웹사이트의 제품 페이지를 방문해 주세요. 고객님의 지원에 감사드리며, 소중한 고객이 되어 주셔서 진심으로 감사합니다.

따뜻한 안부를 전하며,
Emily Wilson

---

① 직원에 대한 만족도 설문 조사를 요청하려고
② 제품 반품 절차에 대한 정보를 제공하려고
③ 새로 출시된 믹서기를 소개하려고
④ 구매한 제품에 대한 의견을 요청하려고

어휘

• blender 믹서기, 분쇄기(요리 기구)
• personally 직접, 개인적으로
• satisfaction 만족, 충족
• appreciate 감사하다, 평가하다, 인정하다, 감상하다
• thought 생각, 사고
• improvement 개선, 향상

13 [독해−중심 내용 파악(주제)] ▶②

난이도 중

정답 해설

이 글은 이민자 기업가 정신이 경제에 미치는 영향을 강조하고 있다. 이민자들이 기업을 설립하고 경제에 기여한 사례들을 제시하면서 이민 기업가들의 경제 성장과 혁신에 기여하는 방식에 대해 설명하고 있다. 따라서 글의 주제로 가장 적절한 것은 ②이다.

해석

현대의 이민 정책은 종종 재정적 및 관료적 장애물을 제시하며, 이는 가장 자원이 풍부한 개인들만 극복할 수 있다. 덜 개발된 국가에서 성공적으로 이주하는 사람들은 대개 탁월한 회복력, 지능, 적응력을 지니고 있다. 이러한 특성들은 종종 기업 성공으로 이어진다. 2023년 글로벌 비즈니스 연구소의 분석에 따르면, 미국에서 가장 수익성이 높은 600개의 회사 중 48%는 이민자 또는 그들의 직계 후손들이 창업했다. 특히, 이민자 기업가들은 상위 30개 기업의 60%와 세계에서 가장 영향력 있는 20개 브랜드의 65%를 설립했다. 이러한 통계는 이민자들이 경제 성장과 혁신에 기여한 중요한 역할을 강조한다. 예를 들어, 남아프리카 공화국 출신인 Elon Musk는 테슬라와 스페이스엑스를 창립했으며, 쿠바에서 이민 온 그의 아버지를 둔 Jeff Bezos는 아마존을 창립했다. 이러한 사례들은 이민자 주도의 기업들이 글로벌 시장에 어떻게 영향을 미치는지 보여준다.

---

① 비즈니스 성공에서 문화적 다양성의 중요성
② 이민자 기업가 정신의 경제적 영향
③ 숙련된 이민자들이 직업 시장에서 직면하는 장애물
④ 이민자 창립자들을 위한 포용성 증진 정책

어휘

• immigration 이민, 이민자 수
• financial 재정[금융]의
• bureaucratic 관료적인, 요식적인
• obstacle 장애(물)
• resourceful 자원이 풍부한, 지략이 있는
• resilience 회복력, 탄력
• adaptability 적응성, 융통성
• translate 번역[통역]하다, 옮기다
• entrepreneurial 기업가의
• descendant 자손, 후손, 후예
• statistics 통계, 통계학
• illustrate 분명히 보여주다, 실증하다

14 [독해-세부 정보 파악(내용 불일치)] ▶ ②

난이도 하

정답 해설

본문의 여섯 번째 문장에서 '대회 지침으로 모든 참가자는 2명에서 5명까지의 팀을 구성해야 한다'고 언급하고 있다. 따라서 윗글의 내용과 일치하지 않는 것은 ②이다.

오답 해설

① 본문의 두 번째 문장에서 언급하고 있으므로 일치한다.
③ 본문의 일곱 번째 문장에서 언급하고 있으므로 일치한다.
④ 본문의 열 번째 문장에서 언급하고 있으므로 일치한다.

해석

이 대회는 우리의 일상에서 탄소 중립을 촉진할 수 있는 혁신적인 아이디어를 공유하도록 독려하기 위해 만들어졌습니다. 목표는 환경 의식을 고취시키고 지속 가능한 미래를 위한 행동을 취하도록 다른 사람들에게 동기를 부여하는 것입니다.

지침
• 모든 참가자는 2명에서 5명까지의 팀을 구성해야 합니다.
• 각 팀은 7분 분량의 비디오 클립을 이메일로 제출해야 합니다.
• 비디오에는 환경을 보호하는 방법이 포함되어야 합니다.

심사 기준
• 창의성   • 실용성   • 기술적 품질

세부 사항
• 마감일은 2025년 4월 13일입니다.
• 수상 팀은 2025년 4월 21일 이메일을 통해 발표됩니다.
• 상위 3개의 비디오는 웹사이트에 게시됩니다.

추가 정보는 manager@ideasharing.org로 이메일을 보내주세요.

---

① 이 대회는 환경 의식을 고취하기 위함이다.
② 이 대회는 개별적으로도 참여할 수 있다.
③ 영상은 반드시 이메일로 제출해야 한다.
④ 심사 기준에 실용성이 포함된다.

어휘

• neutrality 중립
• consciousness 의식, 자각
• motivate 동기를 부여하다, 이유가 되다
• brilliant 기발한, 훌륭한, 눈부신
• submit 제출하다, 항복하다
• practicability 실용성, 실행 가능성

15 [독해-중심 내용 파악(요지)] ▶ ④

난이도 중

정답 해설

친환경 도시 조성의 중요성에 대한 글로, 지역 경제와 환경의 질이 연관되어 있음을 설명하고 있으며, 깨끗한 환경이 일자리 창출에 긍정적인 영향을 미친다고 언급하고 있다. 이는 도시들이 경쟁력을 확보하고 주민들에게 높은 삶의 질을 제공하기 위해 깨끗한 환경을 유지하는 것이 필요하다고 강조하고 있다. 따라서 글의 요지로 가장 적절한 것은 ④이다.

해석

녹색 옥상, 새로운 공원, 나무 심기, 에너지 효율적인 버스와 같이 도시에서 친환경적인 실천을 채택하는 것이 최근 몇 년 사이 크게 증가했다. 이는 30년 이상 전에 제정된 포괄적인 연방 환경 법률에도 불구하고 일어난 변화이다. 그렇다면 왜 이제 이러한 변화가 일어난 것일까? 간단히 말해, 도시의 지도자들은 주민들에게 높은 삶의 질을 제공하고 글로벌 경제에서 경쟁력을 유지하기 위해 깨끗한 환경이 필요하다는 것을 인식하게 되었다. 미국 경제는 제조업 기반에서 서비스 지향적인 지식 경제로 전환되었다. 이 정보화 시대에서 환경의 질은 중요한 경제적 자산이 되었다. 이제는 특정 지역에 묶여 있지 않은 숙련된 근로자들이 고속 인터넷과 건강하며 미적으로도 만족스러운 환경을 갖춘 장소로 끌리고 있다. 또한, 친환경적인 도시들은 일자리와 환경 사이의 갈등이 잘못된 이분법에 불과하다는 것을 보여준다. 고품질의 환경은 일자리를 창출하는 데 반하여, 오염된 환경은 일자리 상실로 이어진다.

---

① 환경 법률의 포괄적인 개정이 필요하다.
② 글로벌 경쟁에서 성공하기 위한 정책 수립이 중요하다.
③ 글로벌 경제는 서비스 기반의 지식 경제로 전환되고 있다.
④ 깨끗한 환경은 글로벌 경제에서 경쟁력을 확보하는 데 필수적이다.

어휘

• adoption 채택, 입양
• comprehensive 포괄적인, 종합적인
• asset 자산, 재산
• draw (사람의 마음을) 끌다
• aesthetically 미적으로
• dichotomy 이분(법), 양분(법)

16 [독해-문장 제거] ▶ ③

난이도 중

정답 해설

농업에 대한 보조금에 대한 글로, 국가들은 농업 보조금 정책을 통해 농작물 생산을 장려하고 있다. 나머지 문장들은 보조금에 대해 다루고 있으며, 보조금이 농업 생산에 어떻게 영향을 미치는지에 관해 설명하고 있다. 하지만 ③번 문장만 보조금이 아니라 정부의 국내 가격 조작에 대한 내용으로 글의 주제와 관련이 없다. 따라서 글의 흐름상 어색한 문장은 ③이다.

해석

기근과 경제적 혼란을 피하기 위해, 정부는 다양한 작물의 생산을 장려하거나 제한하는 정책을 시행한다. 보조금은 농업 생산을 촉진하기 위해 제공되며, 이는 여러 형태로 나타날 수 있다. ① 보조금은 생산자들이 제품을 일반적으로 가능할 수 있는 가격보다 낮은 가격에 판매할 수 있게 해준다. ② 거의 모든 선진국들은 농업 생산자들에게 보조금을 제공하지만, 뉴질랜드, 호주, 캐나다 일부 지역과 같은 몇몇 예외는 대규모 농업 인구가 없고 특정 작물을 더 낮은 비용으로 생산할 수 있는 자연적 이점을 가지고 있다. (③ 일반적인 믿음과 달리, 농민들에 대한 대부분의 지원은 보조금을 통해서가 아니라 정부의 국내 가격 조작을 통해 제공된다.) ④ 대부분의 경우, 보조금은 잉여 농산물을 보장하며, 보조금이 없는 나라들의 생산자들이 사업에서 밀려나면서 보조금을 받는 나라들의 생산자들이 혜택을 본다.

어휘

• famine 기근
• turmoil 혼란, 소란
• restrict 제한[한정]하다, 방해하다
• subsidy 보조금, 장려금
• population 인구, 주민
• domestic 국내의, 가정의
• surplus 과잉, 흑자

17 [독해-문장 삽입] ▶ ②

난이도 중

정답 해설

기억의 정의와 유사 기억의 개념에 대한 글로, 유사 기억은 실제로 경험하지 않은 기억과 관련된 경험을 설명하기 위해 만들어진 개념임을 설명하고 있다. 주어진 문장은 '자신이 경험하지 않은 기억'을 일상 언어로 설명하기 어려운 사례를 제시하며, 이는 ①번 문장 뒤에서 언급된 '규정적 정의(stipulative definition)'가 필요한 이유를 구체적으로 보여주는 예시에 해당한다. 따라서 주어진 문장이 들어갈 위치로 가장 적절한 것은 ②이다.

해석

보통 어떤 용어를 정의할 때는 그 정의가 해당 분야에서 일반적으로 사용되는 방식과 밀접하게 일치하는 것이 가장 좋다. (①) 그러나, 현재의 언어로 철학적으로 중요한 구분을 표현할 수 없다면, 철학자들이 '규정적 정의'라고 부르는 방식으로 새로운 의미를 만드는 것이 적절할 수도 있다. (② <u>한 가지 예로, 어떤 기억이 실제로 자신이 경험한 것이 아닐 수도 있다는 상황을 일상적인 언어로 설명하는 것은 어렵다.</u>) 만약 내가 당신의 기억에 대한 이야기를 들으면, 그것이 마치 나 자신의 기억처럼 느껴질 수도 있지만, 사실 내가 직접 경험한 것은 아닐 수 있다. (③) 이를 단순히 '기억'이라고 부르는 것은 오해를 불러일으킬 수 있다. (④) 따라서 철학자들은 이러한 경우를 가리키기 위해 '유사 기억'이라는 새로운 용어를 만들었다.

---

18 [독해-순서 배열] ▶ ②

난이도 중

정답 해설

학생들의 학습 방식에 관한 글로, 주어진 글 마지막 부분에 언급한 '혼자 공부하는 학생들'에 대해 설명을 하는 (B)로 이어져야 하고, 혼자 공부할 때의 장점이 먼저 설명된다. 그리고 이와 대조를 이루는 '동료들과 함께 배우는 학생들'에 대해 설명을 하는 (A)로 이어져야 하고, 그룹 학습의 장점에 대해 설명한다. 마지막으로 (C)에서는 두 방법이 모두 효과적일 수 있지만, 개인 학습 스타일에 따라 달라질 수 있다는 결론으로 마무리하는 것이 자연스럽다. 따라서 글의 순서로 가장 적절한 것은 ②이다.

해석

많은 학생들이 그룹으로 공부하는 것을 선호하며, 그것이 더 나은 학습을 도와준다고 믿는다. 그러나 일부 학생들은 혼자 공부할 때 더 집중할 수 있다고 생각한다.
(B) 이 학생들은 조용하고 고립된 환경에서 공부하는 것이 더 나은 집중을 도와주며, 방해받지 않고 자료를 더 철저히 이해할 수 있다고 믿는다.
(A) 반면, 다른 학생들은 동급생들과 함께 공부하는 것이 더 깊은 이해를 촉진한다고 생각한다. 왜냐하면 그들은 서로 다른 관점을 공유하고 질문을 할 수 있기 때문이다.
(C) 결국, 두 방법 모두 효과적일 수 있지만, 가장 좋은 접근법은 개인의 학습 스타일에 따라 달라질 수 있다.

19 [독해-빈칸 추론] ▶ ④

난이도 중

정답 해설

익숙한 것에 덜 민감한 뇌의 반응에 대한 글로, 뇌는 반복되는 경험에는 점차 적응하고 예상치 못한 새로운 자극에만 더 강하게 반응한다며, 이것이 바로 생물학적 적응임을 강조하고 있다. 따라서 밑줄 친 부분에 들어갈 말로 가장 적절한 것은 ④이다.

해석

사람들은 어떤 물건이나 사람을 언급할 때, 익숙한 것에는 덜 주의를 기울이는 경향이 있다. 이런 적응적 특성은 중요한 생물학적 목적을 갖고 있는데, 우리가 일상에서 집중하게 되는 것은 대개 새로운 것이거나 예상치 못한 것이기 때문이다. 인간의 뇌는 반복되는 경험에 본능적으로 적응한다. 예를 들어, 내가 동일한 이미지를 반복해서 보여주고 뇌의 반응을 분석하면, 반복될수록 뇌의 활동 수준은 점차 감소한다. 뇌는 새로운 것이나 놀라운 것을 마주할 때만 다시 반응한다. 연구자들이 실시한 연구에 따르면, 가장 강한 반응은 가장 예상치 못한 사건에서 나타난다. 예를 들어, "그는 망치와 못을 집어 들었다" 같은 평범한 문장은 최소한의 반응을 일으키지만, 이를 "그는 망치를 집어 들고 그것을 먹어 치웠다"로 바꾸면 훨씬 더 강하고 뚜렷한 반응을 유발한다. 이것은 뇌가 새로움에 얼마나 민감한지를 보여준다.

① 새로움을 가치로 혼동하는
② 인지 왜곡에 사로잡히는
③ 다른 사람들이 가진 것을 미화하는
④ 익숙한 것에 덜 주의를 기울이는

20 [독해-빈칸 추론] ▶ ②

난이도 중

정답 해설

물의 적응성과 역할에 대한 글로, 물의 특성과 그것이 주변 환경에 적응하는 방식, 물이 생태계에서 중요한 역할을 한다는 점을 설명하고 있다. 물이 환경에 따라 형태를 바꾸고 주변의 특성을 반영한다고 설명하고 있으며, 이는 물이 "조화롭게 적응"한다는 의미와 일치한다. 즉, 물은 주변 환경에 따라 다양한 모습과 성질을 나타내며, 환경과의 상호작용을 통해 다양한 성격을 지니게 된다고 강조하고 있다. 따라서 밑줄 친 부분에 들어갈 말로 가장 적절한 것은 ②이다.

해석

물은 자체적인 형태는 없지만, 특별한 성질을 가지고 있다. 액체로서 정해진 형태가 없지만, 담기는 그릇의 모양을 그대로 따른다. 물은 단단하지 않고, 만지면 완전히 적응하고 같아지지만, 고속으로 충돌하면 콘크리트처럼 단단하고 탄력이 없어진다. 투명한 용기에 담긴 물은 무색으로 보이지만, 드넓은 바다에서는 선명하게 녹색이나 푸른색을 띠며, 표면에 주변 모든 것을 반사하는 아름다운 장관을 연출한다. 순수한 물은 맛이 없지만, 용해되거나 부유하는 물질의 맛을 흡수하고 전달한다. 냄새도 없지만, 대기 중 수분을 통해 주변의 향을 쉽게 실어 나르며 멀리 퍼뜨린다. 우리 주변 어디에나 존재하는 이 물질은 쉽게 <u>환경에 맞춰 조화롭게 적응하여</u>, 그 적응적 특성과 생태계에서의 필수적인 역할을 보여준다.

① 생태적 경관을 변화시켜
② 환경에 맞춰 조화롭게 적응하여
③ 상당한 양의 열을 보존하여
④ 다양한 방식으로 사람들과 상호작용하여

영어 정답 및 해설

---

01 [어휘-빈칸] ▶ ③

난이도 중

정답 해설

정보에 기반한 결정을 내리고 연구 결과가 해당 분야의 발전에 의미 있게 기여한다는 문맥으로 보아 신뢰할 수 있는 데이터에 접근하는 것은 연구자들에게 '필수적'이라는 내용이 자연스러우므로 빈칸에는 ③이 적절하다.

어휘

★ indispensable 없어서는 안 될, 필수적인
● nervous 불안해하는, 초조한
● fragile 깨지기 쉬운, 약한
● reluctant 꺼리는, 마지못한

해석

신뢰할 수 있는 데이터에 접근하는 것은 정보에 기반한 결정을 내리는 것이 필요한 연구자들에게 <u>필수적</u>이며, 그들의 연구 결과가 해당 분야의 발전에 의미 있게 기여하도록 보장한다.

02 [어휘-빈칸] ▶ ④

난이도 중

정답 해설

고급 이론을 이해하는 데 필요한 배경지식이 부족하다라는 문맥으로 보아 독자들을 '혼란스럽게 한다'는 내용이 자연스러우므로 빈칸에는 ④가 적절하다.

어휘

★ confused 혼란스러운, 당황한
● hospitable 환대하는, 친절한
● monumental 기념비적인, 엄청난, 대단한
● sympathetic 동정심 있는, 인정 있는

해석

기사의 과학적 설명은 독자들, 특히 고급 이론을 이해하는 데 필요한 배경지식이 부족한 독자들을 <u>혼란스럽게 했</u>다.

03 [문법-빈칸] ▶ ②

난이도 중

정답 해설

[적중 포인트 051] 동명사의 명사 역할 ★★★★★

appreciate는 동명사 목적어를 취하는 타동사이고 동명사의 의미상 주어는 동명사 앞에 소유격이나 목적격으로 표시하므로 밑줄 친 부분에 가장 적절한 것은 ②이다.

해석

회의 전에 필요한 서류를 검토할 수 있도록 제공해 주시면 감사하겠습니다.

04 [문법-밑줄] ▶ ①

난이도 중

정답 해설

① **[적중 포인트 043] 혼동하기 쉬운 주어와 동사 수 일치 ★★★★☆**
'A number of' 뒤에는 '복수 명사 + 복수 동사'를 쓰고 '많은 명사'라는 뜻으로 쓰이며, 'The number of' 뒤에는 '복수 명사 + 단수 동사'를 쓰고, '명사의 수'의 뜻으로 쓰인다. 따라서 밑줄 친 부분을 포함한 문장의 동사인 depends는 단수 동사이므로 A number of를 The number of로 고쳐야 한다.

오답 해설

② **[적중 포인트 080] 부사절 접속사의 구분과 특징 ★★★☆☆**
전치사와 달리 접속사는 동사를 포함한 절을 이끈다. as 뒤에 '주어 + 동사 + 주격 보어'의 형태인 절이 나오므로 전치사가 아닌 접속사로 써야 한다. 따라서 밑줄 친 부분의 as는 올바르게 쓰였다.

③ **[적중 포인트 051] 동명사의 명사 역할 ★★★★★**
involve는 동명사를 목적어로 취하는 특정 3형식 타동사이다. 따라서 밑줄 친 부분의 adjusting은 involve의 목적어로 쓰인 동명사로 올바르게 쓰였다.

④ **[적중 포인트 058] 분사를 활용한 표현 및 구문 ★★★★☆**
독립 분사구문은 암기를 통해 정확하게 풀 수 있도록 한다. 밑줄 친 부분의 Generally speaking은 '일반적으로 말하면'이라는 뜻으로 문맥적으로 올바르게 쓰였다.

해석

별을 망원경으로 볼 수 있는 수는 대기의 맑기와 관련이 있다. 희미한 천체를 관측하는 것은 대기 조건이 개선될 때까지 불가능하기 때문에 천문학자들은 종종 맑은 하늘을 기다린다. 이 과정은 장비를 조정하고 망원경을 세밀하게 조정하는 작업을 포함하며, 이는 인내와 정밀함을 요구한다. 일반적으로 말하면, 가장 좋은 관측은 달이 없는 밤에 이루어지며, 이때 빛 공해가 최소화되어 천문학자들이 먼 객체의 더 선명한 이미지를 포착할 수 있게 된다.

05 [문법-밑줄] ▶ ②

난이도 상

정답 해설

② **[적중 포인트 060] to부정사의 명사적 역할 ★★★★☆**
manage는 목적어로 동명사가 아닌 to부정사를 목적어로 취한다. to부정사는 명사적 용법으로 쓰일 때, 특정 타동사 뒤에서 목적어 역할을 한다. 따라서 밑줄 친 부분의 overcoming은 to overcome으로 고쳐야 한다.

오답 해설

① **[적중 포인트 008] 주의해야 할 명사의 복수형 ★☆☆☆☆**
단수와 복수형이 같은 명사는 주의한다. means는 '수단'이라는 뜻으로 단수 또는 복수형이 같은 명사형이다. 따라서 밑줄 친 부분의 maens는 단수를 나타내는 관사 a 뒤에 올바르게 쓰였다.

③ **[적중 포인트 053] 암기해야 할 동명사 표현 ★★★★★**
'~할 가치가 있다'의 뜻으로 쓰일 때는 'be worth ~ing 또는 be worthy of ~ing'의 구문으로 쓸 수 있다. 뒤에 동명사 형태만 나와 있으므로 밑줄 친 부분의 worth는 올바르게 쓰였다.

④ **[적중 포인트 044] 주어 자리에서 반드시 단수 또는 복수 취급하는 특정 표현 ★★★☆☆**
현재시제 동사와 be동사는 수 일치를 확인한다. 밑줄 친 부분의 grows는 their confidence와 수 일치가 올바르게 쓰였다.

해석

언어 학습자들은 종종 발음 연습을 통해 말하기 능력을 향상시키는 데 익숙해진다. 꾸준한 연습은 그들이 유창하게 말하는 초기의 어려움을 극복할 수 있도록 돕는다. 처음에는 어려울 수 있지만, 개선된 발음이 더 명확한 의사소통으로 이어지기 때문에 그 노력은 투자할 가치가 있다. 이 언어 개발의 측면에 시간을 투자하는 학습자들은 자신감이 커지고, 대화에 더 쉽게 참여할 수 있다는 것을 알게 될 것이다.

06 [생활영어-빈칸] ▶ ④

난이도 중

정답 해설

대화에서 B는 A에게 예약을 취소하는 이유를 묻고 있고 이후 B가 정책상 최소 24시간 전에 취소해야 한다고 말하는데, 이는 방문자가 당장 예약을 변경하는 것이 아니라, 아예 취소를 요청했음을 나타낸다. 또한, A가 취소 수수료가 있는지 질문하는 부분을 보면, 예약을 변경하는 것이 아니라 완전히 취소해야 하는 상황임을 알 수 있다. 따라서 밑줄 친 부분에 들어갈 말로 가장 적절한 것은 ④이다.

해석

> A: 안녕하세요, 예약을 취소해야 해서 왔습니다.
> B: 알겠습니다. 예약 번호를 알려주시겠어요?
> A: 네, 여기 예약 확인 이메일과 세부 정보가 있습니다.
> B: 감사합니다. 혹시 취소 이유를 여쭤봐도 될까요?
> A: 급한 일이 생겨서 내일은 못 갈 거 같습니다.
> B: 알겠습니다. 저희 정책상 최소 24시간 전에 취소해야 합니다.
> A: 아, 그걸 몰랐네요. 취소 수수료가 있나요?
> B: 아니요, 최소 24시간 전에 취소하면 수수료가 없습니다.
> A: 다행이네요.

① 저는 예약을 다른 날짜로 변경하고 싶습니다.
② 저는 제 숙박을 위해 추가 방을 예약해야 합니다.
③ 제 친구가 저 대신 예약을 사용할 것입니다.
④ 급한 일이 생겨서 내일은 못 갈 거 같습니다.

07 [생활영어-빈칸] ▶ ①

난이도 하

정답 해설

대화의 흐름을 보면, 주민(Resident)이 요금이 평소보다 높다고 말하자, 직원(Staff)은 높은 요금의 원인을 확인하기 위해 누수나 이상 사용 여부를 물어보는 것이 자연스럽다. 따라서 밑줄 친 부분에 들어갈 말로 가장 적절한 것은 ①이다.

해석

> Resident: 안녕하세요, 수도 요금 관련해서 문의드리려고 왔습니다.
> Staff: 알겠습니다. 어떤 문제가 있으신가요?
> Resident: 요금이 평소보다 훨씬 높아요. 그런데 사용량은 그대로입니다.
> Staff: 집에서 누수나 이상한 수도 사용량을 발견하셨나요?
> Resident: 아니요, 집에서 누수 같은 건 못 봤어요.
> Staff: 알겠습니다. 점검 요청해드릴까요?
> Resident: 네, 그러면 도움이 될 것 같아요. 원인을 꼭 알고 싶습니다.
> Staff: 알겠습니다. 점검 후 바로 연락드리겠습니다.

① 집에서 누수나 이상한 수도 사용량을 발견하셨나요?
② 이 문제를 해결하려면 출입국 사무소를 방문하셔야 합니다.
③ 여기에서는 수도 요금을 확인해 드릴 수 없습니다.
④ 청구서 문제는 집주인에게 문의하세요.

08 [독해-세트형 문항(전자 메일-목적)] ▶ ③

난이도 하

정답 해설

메일 작성자는 HVAC 시스템의 심각한 고장에 대해 즉각적인 해결을 요청하고 있다. 사무실에서의 불편함이 생산성 저하를 초래한다고 언급하며, 조속한 수리를 요청하고 있다. 따라서 글의 목적으로 가장 적절한 것은 ③이다.

09 [독해-세트형 문항(전자 메일-유의어)] ▶ ④

난이도 하

정답 해설

밑줄 친 regulate는 '조절[조정]하다, 규제[단속]하다'라는 뜻으로, 문맥상 이와 의미가 가장 가까운 것은 ④ 'control(조절[조정]하다, 지배하다, 규제하다)'이다.

오답 해설

① hamper 방해하다
② repudiate 거부하다, 물리치다, 부인하다
③ bother 신경 쓰다, 괴롭히다

[8~9]

해석

> 수신인: 건물 관리부서
> 발신인: 홍보 부서
> 날짜: 2026년 5월 10일
> 제목: 긴급 요청
>
> 건물 관리팀에게,
>
> 이 메시지가 잘 전달되기를 바랍니다. 저는 사무실의 HVAC 시스템에서 발생한 심각한 고장을 즉시 알려드리고자 글을 씁니다. 지난 며칠 동안 에어컨이 지속적으로 온도를 제대로 조절하지 못해 실내 온도가 점점 올라가고 있습니다. 여러 직원들이 불편함을 호소하고 있으며, 특히 오후 시간대 최고 기온이 기록될 때 생산성에 부정적인 영향을 미치기 시작했습니다.
>
> 기술자가 시스템을 점검하고 필요한 수리를 신속히 진행할 수 있도록 조치해 주시면 대단히 감사하겠습니다. 쾌적한 업무 환경을 유지하는 데 있어 기후 조절 시스템이 매우 중요한 만큼, 이 문제가 시급히 해결되기를 바랍니다.
>
> 이 사안을 신속히 처리해 주셔서 감사합니다. 빠른 해결을 기대하겠습니다.
>
> 감사합니다,
> 홍보 부서

어휘

- immediate 즉각적인, 당면한
- malfunction 고장, 기능 불량
- temperature 온도, 체온
- discomfort 불편, 불편하게 하다
- inspect 점검하다, 검사하다

10 [독해-세트형 문항(안내문-제목)] ▶ ②

난이도 중

정답 해설

이 글은 주말 하이킹 클럽 가입을 유도하고 있으며, 하이킹 클럽의 세부 사항을 안내하고 있다. 따라서 글의 제목으로 가장 적절한 것은 ②이다.
① 우리는 하이킹 가이드를 모집하고 있습니다
② 주말 하이킹 모험이 여러분을 기다립니다
③ 새로 바뀐 하이킹 경로를 체험하세요
④ 걸으면서 환경 보호 활동을 함께 해요

11 [독해-세트형 문항(안내문-세부 정보 파악)] ▶ ④

난이도 하

정답 해설

본문의 열한 번째 문장에서 '각 하이킹은 최대 20명으로 제한된다'고 언급하고 있다. 따라서 윗글의 내용과 일치하지 않는 것은 ④이다.

오답 해설

① 본문의 세 번째 문장에서 언급하고 있으므로 일치한다.
② 본문의 일곱 번째 문장에서 언급하고 있으므로 일치한다.
③ 본문의 아홉 번째 문장에서 언급하고 있으므로 일치한다.

[10~11]

해석

> **주말 하이킹 모험이 여러분을 기다립니다**
>
> 자연과 모험을 사랑하시나요? 주말 하이킹 클럽에 가입하여 다른 하이킹 동료들과 함께 경치가 좋은 코스를 탐험해 보세요! 하이킹 일정은 4월 6일부터 6월 15일까지 진행됩니다. 숨 막히는 경치를 감상하고 경험 많은 하이커들의 안내 투어를 즐겨보세요.
>
> **클럽 세부 사항**
> - 하이킹은 매주 토요일 오전 8시부터 정오 12시까지 진행됩니다.
> - 참가자는 개인 물과 간식을 지참해야 합니다.
> - 모든 하이킹은 훈련된 가이드가 인솔합니다.
> - 클럽은 만 16세 이상 개인에게 개방됩니다.
> - 각 하이킹은 최대 20명으로 제한됩니다.

등록 및 참가비
- 등록하려면 hikingclub@naturecenter.org로 이메일을 보내주세요.
- 참가비는 시즌당 1인당 $15입니다.
- 등록 마감일: 2026년 4월 1일

더 자세한 사항은 212-789-4321로 문의하세요.

어휘
- scenic 경치가 좋은
- trail 코스, 루트, 흔적, 자취
- breathtaking 숨이 막히는
- experienced 경험이 풍부한, 능숙한
- participant 참가자

12 [독해-단일형 문항(홈페이지 게시글-내용 불일치)] ▶ ③

난이도 하

정답 해설
본문의 열 번째 문장에서 '각 수업은 최소 5명이 채워지지 않으면 진행되지 않을 수도 있다'라고 언급하고 있다. 따라서 안내문의 내용과 일치하지 않는 것은 ③이다.

오답 해설
① 본문의 세 번째 문장에서 언급하고 있으므로 일치한다.
② 본문의 여덟 번째 문장에서 언급하고 있으므로 일치한다.
④ 본문의 열세 번째 문장에서 언급하고 있으므로 일치한다.

해석

여름 미술 워크숍

올여름, 창의력을 탐험해 보고 싶으신가요? 우리의 여름 미술 워크숍은 모든 연령대의 예술 지망생들에게 딱 맞는 프로그램입니다! 수업에서는 회화, 조소, 디지털 아트를 다룹니다. 워크숍 기간은 7월 10일부터 8월 20일까지입니다.

워크숍 세부 사항
- 수업은 매주 화요일과 토요일 오후 2시부터 4시 30분까지 진행됩니다.
- 모든 재료는 추가 비용 없이 제공됩니다.
- 워크숍은 시티 아트 센터에서 열립니다.
- 각 수업은 최소 5명이 채워지지 않으면 진행되지 않을 수도 있습니다.

등록 및 참가비
- 등록하려면 웹사이트를 방문하거나 312-456-7890으로 전화하세요.
- 참가비는 전체 프로그램 기준 1인당 $50입니다.
- 등록은 2026년 7월 5일에 마감합니다.

더 많은 정보를 원하시면 artworkshops@cityart.org로 이메일을 보내주세요.

① 워크숍은 모든 연령대의 참가자에게 열려 있다.
② 수업에 필요한 재료는 추가 비용이 없다.
③ 각 수업은 최소 한 명의 참가자가 있으면 진행된다.
④ 참가비는 1인 기준으로 책정된다.

어휘
- aspiring 장차 ~가 되려는, 출세지향적인
- cover 다루다, 포함시키다
- sculpture 조소, 조각(품)
- extra 추가의
- fill 채우다, 채워지다, 메우다

13 [독해-중심 내용 파악(요지)] ▶ ④

난이도 중

정답 해설
행동에 대한 결단의 중요성에 대한 글로, 결단을 내리면 예상치 못한 기회가 생기며, 대담한 행동이 그 자체로 천재성, 힘, 그리고 마력을 담고 있다고 설명하고 있다. 주저하지 않고 행동에 나서는 것이 긍정적인 결과를 가져온다고 강조하고 있다. 따라서 글의 요지로 가장 적절한 것은 ④이다.

해석

어떤 사람이 어떤 것에 대해 맹세하기 전에, 그들은 종종 망설임, 철회할 가능성, 그리고 끊임없는 무력감을 경험한다. 한 가지 근본적인 진실은, 사람이 알지 못할 때는 수많은 생각과 훌륭한 계획이 쉽게 무너질 수 있지만, 분명히 맹세를 하는 순간 신의 섭리 또한 작용하기 시작한다는 것이다. 다시 말해, 그러한 약속 없이는 절대 일어나지 않을 다양한 사건들이 발생하기 시작한다. 이러한 사건들은 그 결정에서 비롯되며, 그 사람이 상상조차 하지 못했던 예상치 못한 일들과 물질적인 지원을 가져오는데, 이는 모두 그에게 유리한 방향으로 작용한다. 나는 괴테의 시에서 깊은 존경심을 담아 한 구절을 외워왔다. "당신이 할 수 있거나 할 수 있다고 꿈꾸는 그 모든 일을 시작하라." 대담한 행동은 그 자체로 천재성, 힘, 그리고 마력을 담고 있다.

① 하는 모든 일에 근면성을 길러라.
② 신중하게 계획하고 행동하라.
③ 미래에 대한 선견지명을 가져라.
④ 행동하는 데 주저하지 마라.

어휘
- vow 맹세[서약]하다, 맹세[서약]
- hesitation 망설임
- retract 철회하다, 취소하다
- powerlessness 무력감, 무기력
- brilliant 훌륭한, 뛰어난
- divine providence 신의 섭리
- commitment 약속, 전념, 헌신
- reverence 존경, 숭배
- bold 대담한, 용감한

14 [독해-단일형 문항(홈페이지 게시글-내용 일치)] ▶ ④

난이도 중

정답 해설
본문의 여섯 번째 문장에서 '특별한 경험을 원한다면, 50달러의 VIP 패키지는 무제한 시식과 요리사와의 만날 수 있는 시간을 제공한다'라고 언급하고 있다. 따라서 윗글의 내용과 일치하는 것은 ④이다.

오답 해설
① 본문의 두 번째 문장에서 '이 축제는 음식 애호가들이 반드시 참석해야 하는 행사이다'라고 언급하고 있으므로 일치하지 않는다.
② 본문의 세 번째 문장에서 '이 축제는 50개 이상의 국제 음식 부스가 제공된다'라고 언급했지만 요리사 수에 대한 내용은 언급되지 않았으므로 일치하지 않는다.
③ 본문의 다섯 번째 문장에서 '반 입장료는 1인당 10달러이며, 3장의 시식 쿠폰이 포함되는 반면, 12세 미만 어린이는 무료로 입장할 수 있다'라고 언급하고 있으므로 일치하지 않는다.

해석

국제 음식 축제

국제 음식 축제는 음식 애호가들이 반드시 참석해야 하는 행사입니다! 11월 22일부터 24일까지 다운타운 플라자의 푸드 코트 지역에서 열리는 이 축제는 50개 이상의 국제 음식 부스에서 다양한 맛을 탐험할 수 있는 특별한 기회를 제공합니다. 유명 요리사들의 라이브 요리 시연, 전통 춤과 음악 공연, 그리고 흥미로운 음식 시식 대회를 즐기세요. 일반 입장료는 1인당 10달러이며, 3장의 시식 쿠폰이 포함되는 반면, 12세 미만 어린이는 무료로 입장할 수 있습니다. 더 특별한 경험을 원한다면, 50달러의 VIP 패키지는 무제한 시식과 요리사와의 만날 수 있는 시간을 제공합니다. 축제는 매일 오전 11시부터 오후 9시까지 운영됩니다. 더 자세한 내용은 www.intlfoodfest.com에서 확인하세요.

① 이 축제는 요리사들이 반드시 참석해야 하는 행사이다.
② 이 축제에는 50명 이상의 요리사들이 참석할 것으로 예상된다.
③ 축제 입장료는 모든 연령대에 동일하게 적용된다.
④ 특별한 경험을 위한 별도의 패키지가 제공된다.

어휘
- attend 참석하다, 다니다, 주의를 기울이다
- opportunity 기회
- flavor 맛, 풍미, 맛을 내다, 풍미를 더하다
- admission 입장료
- unlimited 무제한의, 무한정의

15 [독해-중심 내용 파악(주제)] ▶ ①

난이도 하

정답 해설

감정 표현의 효과에 대한 오해에 대한 글로, 많은 사람들이 분노 표현과 눈물이 감정을 해소한다고 믿지만, 연구 결과를 통해 이러한 믿음이 잘못되었음을 강조하고 있다. 따라서 글의 주제로 가장 적절한 것은 ①이다.

해석

많은 사람들은 분노를 표현하면 그 감정에서 벗어날 수 있고, 눈물을 흘리면 고통이 완화될 것이라고 믿는다. 이러한 믿음은 19세기 감정에 대한 이해에서 비롯된 것이지만, 이는 지구가 평평하다는 개념만큼이나 잘못된 생각이다. 이 이론에 따르면, 뇌는 증기 주전자와 같으며, 부정적인 감정이 내부에서 압력을 쌓아간다고 여겨진다. 하지만, 어떠한 심리학자도 눈물이 스트레스를 완화하는 효과나 분노가 안전하게 해소된다는 이론을 성공적으로 입증하지 못했다. 실제로, 지난 40년 동안 진행된 통제된 연구 결과에 따르면, 분노를 폭발시키는 것은 오히려 분노를 더욱 증폭시키며, 눈물은 오히려 더 깊은 우울증으로 이어질 수 있다. 우리의 뇌는 증기 주전자와 같은 단순한 구조가 아니다. 그것은 19세기 과학이 제시한 이미지로 설명할 수 없는 훨씬 더 복잡한 시스템을 가지고 있다.

① 감정 표현의 효과에 대한 오해
② 뇌 구조와 우울증의 관계
③ 19세기 과학이 신경과학에 미친 영향
④ 감정에 따른 뇌 반응의 가변성

어휘

- express 표(현)하다, 나타내다, 급행의, 신속한
- alleviate 완화하다
- misguided 잘못 이해한[판단한]
- flat 평평한
- kettle 주전자
- psychologist 심리학자
- outburst (감정의) 폭발[분출]
- intensify 증폭시키다, 심해지다, 강화하다
- depression 우울증, 불경기
- encompass 포함하다, 에워싸다

16 [독해-문장 삽입] ▶ ④

난이도 중

정답 해설

해고 시 효과적인 의사소통의 중요성에 대한 글로, 해고가 임박했을 때는 직원의 복지를 고려한 효과적인 의사소통이 필요하며, 이는 직원들에 대한 배려라고 설명하고 있다. 주어진 문장은 의사소통의 중요성에 대한 내용으로 효과적이고 솔직하며 신속한 의사소통은 특히 해고에 임박했을 때 더욱 중요해진다고 설명하고 있다. ④번 뒤에 의사소통에 대해 추가적으로 보충 설명하고 있다. 따라서 주어진 문장이 들어갈 위치로 가장 적절한 것은 ④이다.

해석

기업들은 경쟁력을 유지하기 위해 가차 없이 해고를 단행하며, 이에 연관된 사람들의 복지를 거의 고려하지 않는 경우가 많다. (①) 예를 들어, 최근 몇 년 동안 일부 기업들은 구조조정을 통해 수천 명의 관리자와 직원을 해고했다. (②) 업계 전문가들은 조직이 책임감 있고 윤리적인 공동체의 일원으로 인정받고 싶다면, 직원들에 대한 배려를 보여야 한다고 주장한다. (③) 해고된 직원들이 겪는 충격과 스트레스를 완화하는 데 신경을 쓰는 조직이라면, 이를 신중한 계획과 준비를 통해 해결할 수 있다. (④ 효과적이고 솔직하며 신속한 의사소통은 언제나 중요하지만, 해고가 임박했을 때는 더욱 중요해진다.) 이러한 의사소통을 통해 현재 상황을 인지한 직원들은 불가피한 것을 대비할 수 있으며, 결국 해고가 현실화되었을 때 더 잘 대처할 수 있다.

어휘

- layoff 해고
- axe 해고하다, 자르다
- ruthlessly 가차 없이, 무자비하게
- restructuring 구조조정, 개편
- responsible 책임이 있는
- ethical 윤리적인, 도덕에 관계된

17 [독해-순서 배열] ▶ ④

난이도 중

정답 해설

수입업자와 환율 변동의 위험 관리에 대한 글로, 수입업자들은 환율 변동의 위험을 줄이기 위해 미리 외화를 구매하고, 그렇지 않으면 더 많은 금액을 지불해야 할 수 있음을 설명하고 있다. 주어진 글에서는 외화 변동성에 대한 우려를 표하고 있으며, 환율 변동에 대비해서 외화를 미리 사두는 방법을 언급한 (C)로 이어져야 하며, 외화를 먼저 구매하는 구체적인 방식과 수반되는 위험성을 설명하는 (B)가 그 다음에 이어져야 하며, 그와 반대로 미리 사두지 않을 경우의 손해를 보는 반대의 상황을 설명하는 (A)가 마지막에 와야 자연스럽다. 따라서 글의 순서로 가장 적절한 것은 ④이다.

해석

수입업자들은 외화로 가격이 책정된 상품을 주문하고 송장을 결제하는 기간 동안 환율이 크게 변동할 가능성을 우려한다.
(C) 특히, 경제 구조가 불안정하고 환율 변동성이 큰 지역에 사는 수입업자들은 스스로를 보호할 필요가 있다. 이를 위한 가장 안전한 방법은 미래 납입을 위해 필요한 외화를 미리 사두는 것이다.
(B) 다시 말해, 수입업자들은 은행과 협상하여 현행 이율로 외화 가격을 고정한다. 물론, 나중에 그들이 구매한 외화의 가치가 하락하면, 필요했던 외화를 더 저렴하게 살 수 있었음에도 손실을 보게 된다.
(A) 그러나 반대의 경우도 발생할 수 있다. 즉, 수입업자가 미리 외화를 사두지 않고 있는 동안 자국 통화의 가치가 하락하면, 결국 훨씬 더 많은 돈을 지불해야 한다.

어휘

- fluctuation 변동, 등락
- exchange rate 환율
- invoice 송장, 청구서
- foreign currency 외화
- importer 수입자, 수입국
- negotiate 협상하다, 교섭하다
- current rate 현행 이율
- volatile 변덕스러운, 불안한
- payment 납입, 지불, 지급

18 [독해-문장 제거] ▶ ③

난이도 하

정답 해설

AI 기술의 의료 분야에서의 활용에 대한 글로, AI 기술은 진단 절차 관리에 필수적이며, 웨어러블 기술은 조기 질병 감지와 건강 모니터링에 유용함을 설명하고 있다. 나머지 문장들은 AI 기술의 긍정적인 활용과 관련된 내용을 설명하고 있지만, ③번 문장만 'AI의 사용의 표준 지침'의 부재로 인한 보안 문제에 대한 내용으로 글의 주제와 관련이 없다. 따라서 글의 흐름상 어색한 문장은 ③이다.

해석

AI 기술은 의료 분야에서 진단과 관련된 절차를 관리하는 데 매우 중요하다. ① AI를 장착한 웨어러블 기술은 질병의 조기 발견과 정기적인 건강 모니터링에 매우 유익하다. ② 센서는 심박수, 체온, 운동 습관과 같은 신호를 감지하며, 이러한 데이터는 실시간으로 모니터링된다. (③ 의료 서비스에서 AI를 윤리적으로 활용하기 위한 표준 지침의 부재는 환자의 개인정보 보호 및 데이터 보안에 대한 우려도 또한 제기되고 있다.) ④ 웨어러블 기술을 통해 수집된 데이터는 개인의 건강을 향상시킬 뿐만 아니라 공중 보건에도 상당한 이점을 제공한다. 이는 특히 예방을 위한 건강 정책을 개발하는 데 유용하다.

어휘

- procedure 절차, 방법, 수술
- equip with ~을 장착하다[갖추다]
- beneficial 유익한, 이로운
- disease 질병, 질환
- real time 실시간
- standard 표준, 기준, 일반적인, 보통의
- preventive 예방을 위한

19 [독해-빈칸 추론]

▶ ②

정답 해설

사람들을 돕는 것에 대한 긍정적인 영향에 대한 글로, 다른 사람들을 돕고 봉사하는 생각만으로도 '특정 화학물질의 수치가 증가하여 면역 체계에 상당한 영향을 미친다'는 연구 결과를 통해 설명하고 있다. 마지막에 사람들은 돕고 사는 사람들이 더 오래 사는 이유가 있다고도 언급하고 있다. 따라서 밑줄 친 부분에 들어갈 말로 가장 적절한 것은 ②이다.

해석

> 연구에 따르면, 단순히 다른 사람을 돕고 봉사하는 것에 대해 생각하는 것만으로도 신체의 면역 체계에 상당한 영향을 미칠 수 있다고 한다. 하버드대학교 연구팀은 학생들에게 인도 캘커타에서 환자와 임종을 맞이한 사람들을 돕는 마더 테레사에 대한 영화를 시청하게 했다. 영화 감상 후, 연구진은 학생들의 타액을 검사하여 감기 바이러스에 대한 방어력을 측정했다. 그 결과, 영화를 본 학생들의 몸에서 질병을 막아주는 특정 화학물질의 수치가 급격히 증가한 것이 밝혀졌다. 이후 이 현상은 "마더 테레사 효과"라고 불리게 되었으며, 이는 다른 사람을 돕는 사람들이 일반적으로 더 오래 사는 이유를 과학자들이 설명하는 데 도움을 주고 있다.

① 세상에 대한 자신의 관점
② 신체의 면역 체계
③ 범죄 건수 감소
④ 마더 테레사에 대한 사람들의 감정

어휘

- patient 환자
- saliva 침, 타액
- measure 측정하다, 재다
- chemical 화학 물질, 화학의
- phenomenon 현상

20 [독해-빈칸 추론]

▶ ③

정답 해설

감정 지능이 사회적 상호작용에 미치는 영향에 대한 글로, 감정 지능의 부족은 사회적 역학을 제대로 관리하지 못하게 하여 부정적인 결과를 초래할 수 있음을 바리스타의 사례로 강조하고 있다. 공감 능력이 부족하거나 다른 사람의 감정적 필요를 인식하지 못하는 사람들은 즉각적으로 드러나지 않아도 부정적인 결과를 겪을 가능성이 있다고 설명하고 있다. 따라서 밑줄 친 부분에 들어갈 말로 가장 적절한 것은 ③이다.

해석

> 감성 지능은 사회적 상호작용을 형성하는 데 중요한 역할을 하며, 개인이 복잡한 인간관계를 어떻게 처리하는지에 영향을 미친다. 공감 능력이 부족하거나 다른 사람의 감정적 필요를 인식하지 못하는 사람들은, 비록 즉각적으로 드러나지 않을지라도, 부정적인 결과를 겪을 가능성이 크다. 사람들은 무시당하거나 모욕을 당하거나 부당한 대우를 받았다고 느낄 때, 미묘하지만 영향력 있는 방식으로 반응할 수 있다. 예를 들어, 한 고객이 사소한 실수로 인해 바리스타를 무례하게 꾸짖는 상황을 생각해 보자. 겉으로는 정중하고 침착해 보일지라도, 바리스타는 음료를 대충 만들거나, 다음 번 서비스에서 일부러 지연시키거나, 작은 실수를 의도적으로 저지를 수도 있다. 이러한 상황은 사회적 역학을 제대로 관리하지 못하면 숨겨진 형태의 사회적 보복을 초래할 수 있음을 강조하며, 이는 결국 개인의 인간관계, 평판, 그리고 미래의 협력이나 지원 기회를 손상시킬 수 있다.

① 행동의 직접적인 결과
② 협력하지 못하는 능력에 대한 반성
③ 숨겨진 형태의 사회적 보복
④ 감정 지능을 향상시키는 방법

어휘

- emotional intelligence 감성 지능, 정서 지능
- interaction 상호작용
- navigate 처리하다, 다루다, 항해하다, 길을 찾다
- empathy 공감, 감정이입
- recognize 인식하다, 인정하다
- slight 모욕, 무시
- scold 꾸짖다, 야단치다
- minor 사소한, 작은
- reputation 평판, 명성

영어 정답 및 해설

⊘ 제8회 모의고사

01 ②	02 ④	03 ①	04 ③	05 ①
06 ④	07 ②	08 ②	09 ①	10 ②
11 ③	12 ④	13 ①	14 ③	15 ②
16 ③	17 ④	18 ③	19 ①	20 ②

01 [어휘-빈칸] ▶ ②

난이도 중

정답 해설

편향된 의견은 프로젝트의 잠재적 성공을 해칠 수 있다는 문맥으로 보아 제안의 타당성을 판단하기 위해서는 '공정한' 검토가 필요하다는 내용이 자연스러우므로 빈칸에는 ②가 적절하다.

어휘

★ impartial 공정한, 편견 없는, 공평한
● diffident 자신이 없는, 내성적인, 소심한
● harsh 혹독한, 가혹한
● subsequent 그 다음의, 이후의

해석

편향된 의견은 프로젝트의 잠재적 성공을 해칠 수 있는 불공정한 결론을 초래할 수 있어서 제안의 실현 가능성을 판단하기 위해서는 공정한 검토가 필요하다.

02 [어휘-빈칸] ▶ ④

난이도 하

정답 해설

엔진의 고장이라는 문맥으로 보아 결함이 있는 '부품'이라는 내용이 자연스러우므로 빈칸에는 ④가 적절하다.

어휘

★ component 부품, (구성) 요소
● peasant 농부, 소작인
● discrimination 구별, 차별
● bruise 타박상, 타박상을 입히다

해석

엔진의 고장은 결함이 있는 부품 때문에 발생했으며, 기능을 회복하기 위해 즉시 교체되었다.

03 [문법-빈칸] ▶ ①

난이도 중

정답 해설

[적중 포인트 052] 동명사의 동사적 성질 ★★★☆☆

밑줄 친 부분은 수식어 자리이고 목적어를 취할 수 있는 능동형 준동사가 필요하다. 또한 맥락상 필수 안전 교육을 마친 후에 건설 현장에 들어가는 것이 적절하므로 완료형 분사로 써야 한다. 따라서 밑줄 친 부분에 가장 적절한 것은 ①이다.

해석

필수 안전 교육을 마친 후, 모든 신입 직원들은 감독자의 안내 아래 건설 현장에 들어가는 것이 허용되었다.

04 [문법-밑줄] ▶ ③

난이도 중

정답 해설

③ [적중 포인트 031] 혼동하기 쉬운 자동사와 타동사 ★★★★★

rise, arise, lie, sit, fall은 1형식 자동사이므로 목적어를 취할 수 없고 raise, arouse, lay, seat, fell은 3형식 타동사이므로 목적어를 취할 수 있으니 목적어 유무에 따라 올바른 동사가 쓰였는지 확인한다. 밑줄 친 부분에서 rise는 자동사로 목적어를 취할 수 없으므로 목적어를 취할 수 있는 타동사인 raise로 고쳐야 한다.

오답 해설

① [적중 포인트 049] 5형식 동사의 수동태 구조 ★★★★☆

5형식 동사의 수동태 구조 be p.p. 뒤에는 목적격 보어가 올바른 형태로 남아있는지 확인한다. look upon은 5형식 동사로 수동태가 되었을 경우 뒤에 as 명사나 as 형용사 목적격 보어가 쓰인다. 따라서 밑줄 친 부분의 is often looked upon은 올바르게 쓰였다.

② [적중 포인트 053] 암기해야 할 동명사 표현 ★★★★★

특정 표현에서 전치사 to 뒤에 명사나 동명사가 나왔는지 확인한다. 밑줄 친 부분의 with a view to는 '~하기 위해서'라는 의미이고 이때 to는 전치사로 명사나 동명사를 취하므로 올바르게 쓰였다.

④ [적중 포인트 060] to부정사의 명사적 역할 ★★★★☆

to부정사는 명사적 용법으로 쓰일 때, 특정 타동사 뒤에서 목적어 역할을 한다. tend는 목적어로 동명사가 아닌 to부정사를 목적어로 취한다. 따라서 밑줄 친 부분의 to enjoy는 올바르게 쓰였다.

해석

의학에서 건강한 식단은 만성 질환을 예방하는 데 중요한 요소로 자주 간주된다. 더 나은 건강을 증진하기 위해 많은 의료 제공자들이 환자들에게 균형 잡힌 식습관을 채택하고 가공 식품을 피하라고 권장한다. 이러한 식단 변화는 신체적 건강을 개선할 뿐만 아니라 영양의 중요성에 대한 인식을 높인다. 더 건강한 습관을 추구하는 개인들은 심장병과 당뇨병을 발병할 가능성이 낮아지는 것을 포함하여 지속적인 이점을 누리는 경향이 있다.

05 [문법-밑줄] ▶ ①

난이도 중

정답 해설

① [적중 포인트 027] 5형식 지각동사의 목적격 보어 ★★★★★

지각동사는 목적어와 목적격 보어 관계가 능동일 경우 목적격 보어 자리에 원형부정사나 현재분사를 쓴다. 따라서 밑줄 친 부분의 to apply를 apply 또는 applying으로 고쳐야 한다.

오답 해설

② [적중 포인트 078] 등위접속사와 병치 구조 ★★★★☆

등위접속사를 통해 둘 이상의 어구가 연결될 때 병치 구조로 연결되어야 한다. 따라서 밑줄 친 부분의 offered는 등위접속사 and에 의해서 연결되어 동사 observed와 병치 구조를 이루고 있으므로 올바르게 쓰였다.

③ [적중 포인트 003] 어순이 중요한 간접의문문 ★★★☆☆

간접의문문은 도치 구조의 어순인 '조동사+주어'가 아닌 평서문의 어순인 '주어+동사'로 쓴다. 따라서 밑줄 친 부분의 how는 의문사로 뒤에 '주어+동사' 어순을 취하고 있으므로 올바르게 쓰였다.

④ [적중 포인트 055] 감정 분사와 분사형 형용사 ★★★★★

감정 동사는 감정을 유발할 때는 현재분사로 쓰고 감정을 느낄 때는 과거분사로 쓴다. 따라서 밑줄 친 부분의 감정 동사 surprise의 과거분사인 surprised는 고객이 놀라움을 느낄 때 쓸 수 있는 표현이므로 올바르게 쓰였다.

해석

뷰티 컨설턴트는 고객이 파운데이션을 잘못 바르는 것을 보고, 그녀의 기술을 향상시키기 위해 조언을 제공했다. 컨설턴트는 고르게 블렌딩하고 올바른 색상을 선택하는 것이 전체적인 룩을 어떻게 변화시킬 수 있는지 시범을 보였다. 처음에는 망설이던 고객은 즉각적인 개선에 놀라며 다른 메이크업 팁에 대해 질문하기 시작했다.

06 [생활영어-빈칸]　▶ ④

난이도 중

정답 해설

대화의 흐름을 보면, John Smith가 예상보다 적은 예산이 배정된 문제를 제기하고 있고 Emily Johnson은 이에 대해 자세히 물어보며 문제의 본질을 파악하려고 하고 있다. 따라서 밑줄 친 부분에 들어갈 말로 가장 적절한 것은 ④이다.

해석

> John Smith: 좋은 아침입니다, 다가오는 예산 배정에 대해 걱정되는 부분이 있어서 연락드립니다.
> Emily Johnson: 알겠습니다. 말씀하신 부서나 프로젝트의 구체적인 내용을 제공해 주실 수 있나요?
> John Smith: 물론입니다. 여기 프로젝트의 세부 사항과 배정된 금액이 있습니다.
> Emily Johnson: 감사합니다. 예산 배정에 어떤 문제가 있나요?
> John Smith: 이 프로젝트의 예산이 이전 추정치를 바탕으로 예상했던 것보다 상당히 낮습니다.
> Emily Johnson: 최근 프로젝트 범위나 요구 사항에 변경이 있었나요?
> John Smith: 네, 예기치 못한 변경이 있었습니다.

① 프로젝트 제출 마감일은 언제인가요?
② 예산이 어떻게 계산되었는지 설명해 주실 수 있나요?
③ 이 문제가 급한가요, 아니면 미룰 수 있나요?
④ 예산 배정에 어떤 문제가 있나요?

07 [생활영어-빈칸]　▶ ②

난이도 중

정답 해설

대화에서 A는 프로젝트의 진행이 늦어지고 있다는 점을 언급하며, B는 중요한 작업을 먼저 집중해서 진행하면 회복할 수 있다고 말하고 있다. 이에 대해, A가 추가 자원이 필요한지 묻고 있고 B는 "It might help"라고 응답하며 추가 자원을 고려할 수 있다는 의견을 제시하고 있다. 따라서 밑줄 친 부분에 들어갈 말로 가장 적절한 것은 ②이다.

해석

> A: 프로젝트 일정에 대해 잠깐 얘기할 시간이 있으신가요?
> B: 물론이죠, 무슨 일이신가요?
> A: 제가 보니까 몇 가지 작업이 뒤처지고 있는 것 같습니다. 이번 주까지 따라잡을 수 있을까요?
> B: 중요한 작업부터 집중하면 따라잡을 수 있을 거예요. 팀과는 얘기해보셨나요?
> A: 아직 얘기하지 않았습니다만, 다음 회의에서 팀에게 업데이트할 계획입니다. 추가 자원이 필요할까요?
> B: 그게 도움이 될 수도 있을 것 같습니다. 아마도 일을 더 빨리 진행하기 위해 임시로 도움을 요청할 수 있을 것 같습니다.
> A: 좋은 생각이네요. 회의에서 그 문제를 다루도록 하겠습니다.

① 팀은 이미 최대한 열심히 일하고 있다고 생각합니다.
② 아마도 일을 더 빨리 진행하기 위해 임시로 도움을 요청할 수 있을 것 같습니다.
③ 고객에게는 이미 지연에 대해 통보되었습니다.
④ 대신 프로젝트를 취소하는 것이 더 나을 것 같습니다.

08 [독해-세트형 문항(홈페이지 게시글-세부 정보 파악)]　▶ ②

난이도 중

정답 해설

본문의 네 번째를 문장에서 '세계적인 협력을 통해 해양 문제를 해결한다'고 언급하고 있다. 따라서 윗글의 내용과 일치하는 것은 ②이다.
① 이것은 영해를 침범하는 어선을 감시한다.
② 이것은 전 세계적인 협력을 통해 문제를 해결한다.
③ 이것은 해양 보존과 함께 생태 관광을 육성하는 것을 목표로 한다.
④ 이것은 정부의 규제와 통제하에서 운영된다.

오답 해설

① 본문의 네 번째 문장에서 '오염, 기후 변화, 남획과 같은 해양 문제를 해결한다'고는 언급했지만 영해 침범에 대한 내용은 언급되지 않았으므로 일치하지 않는다.
③ 본문의 아홉 번째 문장에서 '미래 세대를 위해 해양 생태계를 보존하는 것을 목표로 한다'고 언급했지만 생태 관광 육성에 대한 내용은 언급되지 않았으므로 일치하지 않는다.
④ 본문의 열한 번째 문장에서 '정부와 협력하여 긍정적인 환경 변화를 이끌어낸다'고 언급하고 있으므로 일치하지 않는다.

09 [독해-세트형 문항(홈페이지 게시글-유의어)]　▶ ①

난이도 하

정답 해설

밑줄 친 critical은 '중요한, 중대한, 비판적인, 비난하는'이라는 뜻으로, 문맥상 이와 의미가 가장 가까운 것은 ① 'essential(중요한, 필수적인)'이다.

오답 해설

② considerate 사려 깊은, 동정심[인정] 있는
③ potential 잠재적인, 가능성이 있는
④ universal 일반적인, 전 세계적인

[8~9]

해석

> **해양 보호 기구**
>
> **사명**
> 해양 보호 기구는 세계의 바다와 해양 생물의 건강을 보호하기 위해 활동합니다. 과학 기반의 옹호 활동, 대중 교육, 세계적인 협력을 통해 오염, 기후 변화, 남획과 같은 <u>중요한</u> 해양 문제를 해결합니다.
>
> **비전**
> 우리는 생물 다양성을 유지하고 수백만 명의 생계를 지원하는 건강하고 번영하는 바다를 꿈꿉니다. 우리의 목표는 지속 가능한 실천과 강력한 환경 보호 정책을 통해 바다의 장기적인 건강을 보장하는 것입니다.
>
> **핵심 가치**
> • 지속 가능성: 미래 세대를 위해 해양 생태계를 보존하는 것을 목표로 합니다.
> • 과학: 우리의 계획과 정책을 결정할 때 과학적인 연구를 기반으로 합니다.
> • 협력: 정부, 기업, 지역 사회와 협력하여 긍정적인 환경 변화를 이끌어냅니다.

어휘

ocean 바다
marine 바다의, 해양의
advocacy 옹호,지지
overfishing (어류) 남획
biodiversity 생물의 다양성
livelihood 생계 (수단)
government 정부, 정권

10 [독해-세트형 문항(안내문-제목)]　▶ ②

난이도 중

정답 해설

이 글은 재능 있는 아티스트와 모든 연령대가 즐길 수 있는 음악 축제 개최를 알리고 있으며, 음악 축제에 대한 내용을 자세하게 안내하고 있다. 따라서 글의 제목으로 가장 적절한 것은 ②이다.
① 음악이 주는 위로로 마음을 달래세요
② 새롭게 단장한 음악 축제를 즐기세요
③ 지역 예술과 문화를 탐험하세요
④ 무명의 아티스트들에게 많은 관심을 가져주세요

11 [독해-세트형 문항(안내문-세부 정보 파악)]　▶ ③

난이도 하

정답 해설

본문의 열한 번째 문장에서 '국내외 가수들의 라이브 공연을 직접 경험하세요'라고 언급하고 있다. 따라서 윗글의 내용과 일치하지 않는 것은 ③이다.

오답 해설

① 본문의 세 번째 문장에서 언급하고 있으므로 일치한다.
② 본문의 세 번째 문장에서 언급하고 있으므로 일치한다.
④ 본문의 열세 번째 문장에서 언급하고 있으므로 일치한다.

해석

새롭게 단장한 음악 축제를 즐기세요.

우리는 음악, 예술, 그리고 공동체 정신을 기념하는 연례 Green Valley 음악 축제에 여러분을 초대하게 되어 기쁩니다! 올해 축제는 예년보다 더욱 크고 화려하게 열릴 예정이며, 다양한 재능 있는 아티스트와 모든 연령대가 즐길 수 있는 재미있는 활동이 구성되어 있습니다. 이 잊지 못할 경험을 놓치지 마세요!

세부 정보
- 날짜: 7월 22일(토) – 7월 23일(일)
- 시간: 오전 11시 – 오후 9시, 토요일
          오전 11시 – 오후 7시, 일요일
- 장소: Green Valley 공원, Riverside Drive 및 인근 지역

주요 행사
- 라이브 음악: 여러 무대에서 펼쳐지는 국내외 가수들의 공연을 직접 경험하세요.
- 예술 전시: 재능 있는 예술가들의 멋진 작품과 설치 미술을 감상할 수 있습니다.
- 음식 & 음료: 다양한 음식 판매점에서 맛있는 요리를 즐기고, 시원한 음료도 함께 맛보세요.

자세한 일정 및 추가 정보는 웹사이트 www.Gayoungvalleymusicfest.org를 방문하거나, 축제 상담 전화 (555) 123-4567로 문의하세요.

어휘
- lineup 구성, 사람[물건]의 열
- unforgettable 잊지 못할
- nearby 인근의, 가까운 곳의
- domestic 국내의, 가정의
- international 국제적인
- stunning 멋진, 아름다운
- art installation 설치 미술
- cuisine 요리(법)
- beverage (물 외의) 음료
- hotline 상담[서비스] 전화

12 [독해-단일형 문항(전자 메일-목적)]   ▶ ④

난이도 하

정답 해설

이 글은 Cookie Corner의 매장이 Oak Street에서 Maple Avenue로 이전한다고 알리며, 새로운 공간에서 더 나은 서비스를 제공할 것이라고 안내하고 있다. 따라서 글의 목적으로 가장 적절한 것은 ④이다.

해석

수신인: emily@naver.com
발신인: sarah@cookiecorner.com
날짜: 2026년 2월 25일
제목: 쿠키 애호가들을 위한 신나는 소식!

Emily님께,

잘 지내고 계시길 바랍니다! 중요한 소식을 전해드리고자 합니다. 많은 고민 끝에, 저희는 매장을 Oak Street에서 새로운 위치인 Maple Avenue로 이전하기로 결정했습니다. 저희 사업이 성장하면서, 새로운 공간이 여러분과 같은 훌륭한 고객들에게 더 나은 베이킹 공간과 더 많은 편의를 제공할 것이라고 판단했습니다.

앞으로도 여전히 맛있는 쿠키를 제공할 것이며, 새로 마련된 공간을 보여드릴 날이 기다려집니다!

저희를 사랑해 주셔서 감사드리며, 곧 새로운 장소에서 여러분을 맞이할 수 있기를 기대합니다!

감사합니다,
Sarah Green

① 새로운 메뉴 추가된 것을 알리려고
② 가게 임시 휴업을 고객에게 알리려고

③ 베이킹 수업 장소 변경을 알리려고
④ 가게 이전 소식을 고객에게 알리려고

어휘
- location 위치, 장소
- convenience 편의, 편리
- improvement 개선, 향상
- delicious 맛있는

13 [독해-중심 내용 파악(주제)]   ▶ ①

난이도 하

정답 해설

산림 벌채의 원인을 찾는 연구의 한계에 대한 글로, 산림 벌채의 원인은 지역에 따라 다르며, 연구들이 명확한 연결성을 찾기 어려운 이유는 양적 데이터 부족과 연구 방법의 한계 때문임을 설명하고 있다. 따라서 글의 주제로 가장 적절한 것은 ①이다.

해석

산림 벌채는 여러 가지 요인에 의해 발생하며, 이 요인들은 지역에 따라 다르다. 많은 연구들이 산림 벌채의 공통된 원인을 규명하려고 시도했지만, 정량적인 데이터 부족으로 인해 산림 벌채와 특정 활동 간의 명확한 관계를 도출하기 어렵다. Angelsen과 Kaimowitz의 연구는 열대 지방 산림 벌채의 원인에 대한 140개의 경제 모델을 검토했고, 산림 벌채가 주로 도로 건설, 농업 가격 변화, 낮은 임금, 농지 외 일자리 부족과 연관이 있음을 발견했다. 또한 그들은 경제 자유화를 목표로 한 정책 개혁이 산림에 대한 압박을 증가시킬 수 있다는 점도 지적했다. 그러나 그들은 많은 연구들이 잘못된 방법과 낮은 품질의 데이터로 고통받고 있어, 거시 경제 요인의 정확한 역할을 결론 내리기 어렵다고 강조했다.

① 산림 벌채와 특정 원인 간의 명확한 연결을 찾기 어려움
② 산림 벌채가 지역 경제에 미치는 영향을 측정하는 방법
③ 산림 벌채 연구에서 다양한 학문 분야를 사용하는 중요성
④ 건강한 생태계를 위한 산림 생물 다양성 보존의 필요성

어휘
- deforestation 산림 벌채
- region 지역, 지방
- attempt 시도하다, 애써 해보다
- quantitative 양적인
- tropical 열대 지방의
- construction 건설, 공사
- off-farm 농지 외
- liberalization 자유화
- conclude 결론을 내리다, 끝나다
- macroeconomic 거시 경제

14 [독해-세부 정보 파악(내용 불일치)]   ▶ ③

난이도 하

정답 해설

본문의 여섯 번째 문장에서 '전시된 모든 작품은 판매 중이다'고 언급하고 있다. 따라서 안내문의 내용과 일치하지 않는 것은 ③이다.

오답 해설

① 본문의 세 번째 문장에서 언급하고 있으므로 일치한다.
② 본문의 네 번째 문장에서 언급하고 있으므로 일치한다.
④ 본문의 일곱 번째 문장에서 언급하고 있으므로 일치한다.

해석

뉴욕 아트 전시회

저희 연례 미술 전시회에 참여하여 뉴욕시의 다채롭고 활기찬 예술 현장을 탐험하세요! 3월 1일부터 3월 15일까지, 세계 각국의 떠오르는 아티스트들과 유명한 아티스트들의 매력적인 작품을 다양한 예술 스타일들로 만나보실 수 있습니다.

입장료는 성인 10달러이며, 12세 이하 어린이는 무료로 입장할 수 있어 가족 단위로 참여하기 좋은 행사입니다. 전시회에 출품된 모든 예술 작품은 판매 중이며, 판매 수익의 일부는 지역 자선 단체에 기부되어 지역 사회를 지원합니다.

항목	세부 사항
전시 기간	3월 1일부터 3월 15일까지 다양한 예술 스타일과 매체를 선보입니다.
입장료	성인: $10, 12세 이하 어린이: 무료

문의 사항은 (212) 555-0199로 전화해 주세요.

① 유명한 아티스트들뿐만 아니라 떠오르는 아티스트들도 참여한다.
② 12세 이하 어린이는 무료 입장이 가능하다.
③ 전시되는 모든 작품들이 판매되지는 않는다.
④ 수익금 일부는 자선 단체에 기부가 된다.

어휘

exhibition 전시회
scene 현장, 장면
fascinating 매력적인, 흥미로운
entrance fee 입장료, 참가비
useful 유용한, 도움이 되는
proceeds 수익금, 돈

15 [독해-중심 내용 파악(요지)] ▶ ②

난이도 중

정답 해설

이 글은 WFP가 긴급 상황에서 필요한 사람들에게 식량 지원을 보장하는 역할을 하고 있으며, 특히 재난 발생 시 긴급 구호 활동을 통해 식량 부족 문제를 해결하려고 노력한다는 것을 중점으로 설명하고 있다. 따라서 글의 요지로 가장 적절한 것은 ②이다.

해석

자연재해 시 식량 불안정

세계 식량 계획(WFP)은 전 세계 기아 문제를 방지하고 위기 상황에서 식량 지원을 제공하기 위해 설립되었습니다. 자연재해, 분쟁, 경제 불안정은 식량 공급을 방해하여 취약한 사람들을 기아 위험에 처하게 만듭니다. WFP는 특히 긴급 상황에서 필요한 사람들에게 식량이 도달하도록 보장하는 역할을 합니다.

긴급 식량 지원 제공

WFP는 긴급 식량 비축량을 유지하고 있으며, 신속 대응 시스템을 운영하여 재난 피해 지역에 식량을 전달합니다. 가뭄, 홍수, 분쟁과 같은 상황이 발생했을 때, WFP는 현지 정부 및 비정부기구(NGO)와 협력하여 배급 센터를 설치하고 필수적인 식량을 공급합니다.

WFP 팀이 긴급 식량 배급소를 마련하고, 어린이 및 임산부에게 영양 보충제를 제공해 왔습니다. 또한, 자원봉사자들은 지역 사회에 지속 가능한 농업 기술을 교육하여 미래의 식량 불안정을 줄이는 데 도움을 주고 있습니다.

① WFP는 장기적인 농업 개발에 초점을 맞춘다.
② WFP는 위기 상황에서 긴급 식량 지원을 제공한다.
③ WFP는 식량 부족을 방지하기 위해 시장을 규제한다.
④ WFP는 재난 발생 시 자원봉사자들을 신속하게 투입한다.

어휘

• vulnerable 취약한, 연약한
• starvation 기아, 굶주림
• reserve 비축[예비]량
• rapid-response 신속 대응의
• drought 가뭄
• flood 홍수, 쇄도, 폭주
• severe 심각한, 가혹한, 엄격한
• distribution point 배급소, 분배소
• insecurity 불안정, 불안감

16 [독해-문장 삽입] ▶ ③

난이도 중

정답 해설

건강한 논쟁에 대한 글로, 건강한 논쟁은 관계에 유익할 수 있지만, 과도한 분노 표현은 해롭다고 설명하고 있다. 그 해결책으로 분노를 표현할 때 상대방의 성격이나 인격이 아닌 불편하게 했던 그 행동에 초점을 맞춰야 함을 강조하고 있다. 주어진 문장은 '문제점에 대한 해결책'으로 상대방의 행동에 초점을 맞춰 분노를 표현해야 한다고 강조하고 있고, ③번 뒤에 그러한 행동의 구체적인 예시를 들고 있다. 따라서 주어진 문장이 들어갈 위치로 가장 적절한 것은 ③이다.

해석

일부 사람들은 가끔 건강한 논쟁이 관계에 도움이 될 수 있다고 믿지만, 분노가 지나치거나 부적절하게 표현되면 관계에 매우 해로울 수 있다. 분노를 표현하는 가장 좋은 방법은 단호하지만 공격적이지 않게 하는 것이다. (①) 단호함이란 상대방에게 지나치게 강요하거나 과도한 요구를 하지 않으면서, 자신과 상대방 모두를 존중하는 것을 의미한다. (②) 이를 실천하려면, 상대방의 인격이나 성격에 초점을 맞추는 것을 피해야 한다. (③ 대신, 자신을 괴롭히는 행동에 초점을 맞추는 것이 중요하다.) 예를 들어, "네 행동 때문에 내가 비난받는 기분이 들었고, 그것이 정말 속상했어. 나는 우리의 관계를 소중하게 생각하고, 이 문제에 대해 이야기하고 싶어."라고 말할 수 있다. (④) 이렇게 하면 상대방의 행동이 자신에게 불편함을 준다는 사실을 알리면서도, "I" 문장을 사용해 자신의 감정을 효과적으로 표현할 수 있다.

어휘

• bother 괴롭히다, 성가시게 하다, 귀찮게 하다
• occasional 가끔의
• argument 논쟁, 언쟁, 말다툼
• excessively 지나치게
• inappropriately 부적절하게, 어울리지 않게
• harmful 해로운, 유해한
• assertively 단호히, 단정적으로
• aggressively 공격적으로
• excessive 지나친, 과도한
• personality 인격, 성격
• statement 문장, 표현, 성명, 진술

17 [독해-순서 배열] ▶ ④

난이도 중

정답 해설

자바의 수공예 바틱 원단 제작 과정에 대한 글로, 바틱 원단 제작 과정에 대한 설명을 한 주어진 글 다음에 '디자인과 첫 번째 왁스 바르기'에 대한 내용을 담고 있는 (C)로 이어져야 하며, 그 이후에 '첫 번째 염색 과정'에 대한 내용인 (B)로 이어져야 하고, 마지막으로 '두 번째 염색 과정'에 대한 내용인 (A)로 마무리해야 자연스럽다. 따라서 글의 순서로 가장 적절한 것은 ④이다.

해석

가장 아름다운 원단 중 하나는 자바에서 손으로 염색한 바틱이다. 몇 세기 동안 바틱 원단을 만드는 과정은 비슷한 방법을 따라왔다. 먼저, 긴 흰색 무명 원단을 선택하고, 원단 위에 연필로 디자인을 그린다.
(C) 그 후, 가장 어두운 색이 될 부분을 제외한 원단 전체에 왁스를 바른다. 바틱 예술가들은 특수한 대나무 펜을 사용하여 왁스를 바른다.
(B) 왁스가 없는 부분만 색을 흡수하도록 원단 전체에 왁스를 덮은 후, 원단을 염료에 담근다. 원단이 충분히 염료를 흡수하면, 원단을 꺼내어 건조시킨다.
(A) 그런 다음, 두 번째로 염색할 부분을 칼로 긁어내고, 원단을 두 번째 염료에 담가 이 과정을 필요에 따라 여러 번 반복한다.

어휘

• fabric 원단, 직물
• Java 자바 (인도네시아 공화국의 본섬)
• cotton 무명, 면직물, 목화
• scrape off 긁다, 벗겨내다
• dip (액체에) 살짝 담그다[적시다]
• dye 염색하다, 염료
• absorb 흡수하다[빨아들이다], 받아들이다
• bamboo 대나무

18 [독해―문장 제거] ▶ ③

정답 해설

스파이웨어에 대한 글로, 온라인상 신원 보호의 개인 책임과 스파이웨어가 설치되는 방식에 대해 설명하고 있다. 나머지 문장들은 스파이웨어의 정의와 컴퓨터에 스파이웨어가 설치되는 방식에 대해 설명하고 있지만 ③번 문장만 '바이러스 퇴치용 소프트웨어'가 스파이웨어를 제거하지 못하는 이유에 대한 내용으로 글의 주제와 관련이 없다. 따라서 글의 흐름상 어색한 문장은 ③이다.

해석

최근 여러 나라에서 스파이웨어에 대한 법안을 통과시켰지만, 이러한 법이 시행되기까지는 오랜 시간이 걸릴 것으로 보인다. 따라서 온라인에서 자신의 신원을 보호하는 것은 개인의 책임이다. ① 스파이웨어는 컴퓨터 시스템에 침투하여 컴퓨터 소유자의 정보를 훔치는 소프트웨어이다. ② 일부 스파이웨어는 사용자가 직접 다운로드하여 설치할 수도 있다. (③ 일반적인 바이러스 퇴치용인 소프트웨어는 주로 악성 코드를 대상으로 하기 때문에 스파이웨어를 제거하지 못할 수도 있다.) ④ 그러나 다른 유형의 스파이웨어는 프로그램 다운로드를 통해 자동으로 설치되거나, 인터넷 검색 기록 파일의 형태로 설치될 수도 있다. 이러한 경우 사용자는 자신도 모르는 사이에 스파이웨어를 컴퓨터에 설치하게 된다.

어휘

• spyware 스파이웨어(사용자 몰래 개인 정보를 수집하는 데 쓰이는 악성 소프트웨어)
• implement 시행하다
• responsibility 책임, 책무
• infiltrate 침투[잠입]하다, 스며들다
• personally 직접, 개인적으로
• install 설치하다
• antivirus 바이러스 퇴치용인
• malicious code 악성 코드
• unwittingly 자신도 모르게, 부지불식간에

19 [독해―빈칸 추론] ▶ ①

정답 해설

언어 다양성의 사회적 및 문화적 요인에 대한 글로, 지역적 방언을 넘어 사회적 지위와 문화적 배경에 따라, 언어가 어떻게 다르게 사용되는지를 설명하고 있다. 특히 '사회적 요인에 따른 언어 차이'와 '민족 간의 문화적 요인에 따른 언어 차이'를 강조하고 있다. 따라서 밑줄 친 부분에 들어갈 말로 가장 적절한 것은 ①이다.

해석

언어 다양성을 조사할 때, 사회 언어학자들은 종종 지리적 방언을 넘어 더 미묘한 형태의 차이를 탐구한다. 하나의 공동체 내에서도 화자들이 <u>사회적이고 문화적인 역학에서 발생하는</u> 언어의 다른 형태를 사용할 수 있다. 예를 들어, 도시 지역에서는 사회경제적 지위가 언어 패턴에 영향을 미칠 수 있으며, 그로 인해 노동 계층과 전문가들이 사용하는 언어에 눈에 띄는 차이가 나타난다. 마찬가지로, 다른 민족이나 문화적 그룹의 구성원들은 문화적 정체성을 강화하기 위해 민족 사투리(ethnolect)로 알려져 있는 특정한 언어적 스타일을 사용한다. 이러한 언어적 변이들은 언어가 사회적 구분과 개인 정체성의 표지가 될 수 있음을 강조하며, 단순한 지리적 분리를 넘어선다는 점을 보여준다.

① 사회적이고 문화적인 역학에서 발생하는
② 지역적 경계에 의해 엄격히 정의되는
③ 보편적인 언어 원칙을 따르는
④ 사회 집단 간의 차이를 최소화하는

어휘

• examine 조사[검토]하다
• sociolinguist 사회 언어학자
• dialect 방언, 사투리
• variation 차이, 변화
• distinct 다른, 별개의, 뚜렷한
• noticeable 뚜렷한, 현저한, 분명한
• linguistic 언어(학)의
• ethnolect 민족 사투리(민족 집단에 특화된 언어 종류)
• separation 분리, 구분

20 [독해―빈칸 추론] ▶ ②

정답 해설

두려움과 성공의 관계에 대한 글로, 두려움 자체가 성공의 원인이 아니라 두려움이 오히려 장애물임을 깨닫고, 평화롭고 사랑이 넘치는 삶이 목표 달성에 긍정적인 영향을 미친다는 점을 강조하고 있다. 빈칸이 있는 문장은 바로 앞 문장을 재진술하는 것으로, 빈칸 앞 문장은 '두려움을 느낄 때 우리는 가장 큰 잠재력을 발휘하지 못하게 된다'고 설명하고 있다. 즉, 우리가 얻은 성공은 두려움 때문이 아니라, 두려움에도 불구하고 이룬 것이다. 따라서 밑줄 친 부분에 들어갈 말로 가장 적절한 것은 ②이다.

해석

우리가 급하고 두려워하며 경쟁적이고, 마치 인생이 거대한 비상사태인 것처럼 살아가는 주요 이유 중 하나는, 우리가 더 평화롭고 사랑이 넘치는 사람이 되면 목표를 달성하지 못할 것이라는 두려움 때문이다. 우리는 게으르고 무관심해질 것이라고 생각한다. 그러나 이 두려움을 없애는 방법은 사실 그 반대라는 것을 깨닫는 것이다. 두려운 생각은 엄청난 에너지를 소모하며, 우리의 창의력과 동기를 소모시킨다. 두려움을 느낄 때, 우리는 말 그대로 우리의 가장 큰 잠재력뿐만 아니라 기쁨도 억누른다. 우리가 얻은 성공은 <u>두려움에도 불구하고 이룬 것이지, 두려움 때문이 아니다.</u>

① 두려움 때문이지, 두려움에도 불구하고 이룬 것이 아니다
② 두려움에도 불구하고 이룬 것이지, 두려움 때문이 아니다
③ 즐거움 때문이지, 두려움에도 불구하고 이룬 것이 아니다
④ 게으름에도 불구하고 이룬 것이지, 두려움 때문이 아니다

어휘

• emergency 비상 (사태)
• lazy 게으른, 느긋한
• apathetic 무관심한
• fearful 두려운, 무서운
• drain 소모시키다, 물을 빼내다
• suppress 억누르다, 참다, 진압하다

✅ 제9회 모의고사

01 ②	02 ④	03 ①	04 ①	05 ③
06 ④	07 ③	08 ①	09 ③	10 ③
11 ③	12 ③	13 ④	14 ③	15 ①
16 ③	17 ②	18 ②	19 ④	20 ④

01 [어휘-빈칸] ▶②

난이도 하

정답 해설

효과적인 법 집행 전략을 개발하고 자원을 적절히 배분하는 데 필수적이라는 문맥으로 보아 범죄 통계의 '정확한' 보고라고 하는 것이 내용이 자연스러우므로 빈칸에는 ②가 적절하다.

어휘

★ accurate 정확한, 정밀한
● trivial 사소한, 하찮은
● toxic 유독성의
● precarious 불안정한, 위험한

해석

범죄 통계의 <u>정확한</u> 보고는 효과적인 법 집행 전략을 개발하고 자원을 적절히 배분하는 데 필수적이다.

02 [어휘-빈칸] ▶④

난이도 중

정답 해설

투자자들에게 회사의 성장 전망에 대해 안심시키고 잠재 고객들과의 신뢰를 쌓는 데도 도움이 된다는 문맥으로 보아 CEO가 제품 출시 행사에 '존재'했다는 내용이 자연스러우므로 빈칸에는 ④가 적절하다.

어휘

★ presence 존재, 참석
● absence 결석, 결근, 결핍
● bondage 구속, 결박
● deficit 적자, 결손

해석

CEO의 <u>존재</u>는 제품 출시 행사에서 투자자들에게 회사의 성장 전망에 대해 안심시켰을 뿐만 아니라, 잠재 고객들과의 신뢰를 쌓는 데도 도움이 되었다.

03 [문법-빈칸] ▶①

난이도 중

정답 해설

[적중 포인트 071] 강조 구문과 강조를 위한 표현 ★☆☆☆☆

강조 구문에서 부사가 강조된 이후에는 that절 이후에 완전한 절이 쓰인다. 따라서 밑줄 친 부분에 가장 적절한 것은 ①이다.

해석

바로 그 마지막 회의에서 매니저가 구조 조정 계획을 발표하며 예상치 못한 변화로 직원들을 놀라게 하였다.

04 [문법-밑줄] ▶①

난이도 중

정답 해설

① **[적중 포인트 035] 미래를 대신하는 현재시제 ★★★★☆**

시간이나 조건의 부사절에서는 내용이 미래일지라도 현재시제가 미래시제를 대신한다. 밑줄 친 부분 will maintain은 on condition that이 이끄는 조건 부사절에 포함된 동사이다. 따라서 미래시제가 아닌 현재시제로 써야 하므로 maintain으로 고쳐야 한다.

오답 해설

② **[적중 포인트 088] 전치사와 명사 목적어 ★★★☆☆**

전치사는 명사나 동명사를 목적어로 취한다. 밑줄 친 부분의 throughout은 전치사이므로 뒤에 명사 목적어인 the semester와 함께 올바르게 쓰였다.

③ **[적중 포인트 084] 관계대명사 주의 사항 ★★★☆☆**

주격 관계대명사 뒤에 동사는 선행사와 수 일치한다. 밑줄 친 부분의 demonstrate는 선행사 students와 수 일치하고 있으므로 복수 형태로 올바르게 쓰였다.

④ **[적중 포인트 083] 「전치사＋관계대명사」 완전 구조 ★★★★☆**

'of which'는 '전치사＋관계대명사' 구조로 완전 구조를 취한다. both가 주어이고 can pave가 동사, the way가 목적어로 완전 구조를 취하고 있으므로 올바르게 쓰였다.

해석

당신이 학기 동안 우수한 성적을 유지한다는 조건하에 대학은 장학금을 부여할 것이다. 이 장학금 프로그램은 학문적 헌신과 노력을 보여주는 학생들에게 보상을 제공하도록 설계되었다. 기준을 충족하면 재정적 지원을 보장하고 학업 성적을 향상시킬 수 있고 이 두 가지는 미래의 기회로 가는 길을 열어준다.

05 [문법-밑줄] ▶③

난이도 중

정답 해설

③ **[적중 포인트 045] 능동태와 수동태의 차이 ★★★★★**

타동사는 능동태로 쓸지 수동태로 쓸지에 주의한다. 문맥상 관계가 신뢰와 상호 존중을 바탕으로 형성되었다는 능동의 의미가 아닌 수동의 의미가 필요하므로 동사를 능동형이 아닌 수동형으로 써야 한다. 따라서 밑줄 친부분의 founded를 was founded로 고쳐야 한다.

오답 해설

① **[적중 포인트 054] 분사 판별법[현재분사 VS 과거분사] ★★★★★**

부사 자리에 쓰일 수 있는 분사구문은 의미와 문법적인 틀에서 올바른 형태로 써야 한다. 문장의 주어인 relationship이 형성되는 것이므로 밑줄 친 부분의 shaped는 과거분사로 올바르게 쓰였다.

② **[적중 포인트 093] 원급, 비교급, 최상급 강조 부사 ★★☆☆☆**

much, even, far, by far, still, a lot, a little, a great deal 등은 비교급을 수식하며, very는 원급을 수식한다. 따라서 밑줄 친 부분의 stronger는 even 비교급 강조 부사의 수식을 받고 있으므로 올바르게 쓰였다.

④ **[적중 포인트 020] 주격 보어가 필요한 2형식 자동사 ★★★☆☆**

감각 동사를 포함한 2형식 자동사는 주격 보어로 부사가 아닌 형용사를 취한다. 따라서 밑줄 친 부분의 clear는 형용사로 2형식 동사인 was의 주격 보어로 올바르게 쓰였다.

해석

시간이 지나면서 관계는 진화하고 성장하며, 개인들 사이에서 공유된 경험들에 의해 형성되었다. 수많은 도전을 함께 겪은 후, 그들의 유대는 시간이 지나면서 더욱 강해졌다. 그들의 관계는 신뢰와 상호 존중을 바탕으로 형성되었으며, 이는 그들이 어떻게 상호 작용하고 서로의 회사에서 즐거움을 찾는지에서 명확하게 드러났다.

06 [생활영어-빈칸] ▶④

난이도 중

정답 해설

대화의 주제는 기한을 놓친 문제를 해결하려는 노력에 관한 것이다. A는 해결책을 찾아야 한다고 말하고 B는 작업 우선순위 설정과 알림 설정 등 더 나은 시간 관리를 약속하고 그에 이어 A는 서로 자주 체크인하여 진행 상황을 확인할 것을 제안하고 있으므로 B는 이를 수용하면서 "다시는 이런 일이 일어나지 않게 할 것"이라고 하는 것이 가장 자연스럽다. 따라서, 밑줄 친 부분에 들어갈 말로 가장 적절한 것은 ④이다.

해석

A: 보고서 제출 기한을 놓친 것 같아요.
B: 정말 죄송합니다. 시간을 잘 관리하지 못했습니다.
A: 괜찮아요, 하지만 이번이 두 번째잖아요. 이런 일이 반복되지 않도록 방법을 찾아야 해요.

B: 맞습니다. 이제는 업무 우선순위를 잘 정하고 알림을 설정하겠습니다.
A: 좋습니다. 또한 서로 자주 접촉해서 일정을 맞춰가면 좋겠어요.
B: <u>물론입니다. 다시는 이런 일이 일어나지 않게 하겠습니다.</u>
A: 감사합니다. 이제부터 기한을 지킬 수 있도록 하죠.
B: 네, 앞으로는 철저히 관리하겠습니다.

① 아마 우리가 따라잡기 위해 초과 근무를 해야 할지도 모르겠습니다.
② 다음에는 기한을 연장해보는 것도 좋을 것 같습니다.
③ 다음에는 더 많은 업무를 다른 사람에게 맡기겠습니다.
④ 물론입니다. 다시는 이런 일이 일어나지 않게 하겠습니다.

07 [생활영어-빈칸] ▶ ③

| 난이도 | 하 |

정답 해설

대화의 흐름을 살펴보면, Michael이 고객의 이름을 기억하려고 애쓰고 있는 상황에서 Sophia가 이와 비슷한 경험을 공유하는 형태로 이야기가 진행되고 있다. 따라서, 밑줄 친 부분에 들어갈 말로 가장 적절한 것은 ③이다.

해석

> Sophia Kim: 저기, Michael, 지난주에 우리가 얘기했던 그 고객 이름 기억나요?
> Michael Lee: 음, 기억이 나지 않아요.
> Sophia Kim: 아, 이제 기억났어요! 그는 재무팀에서 일했어요.
> Michael Lee: 맞아요! 그 사람! 잠깐만, 그 회사 이름이 뭐였죠?
> Sophia Kim: 말이 혀끝에서 뱅뱅 도는데 생각이 안 나네요.
> Michael Lee: 거의 기억날 것 같지만 딱 그 부분만 안 떠오를 때 정말 답답해요.
> Sophia Kim: 맞아! 이메일에서 그들의 연락처를 찾아보죠.
> Michael Lee: 좋은 생각이에요! 우리의 기억을 상기시키는 데 도움이 될 거예요.

① 아마도 우리가 그들에게 다시 전화해야 할 것 같아요.
② 그들의 이름이 존이었던 것 같은데, 그렇죠?
③ 말이 혀끝에서 뱅뱅 도는데 생각이 안 나네요.
④ 그들의 회사는 뉴욕에 본사가 있었나요?

08 [독해-세트형 문항(전자 메일-목적)] ▶ ①

| 난이도 | 하 |

정답 해설

이 글은 방과 후 프로그램을 소개하고, 직원들에게 강사로 활동할 것을 권유하고 있다. 따라서 글의 목적으로 가장 적절한 것은 ①이다.

09 [독해-세트형 문항(전자 메일-유의어)] ▶ ③

| 난이도 | 중 |

정답 해설

밑줄 친 dedicated는 '전념하는, 헌신적인, 몰두하는'이라는 뜻으로, 문맥상 이와 의미가 가장 가까운 것은 ③ 'committed(전념하는, 헌신적인)'이다.

오답 해설

① complicated 복잡한
② frustrated 좌절감을 느끼는, 불만스러워 하는
④ exhausted 다 써 버린, 고갈된, 탈진한

[8~9]

해석

> 수신인: 모든 직원
> 발신인: 인사부
> 날짜: 2026년 10월 15일
> 제목: 방과 후 프로그램
>
> 팀 여러분께,
>
> 저희는 지역 학생들의 학업 능력 향상을 지원하기 위한 새로운 방과 후 개인 교습 프로그램의 시작을 기쁜 마음으로 알립니다. 이 프로그램은 수학, 과학, 영어의 과목에서 일대일 개인 교습을 제공할 예정입니다. 현재 저희 직원들로부터 강사로 활동하는 것에 <u>전념할</u> 자원봉사자를 모집하고 있습니다. 교육과 자원이 제공되므로 사전 교육 경험이 필요하지 않습니다.

일주일에 단 2시간만 투자해도 학생들의 삶에 의미 있는 변화를 가져올 수 있습니다. 참여를 원하시거나 더 많은 정보를 원하시면 10월 22일까지 인사부로 문의해 주세요. 여러분의 참여는 학생들에게 도움을 줄 뿐만 아니라, 우리 회사와 지역 사회 간의 유대감을 강화하는 데에도 기여할 것입니다.

이 의미 있는 기회를 고려해 주셔서 감사합니다.

감사합니다,
인사부

어휘

- launch 시작, 출시, 시작하다, 출시하다
- one-on-one 일대일의
- tutor 강사, 개인 지도 교사
- involvement 참여, 관여, 몰두, 열중

10 [독해-세트형 문항(안내문-제목)] ▶ ③

| 난이도 | 중 |

정답 해설

이 글은 해당 지역의 음식과 와인을 기념하는 행사로, 다양한 요리와 음료를 즐기며 지역 생산자들과도 교류할 수 있는 기회를 제공한다고 안내하고 있다. 따라서 글의 제목으로 가장 적절한 것은 ③이다.
① 요리 경연 대회에 많이 참여하세요
② 자신만의 와인 제조 기술을 많이 공유하세요
③ 우리 지역의 맛을 탐험하세요
④ 우리의 농산물을 애용해주세요

11 [독해-세트형 문항(안내문-세부 정보 파악)] ▶ ③

| 난이도 | 하 |

정답 해설

본문의 열세 번째 문장에서 '지역에서 생산된 다양한 와인을 맛보며 새로운 맛을 발견할 수 있다'고 언급했지만, 시음 횟수 제한에 대한 내용은 언급되지 않았다. 따라서 윗글의 내용과 일치하지 않는 것은 ③이다.

오답 해설

① 본문의 세 번째 문장에서 언급하고 있으므로 일치한다.
② 본문의 여섯 번째 문장 그리고 일곱 번째 문장에서 언급하고 있으므로 일치한다.
④ 본문의 열다섯 번째 문장에서 언급하고 있으므로 일치한다.

[10~11]

해석

> ### 우리 지역의 맛을 탐험하세요
>
> 우리는 여러분을 연례 Hills 음식 & 와인 페스티벌에 초대하게 되어 기쁩니다. 이 축제는 지역의 뛰어난 요리와 고급 와인을 기념하는 행사로, 우리 지역 최고의 음식과 음료를 선보이며 다양한 맛을 즐기고 지역 생산자들과 교류할 수 있는 특별한 기회를 제공합니다.
>
> **세부 사항**
> - 날짜: 9월 23일(토) - 9월 24일(일)
> - 시간: 토요일, 오전 11시 - 오후 7시
>   일요일, 오전 11시 - 오후 5시
> - 장소: Hills 박람회장
>
> **주요 프로그램**
> - 요리사 시연
>   유명 요리사들이 대표 요리를 선보이며 전문가의 요리 팁들도 배울 수 있습니다.
> - 와인 시음
>   지역에서 생산된 다양한 와인을 맛보며 새로운 맛을 발견할 수 있습니다.
> - 농산물 시장
>   현지 판매자들과 직접 만나 신선한 농산물, 과일, 그리고 수공예품을 확인하고 구매할 수 있습니다.
>
> 더 많은 정보는 공식 웹사이트(www.sunshinehillsfoodwine.org) 방문하시거나 페스티벌 사무국(555-123-4567)으로 문의하세요.

12 [독해—단일형 문항(홈페이지 게시글—내용 불일치)] ▶ ③

난이도 중

정답 해설

본문의 네 번째 문장에서 '참가자는 30~60초 길이의 짧은 영상을 제출해야 하며, 한 사람당 한 개의 작품만 출품할 수 있다'라고 언급하고 있다. 따라서 안내문의 내용과 일치하지 않는 것은 ③이다.

오답 해설

① 본문의 두 번째 문장에서 언급하고 있으므로 일치한다.
② 본문의 세 번째 문장에서 언급하고 있으므로 일치한다.
④ 본문의 일곱 번째 문장부터 '시상 내역'에 대한 부분을 언급하고 있으므로 일치한다.

해석

블루 베이 쇼츠 대회

블루 베이 쇼츠 대회는 블루 베이의 아름다움을 담아 짧고 흥미로운 영상으로 전 세계와 공유할 수 있는 환상적인 기회를 제공합니다. 이 콘테스트는 6월 2일(월요일)부터 6월 27일(금요일)까지 진행되며, 18세 이상이라면 누구나 참가 가능합니다.

참가자는 30~60초 길이의 짧은 형식의 영상을 제출해야 하며, 한 사람당 한 개의 작품만 출품할 수 있습니다. 참가하려면 개인 유튜브 채널에 영상을 업로드한 후, 공식 웹사이트(www.bluebaycity.net)에서 대회 신청서를 작성해야 합니다. 신청서 제출 시 영상 링크를 입력하여 제출하면 됩니다.

- 대상 (단 한 명): $1,000
- 2등 (2명): 각각 $500
- 3등 (4명): 각각 $250

수상자는 7월 25일(금요일) 오후 1시에 발표됩니다. 자세한 사항은 웹사이트를 방문해 주세요.

① 이 대회는 사진이 아닌 동영상을 제출해야 한다.
② 참가자의 연령 제한이 있다.
③ 참가자들은 여러 개의 항목을 제출할 수 있다.
④ 대회에서 총 7명의 수상자가 선정될 것이다.

13 [독해—중심 내용 파악(요지)] ▶ ④

난이도 중

정답 해설

인터넷 정보에 대한 교육의 필요성에 대한 글로, 인터넷에 방대한 정보가 있지만 그 품질을 통제할 수 없으며, 부정확한 정보도 많기 때문에 학생들에게 비판적 사고력을 키우고 인터넷 자료를 평가하는 방법을 가르쳐야 한다고 강조하고 있다. 따라서 글의 요지로 가장 적절한 것은 ④이다.

해석

Borges는 문학 작품을 좋은 것과 나쁜 것으로 분류하는 것이 무의미하며, 예술은 도덕적 판단과는 독립적으로 존재한다고 주장했다. 동일한 논리가 현대 인터넷 환경에도 적용될 수 있다. 인터넷에는 방대한 양의 정보가 존재하지만 그 품질을 통제할 수 없기 때문에 상당한 양의 부정확하거나 맞지 않는 정보도 포함되어 있다. 이러한 이유로 교사들은 비판적 사고 능력을 가르치고, 정보의 정확성을 평가하는 방법, 주장에 대한 증거를 찾는 방법, 그리고 인터넷에서 사실과 의견을 구별하는 방법을 교육할 필요가 있다. 다양한 자료에 접근할 수

있고, 그중 일부 자료는 어린이들에게 부적절하기 때문에 부모뿐만 아니라 교육자들도 학생들이 접하는 정보의 타당성에 대해 신경을 써야 한다.

① 우리는 인터넷을 사용할 때 따라야 할 예절을 교육해야 한다.
② 우리는 인터넷을 활용한 독서 지도 방법을 개발할 필요가 있다.
③ 우리는 학생들이 유익한 책을 찾아 읽도록 지도해야 한다.
④ 우리는 학생들이 인터넷 자료를 판단할 수 있도록 가르칠 필요가 있다.

14 [독해—단일형 문항(홈페이지 게시글—내용 일치)] ▶ ③

난이도 중

정답 해설

본문의 다섯 번째 문장에서 '최종 후보자로 선정된 학생들은 7월 15일에 개별 통보를 받게 된다'고 언급하고 있다. 따라서 윗글의 내용과 일치하는 것은 ③이다.

오답 해설

① 본문의 세 번째 문장에서 '12세부터 18세까지의 중·고등학생이 참가할 수 있다'고 언급하고 있으므로 일치하지 않는다.
② 본문의 네 번째 문장에서 '생물학 및 보건 과학 등의 프로젝트 부문에서 경쟁할 수 있다'고 언급하고 있으므로 일치하지 않는다.
④ 본문의 일곱 번째 문장에서 '선도하는 기술 기업들이 후원하는 특별상도 수여될 예정지만, 상금은 없다'고 언급하고 있으므로 일치하지 않는다.

해석

전국 과학 박람회

전국 과학 박람회는 젊은 과학자들이 혁신적인 아이디어와 연구 결과를 선보일 수 있는 흥미로운 기회입니다. 8월 15일부터 17일까지 국립 전시 센터 A홀에서 열리는 이 행사는 중학생과 고등학생(12세부터 18세)을 초청하여 참가할 수 있습니다. 학생들은 환경 과학, 로봇 공학 및 AI, 화학 및 물리학, 생물학 및 보건 과학 등의 프로젝트 부문에 참가할 수 있습니다. 참가하려면 7월 1일까지 www.sciencefair.org를 통해 프로젝트 제안서를 제출해야 하며, 최종 후보자로 선정된 학생들은 7월 15일에 개별 통보를 받게 됩니다. 대상 수상자는 $2,000의 상금과 전국적인 인정을 받게 되며, 각 부문별 우승자는 각각 $1,000의 상금을 받습니다. 선도하는 기술 기업들이 후원하는 특별상도 수여될 예정지만, 상금은 없습니다. 자세한 내용은 www.sciencefair.org에서 확인하세요.

① 박람회는 초등학생부터 고등학생까지 참가할 수 있다.
② 생물학과 보건 과학 부문은 포함되지 않는다.
③ 최종 후보자들은 개별적으로 통보한다.
④ 상금이 포함된 별도의 특별상도 있다.

15 [독해-중심 내용 파악(주제)] ▶ ①

난이도 중

정답 해설

도시의 무분별한 확장과 그로 인한 문제에 대한 글로, 현대 도시들은 자원의 한계를 초과하여 성장하면서 환경 파괴와 지속 가능한 발전의 어려움을 초래하고 있으며, 이러한 문제는 도시가 계속 확장될수록 점점 심각해진다고 강조하고 있다. 따라서 글의 주제로 가장 적절한 것은 ①이다.

해석

현대 도시는 원래 설계된 것만큼 영구적이지 않으며, 자원이 인구를 더 이상 감당할 수 없는 수준까지 성장하면 심각한 취약성을 마주하게 된다. 도시 성장을 특징짓는 자연에 대한 방치는 결국 파괴로 이어질 수 있으며, 이는 고대 로마의 사례에서 확인할 수 있다. 그러나 자급자족의 한계를 넘어선 도시는 쉽게 성장을 멈추지 않는다. 일반적으로 그들은 먼 지역을 식민지화하고 지속적으로 확장함으로써 성장하며, 이는 상황을 악화시키는 경향이 있다. 현대 도시는 자원 지속 가능성의 한계를 초과하고 있으며, 이는 환경 악화를 초래하고 지속 가능한 발전을 점점 더 어렵게 만들고 있다. 이러한 문제는 도시가 계속 성장함에 따라 더욱 심각해지며, 효과적인 자원 관리 및 환경 보호의 필요성이 시급함을 강조하고 있다.

① 통제되지 않은 도시 확장
② 유익한 도시 생활
③ 도시 급성장의 원인
④ 도시의 인구 과밀 문제

어휘

- permanent 영구적인
- population 인구, 주민
- vulnerability 취약성
- destruction 파괴, 말살
- exceed 넘어서다, 초과하다
- colonize 식민지화하다
- expand 확장되다, 확대되다
- exacerbate 악화시키다
- degradation 악화, 저하, 비하, 수모

16 [독해-문장 제거] ▶ ③

난이도 하

정답 해설

파킨슨병의 증상과 그 영향에 대한 글로, 파킨슨병은 도파민 결핍으로 인해 근육 조절을 잃고, 신체적 어려움을 겪는 진행성 질환임을 설명하고 있다. 나머지 문장은 파킨슨병의 증상에 따른 신체적 증상을 설명하고 있지만, ③번 문장만 사회적인 관계의 어려움에 대한 내용으로 글의 주제와 관련이 없다. 따라서 글의 흐름상 어색한 문장은 ③이다.

해석

파킨슨병은 도파민이라는 화학 물질을 생성하는 뇌세포가 죽기 시작하면서 발병하는 치명적인 뇌 질환이다. ① 도파민은 근육 활동을 조절하는 화학적 전달자로 작용하므로, 뇌에서 도파민이 생성되지 않으면 환자는 점차적으로 근육 조절 능력을 상실하게 된다. ② 초기에 파킨슨병에 걸린 사람들은 팔다리와 관절에 뻣뻣함을 느끼기 시작한다. (③ 사회적 관계 또한 신체적 문제만큼이나 견디기 어려워진다.) ④ 질병이 진행됨에 따라 환자들은 경련 증상을 겪고 걷는 데 큰 어려움을 겪게 된다.

어휘

- Parkinson's disease 파킨슨병
- fatal 치명적인
- afflicted with ~에 시달리다, ~을 앓다
- stiffness 뻣뻣함
- limb (하나의) 팔[다리]
- joint 관절
- tremor 경련
- speech disorder 언어 장애

17 [독해-문장 삽입] ▶ ②

난이도 중

정답 해설

하품에 대한 역사적 오해와 실제 유익한 효과에 대한 글로, 고대 사람들은 하품을 생명 에너지가 빠져나가는 것으로 생각했으나, 실제로 하품은 산소를 공급하여 정신을 맑게 하는 긍정적인 영향이 있음을 설명하고 있다. 주어진 문장은 글의 주제문에 해당되며, '하품의 이로움'에 대한 내용이 시작되는 것으로, 하품의 이로움을 구체적으로 설명하는 내용 앞에 위치해야 한다. 따라서 주어진 문장이 들어갈 위치로 가장 적절한 것은 ②이다.

해석

고대 사람들은 하품을 하면 소중한 생명 에너지가 몸 밖으로 빠져나간다고 믿었기 때문에, 하품이 나올 때 고개를 돌리고 입을 가렸다. 왜 그랬을까? (①) 사람들은 말 그대로 자신의 생명을 보호하기 위해 입을 가렸으며, 하품이 전염될 수 있다는 사실을 알고 있었기 때문에 다른 사람들이 자신이 하품하는 것을 보지 않도록 고개를 돌렸다. (② 하지만 이제 우리는 하품이 몸에 이롭다는 것을 알고 있다.) 피곤하거나 지루할 때 하품을 하면 더 많은 산소를 들이마실 수 있으며, 이는 정신을 더 또렷하게 유지하는 데 도움이 된다. (③) 하품을 하지 않으려고 입을 다물고 있으면 몸이 필요한 추가적인 산소를 얻지 못하게 되며, 결국 계속해서 하품을 하게 된다. (④) 따라서 다음번에 하품이 나올 때는 입을 크게 벌리고 깊이 하품하며 산소를 들이마시고 그 순간을 충분히 즐겨라.

어휘

- yawn 하품하다, 하품
- precious 소중한, 값비싼
- literally 말 그대로
- contagious 전염되는
- oxygen 산소

18 [독해-순서 배열] ▶ ②

난이도 중

정답 해설

피로와 과로의 차이 및 각각의 대처 방법에 대한 글로, 피로는 자연스러운 건강한 현상이며 자고 나면 금방 회복되는 반면, 과로는 지속적인 피로를 유발하며 이런 경우에는 완전한 휴식이 필요하다고 설명하고 있다. 주어진 글에서는 피로와 과로가 다른 개념임을 설명하며, 먼저 피로에 대해 설명하고 있다. 이후 피로를 회복하는 조치에 대해 설명하는 (B)로 이어져야 하며, 피로와는 다른 과로의 특징을 설명하는 (C)가 이어져야 한다. 마지막으로 과로를 회복하는 조치에 대해 설명하는 (A)로 마무리해야 자연스럽다. 따라서 글의 순서로 가장 적절한 것은 ②이다.

해석

피로와 과로는 다른 개념이다. 첫 번째 유형인 피로는 자연스럽고 건강한 현상이며, 열심히 공부한 후 피곤함을 느끼는 것은 당연한 일이다.
(B) 하지만, 푹 자고 나면 개운하게 깨어나고 활력이 넘칠 것으로 예상할 수 있다.
(C) 반면, 과로는 매일 지속적인 피로를 초래하는 경우가 많으며, 몇 주가 지나면 잠자리에 들 때보다 일어날 때 훨씬 더 둔해지고 피곤함을 느낄 수 있다.
(A) 이러한 상황에서 가장 먼저 권장되는 조치는 며칠 동안 완전한 휴식을 취하는 것이다. 만약 그렇지 않으면, 지속적인 피로가 업무 수행 능력을 심각하게 악화시킬 수 있다.

어휘

- fatigue 피로
- overwork 과로, 혹사
- recommend 권장하다, 추천하다
- complete 완전한, 완벽한
- rest 휴식, 쉬다
- impair 손상[악화]시키다
- anticipate 예상하다, 기대하다
- persistent 지속적인, 끈질긴
- sluggish 둔한, 부진한

19 [독해-빈칸 추론] ▶④

난이도 상

정답 해설

관객의 생각과 이해를 돕기 위한 극작가의 접근 방식에 대한 글로, 극작가들은 관객이 연극의 의미를 깊이 생각하게 하기 위해서는 등장인물과 감정적으로 연결되지 않도록 노력했다고 강조하고 있다. 특히, Bertolt Brecht는 서사극에서 이야기의 흐름을 중단하거나 극 중 해설을 추가하는 기법을 활용하여 관객이 연극에 너무 몰입하기보다 의미를 분석하도록 유도했다고 설명하고 있다. 따라서 밑줄 친 부분에 들어갈 말로 가장 적절한 것은 ④이다.

해석

일부 극작가들은 관객이 자신들의 연극을 의도한 대로 항상 이해하지 못할 수도 있다고 걱정했다. 그래서 그들은 연극을 보는 것이 단순한 즐거움이 아니라 무언가를 배우는 기회가 될 수 있음을 보여주려고 했다. 사람들이 연극의 의미를 깊이 생각할 수 있도록, 그들은 관객이 <u>등장인물과의 연결을 줄이는</u> 것이 중요하다고 믿었다. Bertolt Brecht는 자신의 '서사극'에서 이 개념을 활용했다. 그는 관객이 등장인물과 너무 감정적으로 연결되지 않도록 했다. 이를 위해 이야기 중간에 끊어가는 부분을 추가하고, 연극 도중에 코멘트를 했다. 이렇게 함으로써 관객이 극에서 한 발짝 물러서서 결말을 스스로 결정할 수 있도록 만들었다.

① 공연을 보기 전에 줄거리를 아는
② 등장인물과 친밀감을 느끼는
③ 연극의 일부인 것처럼 행동하는
④ 등장인물과의 연결을 줄이는

어휘

• playwright 극작가, 각본가
• audience 관객, 청중
• meaning 의미, 뜻
• epic theater 서사극
• character (책·영화 등의) 등장인물
• decide 결정하다
• ending 결말, 종료

20 [독해-빈칸 추론] ▶④

난이도 중

정답 해설

문어의 연애 생활과 관련된 최근 연구에 대한 글로, 문어는 구애, 질투, 심지어 살인까지 동반하는 복잡한 연애 생활을 한다고 연구 결과를 통해 설명하고 있다. 이러한 연구 결과는 우리가 기존에 알고 있던 것보다 문어의 연애 생활이 훨씬 복잡하고 전략적이라는 점을 보여준다. 따라서 밑줄 친 부분에 들어갈 말로 가장 적절한 것은 ④이다.

해석

최근 연구에 따르면 문어의 연애 생활에는 구애, 질투, 심지어 살인까지 포함되어 있으며, 이는 인간 세계와도 비슷한 면이 있다. 캘리포니아 대학교 버클리 캠퍼스의 과학자들은 몇 주 동안 여러 마리의 문어를 관찰했다. 그들은 까다로우면서도 용감한 수컷이 신중하게 짝을 선택하고, 경쟁자가 접근하지 못하도록 막으며, 심지어 너무 가까이 다가오면 그들을 목 졸라 죽이는 모습까지 목격했다. 이러한 행동을 하면서도 그는 선택한 짝의 동굴을 며칠 동안 지키고 있었다. 또한 수컷 문어들이 암컷의 호감을 얻기 위해 암컷처럼 가장하는 모습도 관찰되었다. 이들은 해저 가까이에서 수영하며 갈색 줄무늬를 숨기는 방식으로 경쟁자의 의심을 피하려 했다. 요약하면, 문어는 <u>우리가 생각하는 것보다 더 복잡한 연애 생활을</u> 한다.

① 다른 동물을 사냥하여 먹는 포식자들이다
② 보이지 않게 피부색을 바꿀 수 있다
③ 위험에서 벗어나기 위해 물을 분출할 수 있다
④ 우리가 생각하는 것보다 더 복잡한 연애 생활을 한다.

어휘

• octopus 문어
• courtship 구애, 교제
• jealousy 질투, 시샘
• witness 목격하다
• picky 까다로운, 별스러운
• pretend 가장하다, ~인 체하다
• seafloor 해저
• suspicion 의심, 의혹

영어 정답 및 해설

---

01 [어휘-빈칸] ▶ ①

난이도 하

정답 해설

회의가 일찍 끝났거나 취소되었다는 문맥으로 보아 회의실이 '비어 있다'는 내용이 자연스러우므로 빈칸에는 ①이 적절하다.

어휘

★ empty 비어 있는, 비우다
● synthetic 합성한, 인조의
● keen 예민한, 예리한, 열심인, 열정적인
● mutual 상호 간의, 서로의

해석

그 회의실은 연사의 장비를 제외하고는 <u>비어 있었으며</u>, 이는 회의가 일찍 끝났거나 취소되었다는 인상을 주었다.

02 [어휘-빈칸] ▶ ③

난이도 중

정답 해설

효율성을 증가시키고 고객에게 더 나은 서비스를 제공한다는 문맥으로 보아 더 진보된 시스템으로 '대체한다'는 내용이 자연스러우므로 빈칸에는 ③이 적절하다.

어휘

★ substitute 대체물, 대리자, 대신하다, 대체하다
● smuggle 밀수하다, 밀반입하다
● anchor 닻, 고정시키다
● assign 맡기다, 배정하다

해석

회사는 효율성을 증가시키고 고객에게 더 나은 서비스를 제공하기 위해 구식 소프트웨어를 더 진보된 시스템으로 <u>대체할</u> 계획이다.

03 [문법-빈칸] ▶ ①

난이도 중

정답 해설

[적중 포인트 043] 혼동하기 쉬운 주어와 동사 수 일치 ★★★★☆

밑줄 친 부분은 with 분사구문에서 with의 목적어를 보충 설명해 주는 자리이므로 분사나 형용사가 주로 쓰인다. 맥락상 필요한 문서가 없어진 상태라는 의미가 적절하므로 '없어진, 사라진, 실종된'이라는 의미의 분사형 형용사인 missing을 써야 한다. 따라서 밑줄 친 부분에 들어갈 말로 가장 적절한 것은 ①이다.

해석

필요한 문서가 없어진 상태에서 신청 과정은 모든 서류가 제출될 때까지 지연되었다.

04 [문법-밑줄] ▶ ②

난이도 중

정답 해설

② **[적중 포인트 020] 주격 보어가 필요한 2형식 자동사 ★★★☆☆**

remain은 2형식 동사로 명사나 형용사와 같은 주격 보어를 취한다. 명사 주격 보어는 주어와 동격을 나타내며 주로 자격이나 신분을 나타낼 때 쓰이고 형용사 주격 보어는 주어의 상태를 나타낼 때 쓰인다. 따라서 밑줄 친 부분을 포함한 문장에서는 그들이 그들의 목표에 집중된 상태를 나타내기 때문에 명사 주격 보어가 아닌 형용사 주격 보어가 필요하다. 따라서 밑줄 친 부분의 focus를 focused로 고쳐야 한다.

오답 해설

① **[적중 포인트 088] 전치사와 명사 목적어 ★★★☆☆**

전치사는 명사나 동명사 목적어를 취한다. 따라서 밑줄 친 부분의 전치사 to는 전치사 from과 함께 쓰여 'from A to B'구조로 'A부터 B까지'라는 의미로 쓰이므로 올바르게 쓰였다.

③ **[적중 포인트 023] 목적어 뒤에 특정 전치사를 수반하는 3형식 타동사 ★★★☆☆**

특정 3형식 타동사는 전치사에 주의해야 한다. 'remind A of B'의 구조로 쓴다. 따라서 밑줄 친 부분의 of their potential은 올바르게 쓰였다.

④ **[적중 포인트 082] 관계대명사의 선행사와 문장 구조 ★★★★☆**

관계대명사 that은 사람 또는 사물을 선행사로 수식하며 뒤에 불완전 구조를 취한다. 따라서 밑줄 친 부분의 that은 사물 선행사인 commitment를 수식하고 주어가 없는 불완전 구조를 취하고 있으므로 올바르게 쓰였다.

해석

시즌 내내, 팀은 강한 상대부터 부상까지 수많은 장애물에 직면했다. 이러한 어려움에도 불구하고, 그들은 목표에 집중했다. 코칭 스태프는 회복력과 인내를 격려하며, 선수들에게 그들의 잠재력을 상기시켰다. 바로 이 변함없는 헌신이 궁극적으로 그들의 성공으로 이어졌다.

05 [문법-밑줄] ▶ ④

난이도 상

정답 해설

④ **[적중 포인트 001] 문장의 구성요소와 8품사 ★★★★☆**

문장에서 명사는 주어, 목적어, 보어 자리에 쓰이고 전명구는 수식어 자리에 쓰인다. 밑줄 친 부분의 the study는 주어진 문장에서는 완전 구조 뒤에 쓰이고 있으므로 수식어 자리에 해당하므로 적절한 전치사와 함께 쓰여야 한다. 따라서 the study를 to the study로 고쳐야 한다.

오답 해설

① **[적중 포인트 053] 암기해야 할 동명사 표현 ★★★★☆**

동명사 관용 표현은 뜻과 표현을 암기해서 적용한다. 'be on the brink of 명사 또는 동명사' 구조는 '막 ~하려고 하다'라는 의미로 쓰이므로 밑줄 친 부분은 올바르게 쓰였다.

② **[적중 포인트 006] 가산 명사의 종류와 특징 ★★☆☆☆**

가산명사는 단수 또는 복수형으로 쓸 수 있다. every는 단수 가산 명사를 수식할 수 있으므로 밑줄 친 부분의 challenge는 올바르게 쓰였다.

③ **[적중 포인트 057] 분사의 동사적 성질 ★★★★☆**

분사가 발생한 시점이 본동사의 시제보다 더 먼저 발생한 경우에는 완료형 분사를 쓴다. 따라서 밑줄 친 부분의 having discovered는 본동사의 시점인 현재보다 더 먼저 발생했으므로 완료형 분사로 쓰는 것이 적절하므로 올바르게 쓰였다.

해석

수년간 데이터를 수집하고 실험을 수행한 후, 그 팀은 중요한 돌파구를 눈앞에 두고 있었다. 해양 생물학에 대한 그들의 열정은 모든 도전을 극복하게 했고, 항상 해양 생태계에 대한 우리의 이해를 확장하려는 목표를 가지고 있었다. 그녀는 연구팀이 새로운 해양 생물 종을 발견한 것을 자랑스럽게 생각하며, 이는 해양 생태계 연구에 대한 그들의 헌신과 혁신적인 접근을 강조한다.

06 [생활영어-빈칸] ▶ ④

난이도 하

정답 해설

대화의 맥락은 Sophia Kim이 이메일을 잠깐 확인해야 한다고 하고 이에 대해 Michael Lee가 지금 사용하고 있지 않다며 무엇인가를 빌려주는 상황이다. 따라서 밑줄 친 부분에 들어갈 말로 가장 적절한 것은 ④이다.

해석

Sophia Kim: <u>잠깐 당신의 노트북을 빌려도 될까요?</u>
Michael Lee: 그럼요! 사용하세요.
Sophia Kim: 고마워요! 이메일을 잠깐 확인해야 해요.
Michael Lee: 문제 없어요. 저는 지금 사용하고 있지 않아요.
Sophia Kim: 금방 끝낼게요. 고객에게 빠르게 답장을 보내야 해요.

Michael Lee: 천천히 하세요, 서두를 필요 없어요. 도울 수 있어서 기뻐요.
Sophia Kim: 좋아요, 정말 고마워요. 끝나는 대로 꼭 돌려줄게요.
Michael Lee: 물론이죠! 필요하면 언제든지 말해요.

① 잠깐 시간을 내서 뭔가를 논의해도 될까요?
② 잠깐 쉬어도 괜찮을까요?
③ 보고서에 대해 질문해도 될까요?
④ 잠깐 당신의 노트북을 빌려도 될까요?

07 [생활영어-빈칸] ▶②

난이도 하

정답 해설

이 대화의 주제는 상대방의 건강 상태와 그에 대한 걱정이므로 A는 B가 몸이 안 좋은 상태임을 알아차리고, 그에 대해 걱정하며 적절한 격려의 말을 건네는 것이 자연스럽다. 따라서, 밑줄 친 부분에 들어갈 말로 가장 적절한 것은 ②이다.

해석

A: 이봐, 오늘 별로 안 좋아 보인다. 괜찮아?
B: 사실, 좀 몸이 안 좋아. 감기 걸린 것 같아.
A: 아, 안타깝네. 의사에게 가봤어?
B: 아직 안 갔어. 그냥 쉬면서 물 많이 마시려고 해.
A: 그거 좋은 방법 같아. 필요한 거 있으면 말해.
B: 고마워요. 내일도 몸이 안 좋으면 병가를 낼 수도 있어.
A: 몸조리 잘 해! 빨리 나아지길 바랄게.
B: 나도 그래. 이해해줘서 고마워.

① 걱정하지 마, 그냥 계속 밀어붙여!
② 몸조리 잘 해! 빨리 나아지길 바랄게.
③ 정말 아픈 게 맞아?
④ 아마 일하러 가서 버텨야 할 것 같아.

08 [독해-세트형 문항(홈페이지 게시글-세부 정보 파악)] ▶③

난이도 중

정답 해설

본문의 일곱 번째 문장에서 '여성들이 지역 사회를 이끌고 변화를 일으킬 수 있도록 노력한다'고 언급하고 있다. 따라서 윗글의 내용과 일치하는 것은 ③이다.
① 이것은 성별과 관계없이 모든 권리 증진하는 데 전념한다.
② 이것은 가난한 여성들의 지원에 집중한다.
③ 이것은 여성들이 사회에서 변화의 주체가 되길 원한다.
④ 이것은 여성들의 제한적인 경험에 초점을 맞춘다.

오답 해설

① 본문의 세 번째 문장에서 '여성을 위한 글로벌 기금이며 전 세계 여성과 소녀들의 권리를 증진하는 데 전념하고 있다'고 언급하고 있으므로 일치하지 않는다.
② 본문의 여섯 번째 문장에서 '모든 여성과 소녀가 폭력과 억압 없이 자유롭게 살아가며, 사회에 온전히 참여할 수 있는 세상을 꿈꾼다'고 언급하고 있으므로 일치하지 않는다.
④ 본문의 열 번째 문장에서 '여성들의 다양한 경험을 존중한다'고 언급하고 있으므로 일치하지 않는다.

09 [독해-세트형 문항(홈페이지 게시글-유의어)] ▶①

난이도 하

정답 해설

밑줄 친 lasting은 '지속적인, 영속적인'이라는 뜻으로, 문맥상 이와 의미가 가장 가까운 것은 ① 'continuous(지속적인, 계속되는, 거듭된)'이다.

오답 해설

② frugal 절약하는, 소박한
③ obscure 잘 알려져 있지 않은, 무명의, 모호한
④ intermittent 간헐적인, 간간이 일어나는

[8~9]

해석

글로벌 여성 기금

사명

여성을 위한 글로벌 기금은 전 세계 여성과 소녀들의 권리를 증진하는 데 전념하고 있습니다. 우리는 지역 여성 권리 단체를 지원하며, 성 평등, 경제적 정의, 그리고 보건 및 교육 접근성을 향상하는 계획에 자금을 제공합니다.

비전

우리는 모든 여성과 소녀가 폭력과 억압 없이 자유롭게 살아가며, 사회에 온전히 참여할 수 있는 세상을 꿈꿉니다. 우리는 여성들이 지역 사회를 이끌고 변화를 일으킬 수 있도록 힘을 실어주기 위해 노력합니다.

핵심 가치

• 권한 부여: 우리는 여성이 스스로 행동하고, 자신의 삶에 영향을 미치는 결정을 내릴 수 있도록 지원합니다.
• 다양성: 우리는 여성들의 다양한 경험을 존중하며, 모든 여성이 포함될 수 있도록 폭넓은 활동을 지향합니다.
• 협력: 우리는 지속적인 변화를 만들기 위해 지역 및 글로벌 파트너들과 협력합니다.

어휘

• advance 증진되다
• equality 평등, 균등
• violence 폭력, 격렬함
• oppression 억압, 압박(감), 우울
• empower 권한을 주다
• inclusive 폭넓은, 포괄적인

10 [독해-세트형 문항(안내문-제목)] ▶④

난이도 하

정답 해설

이 글은 Green Valley 숲이 산림 벌채와 오염으로 심각한 위험에 직면하고 있다고 경고하고 있으며, 숲을 보호하고 보존하기 위한 방안을 논의하고자 지역 회의를 개최한다는 정보를 안내하고 있다. 따라서 글의 제목으로 가장 적절한 것은 ④이다.
① 도심에서 숲이 하는 역할
② 숲을 살려야 하는 이유
③ Green Valley 숲의 경제적 가치
④ Green Valley 숲이 위험에 처하다

11 [독해-세트형 문항(안내문-세부 정보 파악)] ▶③

난이도 하

정답 해설

본문의 여섯 번째 문장에서 '당신의 참여가 이 중요한 생태계를 미래 세대를 위해 보존하는 데 큰 도움이 될 것이다'고 언급하고 있다. 따라서 윗글의 내용과 일치하지 않는 것은 ③이다.

오답 해설

① 본문의 두 번째 문장에서 언급하고 있으므로 일치한다.
② 본문의 세 번째 문장에서 언급하고 있으므로 일치한다.
④ 본문의 열 번째 문장에서 언급하고 있으므로 일치한다.

[10~11]

해석

Green Valley 숲이 위험에 처하다

우리 지역사회의 일원으로서, 당신은 Green Valley 숲에 변화를 가져올 수 있는 힘이 있습니다. 이 소중한 자연 자원은 산림 벌채와 오염으로 인해 심각한 위협에 직면해 있습니다. 우리가 지금 행동하지 않으면, 영원히 잃어버릴 위험이 있습니다.

Green Valley 숲을 보호하기 위한 현재의 노력과 당신이 어떻게 기여할 수 있는지 알아보는 중요한 지역 회의에 함께하세요. 당신의 참여가 이 중요한 생태계를 미래 세대를 위해 보존하는 데 큰 도움이 될 것입니다.

누가 녹색 공간이 없는 지역 사회에서 살길 원하나요?

Green Valley 환경 협회 후원
- 장소: Green Valley 지역 문화 센터
  (우천 시: Green Valley 고등학교 강당)
- 날짜: 2026년 8월 12일 (토요일)
- 시간: 오후 3시

자세한 회의 정보는 www.greenvalleyforest.org 웹사이트를 방문하시거나 (555) 123-4567로 전화 주세요.

12 [독해-단일형 문항(전자 메일-목적)] ▶ ③

난이도 중

정답 해설

이 글은 'Les Misérables' 공연 티켓의 할인 혜택을 안내하고 있다. 온라인 예약을 통해 할인된 가격으로 티켓을 구매할 수 있다는 정보를 알려주고 있다. 따라서 글의 목적으로 가장 적절한 것은 ③이다.

해석

수신인: 연극 애호가들
발신인: 브로드웨이 뮤지컬 협회
날짜: 2026년 6월 15일
제목: 독점 혜택

친애하는 연극 애호가분들께,

뮤지컬 애호가들을 위한 특별한 기회를 발표하게 되어 매우 기쁩니다! 이번 특별 프로모션으로, 레 미제라블(Les Misérable) 공연 티켓을 20% 할인된 가격에 제공합니다. 이 세월이 흘러도 변치 않는 뮤지컬은 감동적인 공연과 잊을 수 없는 음악을 자랑하며, 2026년 7월 10일부터 9월 30일까지 대극장에서 계속 공연됩니다.

이 혜택을 이용하려면 2026년 7월 5일 이전에 웹사이트에서 온라인으로 티켓을 예약하세요. 좌석이 제한되어 있으므로, 이 특별한 가격으로 가장 유명한 뮤지컬 중 하나를 경험할 수 있는 기회를 놓치지 마세요!

궁금한 점이 있으면 언제든지 (212) 987-6543으로 연락주세요.

감사합니다,
브로드웨이 뮤지컬 협회

① 뮤지컬 레 미제라블을 소개하려고
② 극장의 활성화를 장려하려고
③ 뮤지컬 티켓의 특별 할인을 안내하려고
④ 연극 무명 배우들을 홍보하려고

13 [독해-중심 내용 파악(주제)] ▶ ④

난이도 하

정답 해설

미국과 라틴 아메리카의 관계 변화에 대한 글로, 1823년 먼로 독트린 발표 이후, 미국의 라틴 아메리카에 대한 영향력이 증가하면서 라틴 아메리카 국가들은 미국에 대한 불신이 커지게 되었다고 설명하고 있다. 즉, 먼로 독트린의 시작과 라틴 아메리카 국가들에 미친 영향을 다루고 있으며 관계의 변화에 초점을 맞추고 있다. 따라서 글의 주제로 가장 적절한 것은 ④이다.

해석

1823년, 미국의 James Monroe 대통령은 의회에 선언을 하여 유럽 강대국들이 아메리카 대륙에 간섭하지 말 것을 경고했다. 이 정책은 먼로 독트린으로 알려져 있으며, 초기에는 많은 라틴 아메리카 국가들에 의해 환영을 받았다. 그러나 시간이 지나면서 일부 라틴 아메리카 사람들은 미국을 의심스럽게 바라보게 되었다. 1800년대 후반에 이르러 미국의 기업들이 라틴 아메리카 시장에 대규모 투자를 하게 되었고, 일부 사람들은 이러한 투자가 미국이 자국들을 통제하려는 방법이라고 믿기 시작했다. 이러한 영향력은 1898년 스페인-미국 전쟁 이후 더욱 뚜렷해졌고, 이 전쟁은 미국의 라틴 아메리카 문제에 대한 개입의 시작을 알렸다.

① 스페인-미국 전쟁의 원인
② 라틴 아메리카 사람들의 폐쇄적인 태도
③ James Monroe가 추구한 정치적 이상
④ 변화하는 미국과 라틴 아메리카의 관계

14 [독해-세부 정보 파악(내용 불일치)] ▶ ②

난이도 하

정답 해설

본문의 다섯 번째 문장에서 '모든 재료는 제공되며, 수업 중 준비한 맛있는 요리를 집으로 가져갈 수 있다'라고 언급하고 있다. 따라서 안내문의 내용과 일치하지 않는 것은 ②이다.

오답 해설

① 본문의 두 번째 문장에서 언급하고 있으므로 일치한다.
③ 본문의 여덟 번째 문장 그리고 아홉 번째 문장에서 언급하고 있으므로 일치한다.
④ 본문의 열한 번째 문장에서 언급하고 있으므로 일치한다.

해석

세계의 요리 수도 파리의 요리적 즐거움에 몰입할 준비가 되셨나요? 전문 요리사의 지도 아래 전통 프랑스 요리를 만드는 방법을 배울 수 있는 특별한 기회를 제공하는 파리 요리 수업에 참여하세요!

일반 정보
- 수업은 파리 중심부에 위치한 완벽하게 갖춰진 주방에서 진행되며, 요리하기에 매력적인 환경을 제공합니다.
- 모든 재료는 제공되며, 수업 중 준비한 맛있는 요리를 집으로 가져갈 수 있습니다!
- 수업 시간은 3시간이며, 요리 경험을 더욱 풍성하게 만들어 줄 와인 시음 시간도 포함됩니다.

가격 및 기타 정보
- 성인(18세 이상): €90, 어린이(18세 미만): €60
- 수업은 매주 토요일 오전 10시부터 오후 1시까지 진행합니다.
- 수업은 최소 6명이 참여해야 진행됩니다.

기타 문의 사항은 (33) 1-23-45-67-89로 연락 주세요.

① 이 수업은 프랑스 전통 요리를 가르친다.
② 참가자들은 재료를 직접 준비해야 한다.
③ 성인과 어린이는 가격의 차이가 있다.
④ 수업이 진행되려면 최소 인원을 충족해야 한다

15 [독해-중심 내용 파악(요지)] ▶ ②

난이도 중

정답 해설

이 글은 연방 비상 관리청(FEMA)이 재난 발생 시 신속한 대응과 복구를 할 수 있도록 노력한다고 강조하고 있다. 재정적 지원뿐만 아니라 훈련된 인력 제공과 지역사회의 재난 훈련도 실시하며 효과적인 준비와 대응을 강화한다고 설명하고 있다. 따라서 글의 요지로 가장 적절한 것은 ②이다.

해석

재난 대응 및 지역사회 안전

연방 비상 관리청(FEMA)은 지역 및 주 당국이 감당할 수 없는 재난에 대응하기 위해 설립되었습니다. 허리케인, 산불과 같은 자연 재해는 지역사회에 치명적인 영향을 미치며, 장기적인 경제적 어려움을 초래할 수 있습니다. FEMA는 이러한 긴급 상황이 발생했을 때 필요한 자원과 지원이 제공될 수 있도록 노력합니다.

자연 재해 영향 관리

FEMA는 재난 준비, 대응 및 복구에 중점을 둡니다. 이 기관은 자연 재해 발생 시 지원을 제공하기 위해 자금 지원, 물류 지원, 훈련된 인력을 제공합니다. FEMA의 주요 전략 중 하나는 지역 정부와 협력하여 긴급 계획을 수립하고 재난 훈련을 실시하여, 지역사회가 재난 발생 시 효과적으로 대응할 수 있도록 보장하는 것입니다.

대형 허리케인 발생 시, FEMA는 영향을 받은 지역으로 대응 팀을 파견하여 임시 대피소, 식량, 의약품 등의 즉각적인 지원을 제공하고, 지역 당국과 협력하여 장기적인 복구 작업을 돕습니다.

① FEMA는 자연 재해 후 지역 사회 재건에 집중한다.
② FEMA는 효과적인 재난 대응을 보장하기 위해 노력한다.
③ FEMA는 긴급 상황에서 재정 지원만 제공한다.
④ FEMA는 환경 보호에도 관심을 가진다.

어휘

- establish 설립하다, 수립하다
- disaster 재해, 재난, 참사
- wildfire 산불
- devastating 치명적인, 파괴적인
- drill (비상시를 대비한) 훈련
- immediate 즉각적인

16 [독해-문장 제거] ▶ ③

난이도 중

정답 해설

미디어가 젊은이들의 자기 이미지에 미치는 영향에 대한 글로, 젊은이들이 미디어 기준에 따라 자기 신체를 평가하며, 자기 불만족과 신체 혐오로까지 이어질 수 있음을 설명하고 있다. 나머지 문장들은 미디어가 자기 이미지에 미치는 부정적인 영향에 대해 설명하고 있지만, ③번 문장만 미디어 프로그램의 선택과 청소년들의 직업 교육의 연관성에 대한 내용으로 글의 주제와 관련이 없다. 따라서 글의 흐름상 어색한 문장은 ③이다.

해석

많은 젊은이들이 텔레비전, 인터넷, 영화에서 보고, 듣고, 읽은 것만을 기준으로 세상을 평가한다. ① 그들이 미디어에서 만들어낸 외모 기준을 절대적인 것으로 받아들일 때, 그들은 자신의 몸에 대해 불만스러워 하는 함정에 빠지게 된다. ② 미디어의 기준과 비교할 때, 그들은 자신이 너무 뚱뚱하거나 너무 마르거나, 너무 키가 작거나 너무 크다고 느낀다. (③ 만약 미디어가 프로그램 선택에 더 까다로웠다면, 더 많은 청소년들이 미래의 직업에 필요한 것을 배울 수 있었을 것이다.) ④ 그들은 자신이 싫어하는 신체 부위를 적으로 여기게 되기 때문에, 결국에는 자신의 몸 전체와 자기 정체성까지 싫어하게 될 가능성이 크다.

어휘

- evaluate 평가하다, 감정하다
- appearance 외모, 겉모습, 출현
- absolute 절대적인, 완전한
- fall into ~에 빠지다
- dissatisfied 불만스러워 하는
- selective 까다로운, 선별적인
- dislike 싫어하다, 반감

17 [독해-문장 삽입] ▶ ②

난이도 중

정답 해설

여성과 남성의 차이에 대한 글로, 여성은 신체적으로 남성보다 약할 수는 있지만, 정신적인 회복력과 인내심에서는 더 강하다는 것을 강조하고 있다. 주어진 문장은 신체적인 힘과 인내심을 혼동해서는 안된다고 설명하고 있으며, ①번 뒤에서 남녀의 신체적인 힘의 차이를 언급하고 있으므로 그 뒤에 이어지는 것이 자연스럽다. ②번 뒤에서는 인내와 관련된 남녀의 차이를 언급하고 있다. 따라서 주어진 문장이 들어갈 위치로 가장 적절한 것은 ②이다.

해석

여성을 "약한" 성별이라고 부를 만한 정당한 이유가 있을까? 그 대답은 "예"이기도 하고 "아니오"이기도 하다. (①) 신체적으로 여성은 일반적으로 남성보다 덜 강하고, 근육이 약하고, 뼈가 더 연약하며, 신체적인 힘이 더 낮다. (② 그러나 우리는 신체적인 힘과 인내를 혼동해서는 안 된다.) 사실, 여성은 종종 어려움에 직면했을 때 더 큰 인내를 보인다. (③) 남성들이 작은 질병도 과장하는 경향이 있는 반면, 여성은 이를 차분하게 처리한다는 많은 이야기가 있다. (④) 남성의 이러한 종종 조롱받는 행동은 그들의 민감성과 관련이 있을 수 있으며, 반면 여성은 심리적 스트레스에 덜 영향을 받으며 더 빨리 회복하는 경향이 있다.

어휘

- confuse 혼동하다, 혼란시키다
- strength 힘, 내구력
- perseverance 인내(심)
- valid 정당한, 유효한
- delicate 연약한, 허약한, 섬세한
- endurance 인내, 참을성
- hardship 어려움, 곤란
- exaggerate 과장하다
- illnesses 질병, 아픔
- psychological 심리적인, 정신적인
- recover 회복하다, 되찾다

18 [독해-순서 배열] ▶ ④

난이도 상

정답 해설

엄마가 되고 나서 아이와 함께한 외출 경험에 대한 글로, 외출 과정과 외출에 대한 느낌을 설명하고 있다. 주어진 글은 엄마가 된 후의 모성애 변화에 대한 내용으로, 엄마로서의 첫 외출을 해야 하는 이유에 대해 설명하는 (C)로 이어져야 한다. 그리고, 외출 준비와 그 어려움을 설명하는 (B)로 이어져야 한다. 마지막으로 외출에 대한 느낌을 언급한 (A)로 마무리지어야 자연스럽다. 따라서 글의 순서로 가장 적절한 것은 ④이다.

해석

내가 엄마가 되었을 때, 마법 같은 일이 일어났다. 내 마음 속에서 잠자고 있던 욕망들이 깨어났고, 모성이라는 새로운 모험에 대한 흥분을 느꼈다.
(C) 그러나 냉장고에 남은 음식과 몇 병의 모유밖에 없을 때, 우리는 식료품점을 가는 모험을 시작했다.
(B) 밖으로 나가자마자, 아기를 데리고 나가는 것이 예상보다 훨씬 더 많은 준비가 필요하다는 것을 깨달았다. 차 시트, 기저귀 가방, 유모차를 챙기고, 리스트를 확인하는 동안 마치 이국 땅에서 지도를 그리는 것 같았다.
(A) 첫 외출 후, 나는 아기를 데리고 혼자 나가는 것이 너무 힘들다고 결론을 내렸다. 유모차와 무거운 차 시트를 차에 들어 올리는 생각만 해도 감당하기 힘들었다.

어휘

- dormant 잠자고 있던, 활동을 중단한
- motherhood 모성, 어머니인 상태
- conclude 결론을 내리다, 끝내다
- stroller 유모차
- anticipate 예상하다, 예측하다
- leftover (식사 후에) 남은 음식

19 [독해-빈칸 추론]

▶ ①

난이도 중

정답 해설

신용 카드의 기능에 대한 글로, 신용 카드는 실제 돈으로서의 역할이 아닌 거래를 위한 도구에 불과하며, 결제를 연기하고 나중에 은행에 상환하는 방식으로 작동하여 일시적인 부채를 만드는 것이라고 설명하고 있다. 따라서 밑줄 친 부분에 들어갈 말로 가장 적절한 것은 ①이다.

해석

일상적인 구매에 자주 사용되는 신용카드(비자, 마스터카드, 아메리칸 익스프레스와 같은)는 경제학자들이 돈을 정의할 때 일반적으로 제외된다. 이 제외는 신용카드가 거래를 매우 편리하게 만들어 주기 때문에 종종 의문을 일으킨다. 그러나 그 이유는 신용카드의 기능에 있는 본질적인 차이 때문이다. 신용카드는 실제 돈으로서의 역할을 하는 것이 아니라, 빌린 자금을 통해 결제를 지연시키는 도구이다. 식료품을 구매하기 위해 신용카드를 댈 때, 발급 은행은 결제 액을 일시적으로 지불해준다. 이후, 신용카드는 은행에 변제해야 하며, 만약 상환이 늦어지면 이자가 붙을 수 있다. 이처럼 신용카드를 사용하는 것은 직접적인 화폐 교환을 완료하는 것이 아니라, 일시적인 부채를 만들어내는 것이다.

① 빌린 자금을 통해 결제를 지연시키는
② 디지털 거래의 보안을 확인하는
③ 소비자 지출 패턴을 추적하는
④ 개인 저축의 유동성을 증가시키는

어휘

- exclude 제외하다, 배제하다
- define 정의하다, 규정하다
- transaction 거래, 매매
- swipe (신용 카드 같은 전자 카드를 인식기에) 대다[읽히다]
- payment 지불, 납입
- reimburse 변제하다, 배상하다
- interest 이자, 이익, 관심
- temporary 일시적인, 임시의
- debt 부채, 빚
- monetary 화폐[통화]의

20 [독해-빈칸 추론]

▶ ③

난이도 상

정답 해설

스트레스와 두려움이 성공과 성취에 끼치는 부정적인 영향에 대한 글로, 많은 사람들이 스트레스가 성공의 원동력이라고 믿지만, 이는 개인의 성장을 방해하고 개인의 잠재력을 제한하며, 진정한 능력을 반영한 것이 아닌 두려움이 가하는 한계에 가려진 성취일 뿐임을 강조하고 있다. 따라서 밑줄 친 부분에 들어갈 말로 가장 적절한 것은 ③이다.

해석

많은 사람들은 스트레스와 두려움이 성공을 이끄는 필수적인 원동력이라고 믿고 있다. 그들은 지속적인 압박이 없다면 야망을 잃고 생산성이 떨어질 것이라고 가정한다. 그러나 이러한 오해는 불안이 실제로 개인적인 성장을 방해할 수 있다는 점을 간과한다. 스트레스는 정신적 에너지를 소비하고, 창의력을 좁히며, 장기적인 발전을 막는다. 계속해서 긴장 상태에서 작업하다 보면 어떤 수준의 성공을 거둘 수는 있지만, 그 대가는 종종 숨겨져 있다. 잠재력을 증대시키는 대신, 만성적인 두려움은 그것을 제한하며, 자신의 진정한 능력을 반영하기보다는 두려움이 가하는 한계에 의해 가려진 성취로 이어진다.

① 지속적인 압박이 아니라 내적인 평화의 결과인
② 스트레스 없이 도전 과제를 받아들임으로써 달성한
③ 두려움이 가하는 한계에 의해 가려진
④ 두려움을 완전히 극복하고 만들어낸

어휘

- belief 생각, 믿음
- impetus 원동력, 자극(제), 추진력
- constant 지속적인, 끊임없는
- ambition 야망, 포부
- misconception 오해
- chronic 만성적인
- achievement 성취, 달성, 업적
- reflection 반영, 반사, 상[모습]
- capability 능력, 역량

2025 공무원 시험 대비 적중동형 모의고사 제6회 ~ 제10회
영어 빠른 정답 찾기

제6회

01 ④	02 ①	03 ③	04 ②	05 ③	06 ③	07 ①	08 ②	09 ②	10 ②
11 ①	12 ④	13 ②	14 ②	15 ④	16 ③	17 ②	18 ②	19 ④	20 ②

제7회

01 ③	02 ④	03 ②	04 ①	05 ②	06 ④	07 ①	08 ③	09 ④	10 ②
11 ④	12 ③	13 ④	14 ④	15 ①	16 ④	17 ④	18 ③	19 ②	20 ③

제8회

01 ②	02 ④	03 ①	04 ③	05 ①	06 ④	07 ②	08 ②	09 ①	10 ②
11 ③	12 ④	13 ①	14 ③	15 ②	16 ③	17 ④	18 ③	19 ①	20 ②

제9회

01 ②	02 ④	03 ①	04 ①	05 ③	06 ④	07 ③	08 ①	09 ③	10 ③
11 ③	12 ③	13 ④	14 ③	15 ①	16 ③	17 ②	18 ②	19 ④	20 ④

제10회

01 ①	02 ③	03 ①	04 ②	05 ④	06 ④	07 ②	08 ③	09 ①	10 ④
11 ③	12 ③	13 ④	14 ②	15 ②	16 ③	17 ②	18 ④	19 ①	20 ③

수고하셨습니다.
당신의 합격을 응원합니다.